RESGATANDO O VIVER

Psico-oncologia no Brasil

Dados Internacionais de Catalogação na Publicação (CIP)
(Câmara Brasileira do Livro, SP, Brasil)

Resgatando o viver: psico-oncologia no Brasil / organizadora
Maria Margarida M. J. de Carvalho. – São Paulo: Summus, 1998.

Vários autores.
Vários coordenadores.
Bibliografia.
ISBN 85-323-0665-9

1. Câncer – Aspectos psicológicos 2. Câncer – Aspectos sociais 3. Câncer – Doentes – Cuidados hospitalares 4. Câncer – Tratamento I. Carvalho, Maria Margarida M. J. de.

98-1585   CDD-616.9940019
                                                                           NLM-QZ-266

Índices para catálogo sistemático:
1. Câncer: Aspectos psicológicos   616.9940019
2. Psico-oncologia: Medicina   616.9940019

Compre em lugar de fotocopiar.
Cada real que você dá por um livro recompensa seus autores
e os convida a produzir mais sobre o tema;
incentiva seus editores a encomendar, traduzir e publicar
outras obras sobre o assunto;
e paga aos livreiros por estocar e levar até você livros
para a sua informação e o seu entretenimento.
Cada real que você dá pela fotocópia não autorizada de um livro
financia o crime
e ajuda a matar a produção intelectual de seu país.

RESGATANDO O VIVER

Psico-oncologia no Brasil

Organizadora
MARIA MARGARIDA M. J. DE CARVALHO

summus
editorial

RESGATANDO O VIVER
Psico-oncologia no Brasil
Copyright © 1998 by autores
Direitos desta edição reservados por Summus Editorial

Capa: **Nelson Mielnik**
Impressão: **Sumago Gráfica Editorial Ltda.**

1ª reimpressão

Summus Editorial

Departamento editorial:
Rua Itapicuru, 613 – 7º andar
05006-000 – São Paulo – SP
Fone: (11) 3872-3322
Fax: (11) 3872-7476
http://www.summus.com.br
e-mail: summus@summus.com.br

Atendimento ao consumidor:
Summus Editorial
Fone: (11) 3865-9890

Vendas por atacado:
Fone: (11) 3873-8638
Fax: (11) 3873-7085
e-mail: vendas@summus.com.br

Impresso no Brasil

Um após outro
Pôr-de-sol presente
Cores desfilando

Nós homens contemplados
Se soubermos contemplar

Haicais
Betty Feffer

NOTA DO EDITOR: Embora o vocabulário Ortográfico da Língua Portuguesa exija a grafia psiconcologia, optamos aqui pela forma hifenizada *psico-oncologia*, tal como adotada pela Associação Brasileira de Psico-Oncologia e usada nos congressos da área, tendo se tornado forma de uso corrente.

Sobre os Autores

Coordenadora — Maria Margarida M. J. de Carvalho — Psicóloga. Professora-doutora do Instituto de Psicologia da Universidade de São Paulo e do Instituto Sedes Sapientiae. Membro da Academia Paulista de Psicologia. Introdutora do Programa Simonton em São Paulo. Fundadora do Centro Alfa-Apoio e Auto-Conhecimento dos Processos de Câncer. Conselheira do CORA — Centro Oncológico de Recuperação e Apoio. Coordenadora e co-autora do livro *Introdução à Psiconcologia*.

Colaboradores

Aída Glaucia F. Baruch — Psicóloga pela Universidade Federal da Bahia. Psicoterapeuta com formação em Biossíntese. *Trainée* em Dinâmica Energética do Psiquismo. Implantou e chefiou o Serviço de Psicologia do Hospital Aristides Maltez em Salvador. Presidente do II Congresso Brasileiro e IV Encontro Brasileiro de Psico-Oncologia, em Salvador, Bahia, 1996.

Elisa M. Parahyba Campos — Psicóloga. Professora-doutora do Departamento de Psicologia Clínica da Universidade de São Paulo. Psicoterapeuta de abordagem psicanalítica. Secretária-geral da Sociedade Brasileira de Psico-Oncologia. Criadora e coordenadora do curso de Pós-Graduação em Psicologia da Saúde na Universidade de Guarulhos.

Equipe do Serviço Hospitalar de Goiânia — Ana M. Caran Miranda, psicóloga; Anadir C. de Oliveira, psicóloga, Patrícia M. Gramacho, psicóloga; E. Gorett B. Soares, psicóloga; Telma N. Rosa, psicóloga; Wanderley de Paula Jr., psicólogo; Sebastião B. da Costa Neto, psicólogo; e Arlene de C . Barros, psicóloga.

Equipe do Serviço de Apoio de Recife — Ana Maria Avellar Baltar de Freitas, psicóloga clínica; Edna Duarte Bispo, enfermeira; Letícia de Castro Maia, médica psicoterapeuta; Maria Madelena de Oliveira Andrade, enfermeira sanitarista; Maria Regina Pinto Oliveira Melo, advogada; Niége Rossiter Chaves, psicóloga clínica; Raquel Araújo Farias, psicóloga clínica.

Equipe do Serviço de Apoio de Salvador — Ana M. Garcia, psicóloga; Ana R. de Araújo, física; Eurico T. de Macedo Filho, médico; Lycia M. P. Cerqueira, psicóloga; Marialice de C. Senna, psicóloga; Maria de Fátima Pereira, biodança; Maria de Fátima M. T. de Macedo, terapeuta corporal; Maria Goreti de L. Amorim, psicóloga; Myriam R. F. A. Macedo, assistente social; Stela E. C. Queiroz, enfermeira; Vera M. L. Costa, enfermeira.

Expedito Nobre Braga — Terapeuta holístico. Diretor do Centro de Estudos e Desenvolvimento Holístico do Ser. Fundador do Núcleo de Estudos em Psico-Oncologia em Fortaleza, Ceará. Coordenador do Núcleo de Psico-Oncologia do Projeto Raízes. Graduando em Psicologia pela Universidade de Fortaleza.

Flavia Chwartzmann — Psicóloga clínica com conhecimentos em Psico-Oncologia, adquiridos no Memorial Sloan Kettering Hospital — Nova York. Atua como psicoterapeuta no Hospital Albert Einstein, São Paulo. Responsável pela Psico-Oncologia no Setor de Radioterapia e pelos programas de dessensibilização para procedimentos invasivos ou dolorosos.

Josiane Vasconcelos Rodrigues — Psicóloga. Especialização em Psicologia Clínica, em Psicologia Hospitalar e Psico-Oncologia. Supervisora do Projeto Raízes, na área da Psico-Oncologia, em Fortaleza, Ceará.

Maria do Carmo da S. Mendes — Psicóloga formada pela PUC, Paraná. Estagiou e atuou como psicóloga nos Hospitais Pequeno Príncipe e César Pernetta, em Curitiba, participou do projeto de implantação do Serviço de Psicologia do Hospital Aristides Maltez em Salvador. Presidente da Comissão Científica do II Congresso Brasileiro e IV Encontro Brasileiro de Psico-Oncologia, em Salvador, Bahia, 1996.

Maria Cristina M. de Barros — Psicóloga. Mestranda do Instituto de Psicologia da USP. Especializada em Psicologia de Transplantes de Medula pelo St. Thomas Hospital, St. Mary's Hospital e Hammersmith Hospital, em Londres. Psicoterapeuta e supervisora clínica do CREIO — Serviço de Psico-Oncologia do Hospital I. A. Einstein, São Paulo.

Maria da Glória G. Gimenes — Ph.D. em Psicologia pelo Illinois Institute of Technology, Chicago. Professora-doutora do Instituto Sedes Sapientiae. Coordenadora do Serviço de Psicologia da Clínica de Oncologia Médica. Organizadora e co-autora do livro *A mulher e o câncer*. Especialização no atendimento de pacientes oncológicos.

Maria Helena P.F. Bromberg — Psicóloga. Mestre e doutora em Psicologia Clínica pela PUC-SP. Professora Associada da PUC-SP — Programa de Pós-Graduação em Psicologia Clínica. Coordenadora do LELU — Laboratório de Estudos e Intervenções sobre o Luto, da PUC-SP. Autora de livros e trabalhos sobre o tema.

Maria Julia Kovács — Psicóloga. Professora-doutora do Departamento de Psicologia da Aprendizagem do Desenvolvimento e da Personalidade do Instituto de Psicologia da USP. Consultora do CORA — Centro Oncológico de Recuperação e Apoio. Autora do livro *Morte e desenvolvimento humano* e co-autora do livro *Vida e morte: Laços da existência*. Autora do projeto do vídeo: *Falando da morte — a criança*.

Maria Teresa Veit — Psicóloga clínica e socióloga. Pós-graduada *lato sensu* em Psicologia Hospitalar pelo Instituto Sedes Sapientiae. Psicoterapeuta e assessora de planejamento no CREIO — Serviço de Psico-Oncologia do Hospital I. A. Einstein, São Paulo-SP. Consultora independente em desenvolvimento das relações de grupos de trabalho nas empresas.

Vicente A. de Carvalho — Médico psiquiatra. Psicoterapeuta de orientação psicanalítica. Ex-diretor técnico do CORA — Centro Oncológico de Recuperação e Apoio. Coordenador e professor do Curso de Especialização em Psico-Oncologia do Instituto Sedes Sapientiae. Co-autor de livros e trabalhos sobre o tema.

Sumário

Sobre o livro
Maria Margarida M. J. de Carvalho 13

Capítulo I   Serviços Particulares de Atendimento
ao Paciente Oncológico

Grupo pela Vida Salvador, Bahia.
Coordenador: Eurico Telles de Macedo Filho 17

Implantação de um grupo de apoio e auto-ajuda para
pacientes de câncer: Uma experiência na abordagem Simonton
em Recife-Pernambuco
Coordenadora: Edna Bispo 45

Cuidando do cuidador, em Fortaleza, Ceará
Coordenadores: Josiane V. Rodrigues e Expedito N. Braga 52

Capítulo II   Serviços de Psico-Oncologia
em Hospitais

O serviço de psico-oncologia do Hospital Israelita
Albert Einstein
Maria Teresa Veit; Flávia Chwartzmann e Maria Cristina Monteiro
de Barros 62

História de um serviço
Elisa M. Parahyba Campos 72

Os serviços clínicos de psico-oncologia da Associação
de Combate ao Câncer em Goiás
Coordenador: Sebastião B. da Costa Neto 85

Implantação do serviço de psicologia do Hospital Aristides
Maltez, Bahia: Processo de formalização e legitimação
Aída Glaucia F. Baruch e Maria do Carmo de S. Mendes....... 131

Capítulo III   Pesquisas

Psico-Oncologia no Brasil: desenvolvimento de um campo
de trabalho e pesquisa
Maria Margarida M. J. de Carvalho e M. Julia Kovács......... 142

Avaliação da qualidade de vida em pacientes oncológicos
em estado avançado da doença
Maria Julia Kovács 159

Cuidados paliativos para o paciente com câncer: uma proposta
integrativa para equipe, paciente e famílias
Maria Helena P. Franco Bromberg 186

A pesquisa do enfrentamento na prática psico-oncológica
Maria da Glória G. Gimenes 232

Capítulo IV   Curso de Especialização em Psico-Oncologia:
um projeto

Maria Margarida M. J. de Carvalho e Vicente A. de Carvalho .. 247

Sobre o livro

Como tudo tem sua história, e este livro também tem a sua, começo por contar qual foi.

Ela teve início em 1992, quando um grupo de profissionais da área de saúde começou a se reunir em São Paulo, com a finalidade de organizar um Congresso de Psico-Oncologia, a ser realizado em 1994. Achamos que para divulgar o Congresso e não somente este, mas toda uma nova área de trabalho e pesquisa, teríamos de abrir um leque de diferentes atividades. Todos nós, que compúnhamos a Comissão Científica do Congresso, já trabalhávamos em Psico-Oncologia, seja em hospitais, grupos de apoio, serviços públicos ou consultórios. E sabíamos que esta ainda era uma área bastante desconhecida mesmo por colegas, profissionais da saúde e pelo público em geral.

Decidimos oferecer palestras, onde elas fossem aceitas, pois todos os ouvintes poderiam se beneficiar das informações que iríamos transmitir — pacientes e ex-pacientes, familiares e amigos, a comunidade.

Decidimos também oferecer um curso de Introdução à Psico-Oncologia no Instituto Sedes Sapientiae, visando atingir o estudante universitário. Neste curso cada um de nós deu uma aula sobre seu trabalho, sua especialidade, formando, no conjunto, uma visão do que é e como se faz psico-oncologia.

Deste curso, que começou a ser ministrado em 1993, surgiu a idéia de escrever um livro. Cada aula virou um capítulo, seguindo a mesma organização que havia sido adotada para o curso. Coordenei o curso e o livro e os participantes dessa fase foram: Elisa M. Parahyba Campos,

Elisa M. Perina, Elizabeth R. M. do Valle, Katia de S. Wanderley, Maria Carolina Moraes, Maria da Glória G. Gimenes, Maria Júlia Kovács, Maria Lúcia Ferreira, Maria. Helena P. F. Bromberg, Marisa T.C. do Amaral, Nise H. Yamagushi e Vicente A. de Carvalho. Na época, éramos um grupo de pioneiros corajosos. Não estávamos sozinhos. Havia outros pioneiros tanto em São Paulo como em outros estados. E todos nós, cada um à sua maneira, estávamos contribuindo para a implantação e consolidação de um trabalho no qual acreditávamos.

O livro denominado *Introdução à psiconcologia* foi lançado em 1994, durante o I Congresso Brasileiro de Psico-Oncologia e III Encontro Brasileiro de Psico-Oncologia. O Congresso foi um êxito — muitos participantes surpresos e interessados. E muito impressionados com a importância desta nova abordagem e com a seriedade das palestras e dos trabalhos expostos, segundo seus comentários e avaliações. E o livro tornou-se um marco — veio a ser um livro texto, praticamente um manual para aqueles que querem tomar contato com a psico-oncologia.

Seguiu-se um Congresso em Salvador, em 1996, com uma equipe organizadora local. Novamente um êxito de público e de avaliação. E Goiânia será a sede do nosso Congresso em 1998.

Voltando um pouco, para a época do Congresso de São Paulo, percebemos que nossa meta de divulgar a psico-oncologia foi atingida em boa proporção. Mas o que aconteceu de maior relevância foi o estímulo para a criação de serviços de atendimento ao paciente oncológico, semelhantes aos que foram apresentados, para novos livros serem escritos, para que o número de pesquisas aumentasse, enfim, para o desenvolvimento de um campo de conhecimentos e atividades.

Houve, de 1994 para cá, um grande progresso, uma grande expansão na psico-oncologia. Este processo provocou e propiciou este segundo livro, também coordenado por mim, cuja intenção é mostrar o panorama atual do que está sendo feito por este país. No primeiro livro, as contribuições eram do estado de São Paulo, porque foi aqui que o livro nasceu. Neste segundo, fomos buscar relatos de trabalhos que estão sendo realizados em vários estados brasileiros. Sem dúvida este é um segundo momento, um livro "avançado" se o compararmos com *Introdução à psiconcologia*. Um livro que, com seus exemplos, reflete o caminho percorrido nestes anos.

Na qualidade de coordenadora e autora do *Introdução*, preocupei-me com a transparência e clareza dos conteúdos, para que esses pudessem ser captados por uma gama variada de leitores. E também com a harmonia entre os capítulos, para que o leitor não sentisse o livro como uma colcha de retalhos, mas, sim, como um conjunto homogêneo e organizado de propostas e propósitos. A intenção era didática. Havia capítulos básicos sobre oncologia e psico-oncologia, sobre diferentes intervenções psicossociais, sobre a família, o paciente terminal e o luto, terminando com um capítulo sobre o câncer como ponto de mutação, emprestando o título do livro de Le Shan*.

Neste livro, *Psico-Oncologia no Brasil, Resgatando o viver* estamos enfocando o desenvolvimento de serviços de apoio ao paciente de câncer, por grupos particulares e em hospitais, o desenvolvimento de pesquisas e o desenvolvimento de cursos de psico-oncologia.

Das sementes plantadas em São Paulo pelos grupos Alfa-Apoio e Autoconhecimento nos Processos de Câncer, CORA — Centro Oncológico de Recuperação e Apoio, e Revida — Grupo de Apoio Psicoterápico às Pessoas com Câncer saíram frutos e novas sementes que voaram para longe. Grupos em Salvador, Recife e Fortaleza são, neste livro, exemplos da proliferação de serviços particulares de apoio psicossocial ao paciente oncológico, à sua família e aos profissionais de saúde que os atendem.

As equipes de psico-oncologia dos Hospitais Araújo Jorge, em Goiânia, Aristides Maltez, em Salvador e Albert Einstein, em São Paulo, e do Posto de Assistência Médica — PAM 18, da Prefeitura de Guarulhos, São Paulo, representam aqui exemplos do grande desenvolvimento desses trabalhos no contexto hospitalar.

Pesquisadoras especializadas no campo da psico-oncologia relatam algumas de suas pesquisas atuais. Nenhuma proposta científica prescinde da pesquisa, o que faz com que estes relatos sejam de extrema importância para o desenvolvimento da área em nosso meio.

Apresentamos também uma proposta de um curso de Especialização em Psico-Oncologia ou Pós-Graduação *lato sensu*, a ser iniciado em 1998, no Instituto Sedes Sapientiae, em São Paulo. Este curso virá a auxiliar a formação e habilitação do profissional da área e esperamos que venha a inspirar outros equivalentes em nosso país.

O estilo dos capítulos é muito diferente entre si, o que neste livro foi respeitado. Alguns são esquemáticos, outros bastante detalhados e, outros ainda trazem uma grande carga de emoção. Alguns autores enviaram uma visão global do seu trabalho, enquanto outros decidiram que

---

* Le Shan, L. *O câncer como ponto de mutação*. São Paulo, Summus, 1992.

cada membro da equipe escreveria sobre o seu serviço, o seu setor de atividades. Como a importância dos relatos é inquestionável, a forma original de cada texto foi mantida sem cortes ou alterações. A totalidade dos capítulos é muito enriquecedora quanto ao seu conteúdo. Fica-se, nesta leitura, com uma visão do interior do trabalho de cada autor e cada equipe, de seus objetivos e tarefas, de suas dificuldades e suas realizações. Este é um livro de autores e equipes, contando sobre suas realizações, pesquisas e propostas.

Esperamos que este atual momento da psico-oncologia venha a ser o início de novos desenvolvimentos, por pessoas e em lugares onde estes processos ainda não chegaram. E, em um movimento de espiral ascendente, que o paciente de câncer e sua família venham a ser cada vez mais e melhor compreendidos e atendidos em suas necessidades psicossociais. As novas pesquisas estão trazendo informações mais acuradas da relevância dos aspectos psicossociais para o próprio desenvolvimento do processo cancerígeno, o que faz com que o trabalho destes autores seja cada vez mais importante e deva ser valorizado e expandido.

Maria Margarida M. J. de Carvalho
São Paulo, 31 de janeiro de 1998

Capítulo I
Serviços Particulares de Atendimento ao Paciente Oncológico

Grupo pela Vida, Salvador, Bahia

Coordenador Eurico T. de Macedo Filho

HISTÓRICO

Existe, em Salvador, Bahia, um grupo de profissionais na área de saúde, com especializações terapêuticas, o qual realiza um trabalho para pacientes com câncer utilizando-se da metodologia Simonton.

Tal grupo, denominado pela Vida, surgiu da iniciativa do médico baiano Eurico T. de Macedo Filho, em busca de novas alternativas para o tratamento de sua leucemia mielóide crônica. Pela leitura do livro *Com a vida de novo* — Uma abordagem de auto-ajuda para pacientes com câncer, de Carl Simonton, ele conheceu o trabalho de Simonton e alimentou o sonho de realizar em Salvador um trabalho semelhante ao desenvolvido por este. Com este objetivo o dr. Macedo procurou os profissionais que estiveram em Salvador para a Jornada de Psico-Oncologia em outubro de 1995, promovida pelo Hospital Aristides Maltez.

Nesse encontro ele conheceu a dra. Maria Margarida de Carvalho, psicóloga e professora do Departamento de Psicologia Social do Instituto de Psicologia — USP e introdutora do Programa Simonton em São Paulo (fundadora do Centro Alfa — Apoio e Auto-conhecimento dos Processos de Câncer e conselheira do CORA — Centro Oncológico de Recuperação e Apoio), a quem manifestou seu interesse por conhecer mais profundamente esse trabalho, realimentando o antigo desejo de criar em Salvador um núcleo semelhante ao CORA. Ao lado de sua esposa, terapeuta psicocorporal, e profissionais amigos com interesse no tema, ele iniciou o estudo em grupo do livro *Introdução à psico-oncologia*, uma coletânea de textos coordenado pela dra. Maria Margarida.

A realização, em Salvador, do II Congresso Brasileiro de Psico-Oncologia, de 27 de abril a 1º de maio de 1996, possibilitou o encontro de vários profissionais, não só da Bahia, como também do Norte — Nordeste, interessados em levar para aquele estado essa metodologia.

O dr. Eurico Macedo apresentou no Congresso o relato de sua experiência em um caso de LMC (leucemia mielóide crônica) e terapia ortomolecular, participou de uma vivência com a dra. Maria Margarida sobre o programa Simonton e, expondo o seu objetivo, reuniu 27 profissionais do Congresso para participarem de uma vivência com a dra. Maria Margarida, na qual solicitaram a ela apoio e supervisão para o início de um trabalho com o Programa Simonton. A dra. Margarida, carinhosamente chamada de Magui, salientou a importância de aproveitar a experiência dos profissionais do Nordeste para que o trabalho fosse adaptado à realidade da região. Os profissionais, alguns também pacientes, com experiência em terapia de família e casal, terapia transpessoal, Bioenergética, biodança, Reiki, e processos energéticos do psiquismo, reuniram-se para recrutar pacientes, dar as palestras e elaborar em grupo um programa Simonton adaptado à realidade baiana. Paralelamente o grupo buscou o apoio da UFBA – Universidade Federal da Bahia, com o objetivo de divulgar a proposta entre os profissionais da área de saúde, clínicas, hospitais e empresas.

Foram feitos diversos contatos com médicos oncologistas e entrevistas na mídia impressa e eletrônica, com o objetivo de divulgar na comunidade de Salvador esse novo trabalho.

De 16 a 18 de agosto de 1996, o Grupo pela Vida realizou, com o apoio da pró-Reitoria de Extensão da UFBA, uma palestra aberta ao público no Salão Nobre da Reitoria da Universidade e o primeiro curso teórico-vivencial sobre o programa Simonton para os profissionais da área da saúde.

Em novembro de 1996, já haviam sido selecionados os primeiros doze pacientes de câncer, com seus respectivos acompanhantes, para dar início ao primeiro grupo de apoio. Foram realizados nove encontros semanais, com duração de oito horas, totalizando setenta e duas horas.

A equipe era composta pelos profissionais: Ana Maria Garcia, psicóloga; Ana Rita de Araújo, professora de física; Eurico Telles de Macedo Filho, médico; Lycia Maria Palmeira Cerqueira, psicóloga; Marialice de Carvalho Senna, psicóloga; Maria de Fátima Pereira, facilitadora de biodança; Maria de Fátima Martins Telles de Macedo, terapeuta psicocorporal; Maria Goreti de Lima Amorim, psicóloga psicoterapeuta; Myriam Ruth Farias Albin Macedo, assistente social, terapeuta de família e casal e terapeuta psicocorporal; Stela Eunice de Castro Queiroz, enfermeira e Vera Márcia Leal Costa, enfermeira.

O segundo grupo reuniu-se de agosto a outubro de 1997.

Com a experiência do primeiro grupo foram feitas algumas alterações, tornando o Programa mais prático e possibilitando mais tempo para a expressividade dos pacientes.

O Grupo pela Vida atua, no momento, em três frentes:

1 — Divulgando o programa para pacientes e profissionais da área de saúde;

2 — Entrevistando e cadastrando pacientes de câncer com o objetivo de executar o programa;

3 — Realizando cursos teórico-vivenciais objetivando a especialização de profissionais na metodologia Simonton.

DIVULGAÇÃO

Sentindo a importância de uma divulgação do programa que ao mesmo tempo informasse e motivasse o público-alvo da nossa proposta de trabalho, elaboramos um texto que atendesse a esse duplo objetivo.

Esse roteiro, elaborado por toda a equipe, tem norteado a divulgação escrita, na mídia impressa e eletrônica, bem como tem-se mostrado bastante eficiente no atendimento dos objetivos a que se propõe. O desconhecimento por grande parte da população dos aspectos psicossociais que envolvem o câncer faz com que essas informações sejam de grande importância.

É com a intenção de compartilhar com os colegas, profissionais de saúde, que enfrentam os mesmos problemas de desconhecimento e até de descrença, que incluímos, neste capítulo, nosso roteiro de dados a serem divulgados.

Grupo pela Vida

Programa de Ajuda Mútua
para pacientes com doenças
degenerativas, inclusive o câncer.

Sabemos que o sistema imunológico é afetado pelos sentimentos e emoções. Sabemos, também, que determinadas atitudes psicológicas influenciam positivamente nosso sistema de defesa, tornando-se nossas aliadas nesta luta pela saúde.

Nós, do Grupo pela Vida, temos algo a conversar com você, que hoje adoece ou adoeceu de câncer, uma vez que desenvolvemos um trabalho que visa levar o paciente a compreender o significado dessa experiência do adoecer, possibilitando a reconexão com seus recursos naturais de saúde.

Encontre-se conosco!

Programa de ajuda mútua para pacientes com doenças degenerativas, inclusive o câncer.

Qual a metodologia empregada para os encontros do grupo?
A metodologia empregada está baseada na abordagem Simonton, com utilização de técnicas de Relaxamento, Visualização Criativa, Bionergética e Biodança.

Qual o tempo de duração desse programa?
Ele durará nove semanas, um encontro semanal com duração de oito horas. Concluído o programa, se desejar, o paciente poderá repeti-lo sem nenhum ônus, ou se engajar como voluntário.

Quais são os temas abordados durante os nove encontros?
Sistema imunológico
Significado da doença
Lidando com o estresse
Orientação alimentar
Lidando com a dor

Sexualidade x câncer
Melhorando a qualidade de vida
Encontrando-se consigo mesmo
Restabelecendo metas de vida

O que é necessário para participar desse programa?
Que o paciente tenha vontade de viver, o desejo de ser ajudado e de melhorar a sua qualidade de vida.
Finalmente, a disponibilidade para efetivar esta mudança.

Por que se chama "Abordagem de Ajuda Mútua"?
Porque oferece ao paciente "armas" potentes que o ajudarão a:

a) Desenvolver a sua auto-estima, que se encontra altamente abalada com a notícia da doença;
b) Fortalecer a sua vontade de viver, buscando objetivos para continuar vivo;
c) Aprender a lidar com sua emoção e seu corpo;
d) Sentir-se co-responsável pelo seu tratamento e por sua possível recuperação.

Desse modo, será viável ao paciente transformar a sua forma de lidar com a vida.

Quem são os responsáveis pelo programa em Salvador?
Formamos um grupo denominado pelaVida, constituído por profissionais da área de saúde: médicos, psicólogos, enfermeiros, assistentes sociais, com especialização em terapias psicocorporais, terapia de família, musicoterapeutas, facilitadores de biodança etc.
Do Grupo pelaVida participam profissionais-pacientes que transmitem uma abordagem vivencial e não só teórica.

Quem poderá participar desse programa?
Participará desse programa todo paciente com diagnóstico de câncer ou qualquer doença degenerativa, acompanhado sempre de um familiar.
Neste primeiro momento, estamos desenvolvendo o programa especialmente para pacientes com câncer, mas, num futuro próximo, teremos grupos para pessoas diabéticas, reumáticas, hipertensas etc.

Por que o paciente deve estar sempre acompanhado de um familiar?

A participação de um familiar é extremamente importante durante o programa, porque o câncer mobiliza muito a família (a família também adoece) e também por que o paciente é incentivado a efetuar algumas mudanças em sua maneira de viver (estilo de vida) e, conseqüentemente, a família o apoiará nessas mudanças.

Quais as vantagens de participar desse programa?

A oportunidade de participar ativa e positivamente do próprio processo de recuperação e cura, acreditando que a mente, o corpo e as emoções, trabalhando em conjunto, são decisivos colaboradores para manter a saúde.

Contar com o apoio de um grupo de pessoas, também pacientes, que tenha a coragem de buscar soluções novas e adequadas ao próprio tratamento.

E despertar para uma nova consciência e motivação para a vida. Um espaço terapêutico de escuta, onde seus medos, angústias, ansiedades e crenças poderão ser expressadas e elaboradas.

Qual o resultado do programa?

Baseado nas experiências de grupos que trabalham com esta mesma metodologia, nos EUA, São Paulo e Recife, tem-se constatado uma mudança no estado geral de saúde, melhoria de sua qualidade de vida, maior sobrevida e melhor tolerância aos efeitos desagradáveis da terapêutica oncológica (quimio, radioterapia e cirurgia).

METODOLOGIA E AVALIAÇÃO DO 1º GRUPO

Após o contato inicial com o paciente interessado em participar do programa é realizada uma entrevista pormenorizada (Anexo 1) para o seu cadastramento no Grupo pela Vida. É também solicitado ao paciente que assine um "Contrato de Participante" (Anexo 2) e preencha um questionário antes e outro depois da participação no grupo.

O roteiro e os questionários foram inspirados no material utilizado pelo CORA – Centro Oncológico de Recuperação e Apoio, em São Paulo. Na pesquisa apresentada no I Congresso Brasileiro de Psico-Oncologia, por Maria Margarida de Carvalho e Stella Puppo Nogueira, encontramos estes roteiros. A pesquisa, denominada " Implantação de um

Programa de Natureza Psicossocial a Pacientes de Câncer: desafios e conquistas", utilizava os questionários para uma avaliação dos efeitos da participação no programa. O uso dos mesmos questionários propiciou a possibilidade de comparação dos efeitos das modalidades de programas do CORA e do Grupo pela Vida.

Embora com diferenças na condução do processo e em várias técnicas aplicadas, ambos os programas tiveram como proposta inicial aquela descrita por Simonton em seu livro *Com a vida de novo*. E ambos chegaram, segundo a avaliação dos próprios participantes, a resultados muito semelhantes e muito positivos.

São apresentados a seguir: 1) o planejamento de cada uma das nove sessões grupais; 2) a composição da primeira turma; 3) o quadro comparativo do questionário aplicado ao paciente (inicial e final); e 4) o questionário do acompanhante.

Durante o desenvolvimento do processo grupal, os pacientes e seus acompanhantes são tratados igualmente, como participantes em situação equivalente, passando todos pelas mesmas técnicas. A atenção, o respeito e o cuidado da equipe são os mesmos com as reações, sentimentos e emoções de todos.

Planejamento 1ª sessão – 1º grupo

Hora	Responsável	Conteúdo	Recursos
8:55	Ana Maria	Entrega do questionário	Questionário
9:00	Fátima Macedo	Centramento / Respiração	Mantra/ Aleluia
9:05	Ana Maria	Apresentação (1ª parte: nomes, 2ª parte: nomes associados a uma qualidade ou objeto)	Dinâmica de grupo
9:35	Ana Maria	Apresentação do programa / Apresentação da agenda do dia / distribuição do *kit*	*Flip chart*, Visualização, *Folder* institucional, entrevista, "Alquimista"
9:50	Fátima Macedo	Conhecendo o grupo	*Flip chart* Quem sou eu? O que penso e sinto a respeito do câncer? O que faço aqui?
12:20	Fátima Macedo	Movimentando o corpo / Orientações sobre alimentação	Bioenergética
12:30		Almoço	
12:30	Ana Maria	Visualização criativa / Conceito / Vivência	Plenária
13:45	Monitores	Reflexões sobre a manhã – Como cada um se sente? / Dificuldades e facilidades durante a manhã	Trabalho em subgrupos
15:00	Eurico	Sistema imunológico	Retroprojetor / Vídeo
16:30		Intervalo	
16:40	Fátima Macedo	Importância do exercício físico	
16:45	Ana Maria	Visualização das células brancas	Visualização
17:15	Ana Maria	Desenho das Células Defeituosas x Células Brancas	
17:30	Fátima Pereira	Encerramento do dia	Biodança

Planejamento 2ª sessão – 1º grupo

Hora	Responsável	Conteúdo	Recursos
9:00	Fátima Macedo	Centramento	Mantra / Aleluia
9:10	Fátima Macedo	Relembrando os nomes (1° citar os nomes, 2° jogar a bola para o companheiro e dizer seu nome em voz alta)	Bola ou almofada leve
9:40	Ana Maria	Depoimentos: Como se sentiu durante a semana? O que aconteceu que gostaria de compartilhar? Quais as dificuldades?	*Flip* com perguntas
10:40		Intervalo	
10:50	Ana Maria	Identificar nossa participação na doença: Ligação estado emocional x doença Identificar fatores de estresse Prevenir o estresse Aceitar a responsabilidade pela saúde	Do livro Simonton, C. e outros – *Com a Vida de Novo*: Exercício p. 110 Lista estresse, p. 51 Exercício p. 111
12:40		Almoço	
13:50	Monitores	Reflexão nos subgrupos	
14:05	Nutricionista	Reorientação alimentar	
14:50	Ana Maria	Benefícios da doença	Exercício p. 118
16:05	Ana Maria	Relax e visualização (Célula líder)	Roteiro
16:20	Fátima Macedo	Células cancerosas x Células de defesa	Jornais, revistas, tesoura, cola, papel, metro e pincel atômico
17:20	Ana Maria	Encerramento com comentários do dia	

Planejamento 3ª sessão – 1º grupo

Sessão com coordenadora convidada

Planejamento 4ª sessão – 1º grupo

Hora	Responsável	Conteúdo	Recursos
9:00	Fátima Macedo	Centramento	Mantra/ Aleluia
9:15	Ana Maria	Visualização (sistema imuno-lógico X câncer)	Visualização
9:30	Nutricionista	Orientação alimentar	
10:30		Intervalo	
10:45	Ana Maria	Ressentimento / Culpa / Raiva não expressa	*Flip chart*
11:15	Fátima Macedo	Exercício de bioenergética — Raiva	Almofadas e jornal
11:45	Fátima	Exercício do perdão Listar no papel: condições, pessoas e fatos que o magoaram Pense em uma escolha: Quem eu perdoaria? O que perdoaria? Ritual: Dirigir-se ao centro da sala junto ao fogo. Picar o papel Dizer: "Eu libero os meus ressentimentos, minhas raivas, peço às energias do fogo que me liberem, e me abro para o Perdão e o Amor"	
12:40		Almoço	
14:00	Monitores	Discussão em subgrupos dos trabalhos da manhã	
15:00	Ana Maria	Visualização do perdão: "A escada da Luz Dourada"	
15:30	Fátima Pereira	Exercício de afetividade	Biodança
17:00	Fátima Macedo	Encerramento do dia	

Planejamento 5ª sessão – 1º grupo

Hora	Responsável	Conteúdo	Recursos
9:00	Fátima Macedo	Centramento	Mantra/ Aleluia
9:05	Ana Maria	Depoimento da semana / Agenda do dia	
10:30	Aida Gláucia	Palestra: "Sexualidade e Câncer"	
12:40		Almoço	
14:00	Monitores	Depoimentos em subgrupos sobre o tema da manhã	
15:30	Perpétua	Vivência: "A sexualidade / corpo" "Toque"	
17:00	Ana Maria	Encerramento: "Um gesto para avaliar todo o dia"	

Planejamento 6ª sessão – 1º grupo

Trabalho sobre Morte
Convidado: dr. Celso Forte (ITAI)

Planejamento 7ª sessão – 1º grupo

Hora	Responsável	Conteúdo	Recursos
9:00	Fátima Macedo	Centramento	Mantra/ Aleluia
9:30	Fátima Macedo	Exercício de bioenergética	Roteiro com ilustração
11:00	Monitores	Depoimentos sobre o trabalho da sessão anterior (Morte)	
13:00		Almoço	
14:30	Ruth Brasil	Comunicação — níveis	Colchonete e almofadas
17:00		Encerramento do dia	Biodança

Planejamento 8ª sessão – 1º grupo

Hora	Responsável	Conteúdo	Recursos
9:00	Ana Maria	Centramento	Mantra/Aleluia
9:10	Fátima Macedo	Ritual de despedida: Didi e Tereza	Texto, plantas e vasos com plantas
9:15	Ana Maria	Visualização	Visualização
9:30	Ana Maria	Desenho das células do sistema imunológico x células do câncer Ressaltar: o desenho deve representar "Ação/Combate"	Papel, lápis e pranchetas
9:50	Fátima	Depoimentos da semana: "Como foi a visualização?"	
10:30	Ana Maria	Estabelecer objetivos de vida (Criar o futuro) Características do objetivo Exercício prático: escrever um objetivo	Cap. 14. pág. 162 "Com a vida de novo" Formulários Flip Chart
11:00		Intervalo	
10:45	Ana Maria Fátima Monitores	Apoio Familiar: Acompanhantes x Pacientes Ajudar os acompanhantes a aceitar as dificuldades que estão enfrentando e oferecer técnicas que possam ser úteis.	Lista de perguntas Subgrupos 1 Pacientes 1 Acompanhantes
13:00		Almoço	
14:30	Monitores	Depoimentos em subgrupo (desenho do sistema imunológico — Comparar o 1º e o atual)	Desenho
15:00	Aida Pustinik	Etapas da cura: Busca do guia interno (Espiritualidade)	
17:00	Fátima	Encerramento	

Texto: Homenagem aos que partiram

Que esse *quantum* de energia divina, que chamamos de Consciência Individual, representados nessa existência por Tereza e Valdir, possam, nesse momento em que se separam com a vida eterna, estar envolvidos por todo Amor, Proteção, Luz e Misericórdia, seguindo mais esta jornada em muita Paz.

Planejamento 9ª sessão – 1º grupo

Hora	Responsável	Conteúdo	Recursos
9:00	Ana Maria	Centramento	Mantra / Aleluia
9:15	Ana Maria	Visualização	Visualização
9:30	Monitores	Depoimentos direcionados de pacientes e acompanhantes Trabalho em 2 subgrupos com respostas aos questionários específicos	
10:30	Convidado Pierre Weil	Depoimentos de história pessoal de câncer	
11:00	Convidado Dr. Roque Andrade	Mitos dos tratamentos médicos convencionais: Quimioterapia e Radioterapia	
13:00		Almoço	
14:30	Fátima Pereira	Biodança	
16:30		Encerramento – carta de intenção para si mesmo. Recolher o anexo 2 – QF	

À noite, confraternização com seresta e coquetel preparado pelos pacientes.

Programa Simonton
Composição da 1ª Turma

Idade	Número de Pacientes	%
De 31 a 40	1	8,33
De 41 a 50	1	8,33
De 51 a 60	3	24,99
De 61 a 70	3	24,99
De 71 a 80	4	33,32
Total	12	100

Sexo	Número de Pacientes	%
Feminino	6	50
Masculino	6	50
Total	12	100

Nível Socio-econômico (em salários mínimos)	Número de Pacientes	%
De 1 a 5	2	16,6
De 5 a 10		
De 10 a 20		
De 20 a 30	6	50
De 30 a 40		
De 40 a 50		
Mais de 50	4	33,33
Total	12	100

Estado civil	Número de Pacientes	%
Solteiro		
Casado	12	100
Viúvo		
Total	12	100

Escolaridade	Número de Pacientes	%
1º Grau		
2º Grau	4	33,32
3º Grau	8	66,66
Total	12	100

Profissão dos Pacientes	Número	%
Advogado Desembargador	2	16,6
Artista plástico	1	8,33
Comerciante	2	16,66
Farmacêutico Bioquímico	1	8,33
Motorista	1	8,33
Técnico em contabilidade	1	8,33
Técnico industrial	1	8,33
Representante comercial	1	8,33
Professora primária	1	8,33
Sociólogo	1	8,33
Total	12	100

Situação profissional	Número de Pacientes	%
Profissionais ativos	3	24,99
Profissionais aposentados	5	41,65
Sem exercer profissão	4	33,32
Total	12	100

Localização do câncer	Número de Pacientes	%
Mama	5	41,65
Próstata	2	16,66
Intestino	1	8,33
Garganta	1	8,33
Pâncreas	1	8,33
Coluna	1	8,33
Rim	1	8,33
Total	12	100

Quadro Comparativo do Questionário
Aplicado ao Paciente
Inicial e Final

O que você espera deste programa?	De que forma o Programa preencheu suas expectativas?
— ganhar mais esclarecimentos para a superação desta fase — melhor condição de sobrevida — ganhar apoio e amorosidade — fazer novas amizades — melhorar o estado físico e emocional, estar mais otimista — tornar-me consciente das minhas limitações, mas com bem-estar — que me ajude a ultrapassar o desespero que uma doença terminal traz	— tive nova visão da vida — restabeleceu-me a confiança — tive outra visão do câncer — afastou o pavor do câncer — deu-me segurança — funcionou como terapia de grupo — trouxe-me bem-estar e alegria de viver — acionou meus recursos de autocura

Como você está em relação à sua vida atualmente?

Antes	Depois
— ansioso — querendo estar inteiro — adaptando-me à nova situação de aposentado, posição social, saúde e doença — querendo acreditar que a vida não acaba com a morte — agarrando-me ao espiritismo — saturado e cansado — com este desafio: o câncer — procurando ser otimista, ter fé — procurando maior finalidade para a vida	— convivendo bem com o problema — mais confiante — aliviado — alimentando expectativas saudáveis — acreditando na cura — muito otimista — bem, saí do ponto; cresci!

Como você vê o câncer na sua vida hoje?

Questionário inicial	Questionário final
— doença terrível que ameaça tirar minha vida a qualquer momento	— marco de mudança
— fato aterrorizante, choque e revolta	— oportunidade de viver aqui e agora
— uma provocação, que me deu uma visão mais humana da vida	— um alerta para mudança espiritual
— acostumei-me a ele, só que o mesmo incomoda	— um acontecimento natural embora preocupante
— nada representa agora, porque estou com uma vida normal	— doença destrutiva (degenerativa)
— "porrada" na cabeça	— um acontecimento acidental
— minha anulação, a desclassificação de mim mesma	

Quais são as suas perspectivas para o futuro?

Questionário inicial	Questionário final
— momentos de sofrimento	— viver mais do que planejar a vida
— viver de outra forma	— fazer o que eu gosto, atender a minha vontade
— estar com filhos e netos	— libertar-me de muitas situações conflituosas
— sem mudanças	— expressar o ser que sou
— momentos de profunda depressão	— permanecer alegre, feliz e satisfeito com a vida
— ficar bom e viver com outro sistema de vida	— cuidar dos filhos e netos que ainda precisam de mim
— viver mais intensamente o presente, passear, viajar	— alcançar a cura
	— livrar-me de dores íntimas, como ressentimentos, dores, mágoas
	— usufruir do direito de sorver a vida mediante minha vocação, vontade e dons

Questionário do acompanhante

1) Como foi para você receber o diagnóstico de câncer em seu familiar?

— Muito difícil; dito de forma brusca
— Fiquei muito triste, não podia acreditar...
— Notícia desesperadora
— Senti o mundo desabar em minha cabeça
— Sou espiritualista e não me assustei
— Foi terrível, fui para a emergência com hipertensão

2) Como foi vivenciar o programa como acompanhante?

— Foi muito interessante para meu crescimento pessoal e espiritual
— Participar do sofrimento do outro nos faz sentir melhores como seres humanos
— Achei excelente e bastante oportuno e procuro passá-lo para outras pessoas
— A vivência é de suma importância, pois passei a fazer um paralelo sobre doença e saúde, definindo as metas de vida
— Uma oportunidade ímpar, porque me ajudou a aproximar-me de minha mãe e perceber que estava tão despreparado quanto ela em relação à doença
— Como acompanhante, aprendi a oferecer ajuda sem que o doente se sinta inválido

3) Quais as dificuldades que sentiu quanto ao Programa?

— Ter dispensa do trabalho para acompanhar nas datas previstas
— Conciliar a gravidez com a cirurgia do meu marido e a freqüência ao grupo
— Dificuldade para "visualizar"
— Aprendi a vencer minha timidez e entrosei-me
— Dificuldade sempre sentimos, principalmente para lidar com os outros
— Como leigos, chegamos a pensar que não somos capazes de enfrentar determinadas situações, mas as dicas de psicologia ajudaram muito

4) Em que o programa pôde ajudá-lo no dia-a-dia?

— A entender mais o outro
— A ser mais participativo
— A lidar com a doença com mais tranqüilidade
— Os ensinamentos trazidos encaixavam-se com o que estávamos passando lá em casa e ressoaram profundamente em mim
— No dia-a-dia procurar incentivá-lo para não se deprimir
— Ajudo-me fazendo com que relembre os ensinamentos que necessitam ser materializados na vida cotidiana
— Passei a enxergar mais os sentimentos, o lado frágil do outro

5) Se possível, estabeleça um paralelo a respeito do relacionamento entre você e o paciente

— Houve mais diálogo e cumplicidade sobre as mudanças de vida
— Nós podemos conversar mais profundamente sobre questões mais ligadas à gente, até nos piores momentos
— Minha mãe mudou bastante: antes mostrava-se revoltada, passamos mais tempo juntas e conversamos sobre o que aprendemos
— A paciente antes era fechada consigo mesma e não dava espaço para mais ninguém, parecia haver um trauma que não permitia uma conversa livre entre nós. Hoje há um maior relacionamento, fala mais, cobra e exige posições dos outros

COMENTÁRIOS FINAIS

Como exemplos de uma técnica adaptada e desenvolvida pela nossa equipe e de textos utilizados para discussões no grupo, apresentamos um roteiro de relaxamento/visualização e dois textos de autores desconhecidos.

Apresentamos também uma carta da filha de um paciente, falecido após o término do primeiro programa. Esta carta enviada pela participante-acompanhante para a equipe do Grupo pela Vida, pela sua emoção e poesia, foi escolhida para o fechamento do nosso capítulo. Ela foi, para a equipe, um dos melhores presentes deixados por esse grupo.

Após o término da realização de dois grupos e a organização do terceiro, a equipe sente-se ainda mais motivada do que no início da implantação do programa. O contato com os pacientes e acompanhantes, a participação nas suas mudanças, propiciadas pelo processo grupal, as respostas aos questionários, enfatizaram para a equipe a importância deste trabalho. A experiência grupal no Programa Simonton fez desabrochar nos participantes sentimentos amortecidos de esperança, alegria e luta pela vida.

RELAXAMENTO / VISUALIZAÇÃO

Fixe seu olhar em um ponto determinado.

Inspire e expire o mais lentamente possível.

Comece a fazer comentários, para você mesmo, daquilo que você está vendo, ouvindo e sentindo. Exemplo: estou sentindo a tensão na minha nuca, estou ouvindo os sons da rua, estou vendo um pássaro, estou sentindo a almofada nas minhas costas.

Agora feche os olhos e repita o processo de ver, ouvir e sentir.

Permita que seu corpo relaxe.

Volte sua atenção para a imagem que você criou, veja, sinta, ouça, e perceba a ação do seu sistema imunológico e do tratamento que você usa no seu processo de saúde.

Se por acaso você estiver sentindo dor, imagine o exército das endorfinas indo para o local e eliminando a dor.

Dê a seu corpo a ordem de se curar e visualize-se gozando de perfeita saúde, fazendo tudo que gosta de fazer.

Sinta o prazer de viver, estar feliz e em paz, preencha cada célula do seu corpo com a memória da perfeição deste momento.

Mantendo essa vibração, volte sua atenção para a respiração, perceba a entrada e a saída do ar... Comece a movimentar lentamente seus pés, suas mãos, seus olhos e ao seu tempo vá voltando a atenção para o aqui e agora.

O QUE O CÂNCER NÃO CONSEGUE FAZER

O câncer é tão incapaz...
Ele não pode mutilar o Amor,
Não pode abater a Esperança,
Não pode corroer a Fé,
Não pode destruir a Paz,
Não pode arruinar a Confiança,
Não pode acabar com a Amizade,
Não pode apagar as Lembranças,
Não pode silenciar a Coragem,
Não pode invadir a Alma,
Não pode comprometer a Vida Eterna,
Não pode saciar o Espírito,
Nem tampouco diminuir o poder da Ressurreição.

Autor desconhecido

Grupo pela Vida

GENTE TAMBÉM É PRESENTE!

Pessoas são presentes.
Vamos falar de Gente, de Pessoas.
Existe algo mais espetacular que Gente?
Pessoas são um presente.
Algumas vêem em embrulhos bonitos como presentes de Natal, Páscoa ou Festa de Aniversário.
Outras vêem em embalagens comuns. E há as que ficam machucadas no correio.
De vez em quando chega uma registrada. São presentes valiosos.

Algumas trazem invólucros frágeis. De outras, é quase impossível retirar a embalagem. É fita durex que não acaba mais. Mas... a embalagem não é o presente. E tantas pessoas enganam-se confundindo a embalagem com o presente.

Por que será que alguns presentes são tão complicados para a gente abrir? Também Você, meu amigo, também Eu, somos um presente para os outros. Você para Mim e Eu para Você.

E quando existem verdadeiros encontros com alguém, no diálogo, na abertura, na troca, deixamos de ser meras embalagens e passamos à categoria de reais Presentes. Nos verdadeiros encontros acontece alguma coisa muito comovente e essencial. Mutuamente, vamos nos desembrulhando, desempacotando, revelando o que há dentro de nós.

Você já experimentou esta imensa alegria da vida? Alegria profunda que nasce dentro de nós, quando duas pessoas se encontram, se comunicam, virando presentes, uma para a outra?

A Essência Interior é o segredo para quem deseja tornar-se Presente para as pessoas e não apenas embalagem.

A verdadeira alegria que a gente sente e não consegue descrever só nasce do Verdadeiro Encontro com Alguém.

Autor desconhecido

CARÍSSIMAS FÁTIMA, MÍRIAM-MIROCA, ANA RITA E AMIGAS DO GRUPO PELA VIDA

Hoje, 11 de agosto, foi feriado para o Judiciário. Há muitos anos, nesta data, inaugurava-se o primeiro curso jurídico no país. Aproveitei a tarde de segunda-feira para festejar a rara oportunidade de ficar em casa, em Salvador, arrumando o gabinete para retornar, amanhã, às atividades forenses. Estive fora do plantão no mês de julho.

Separei prateleiras para os livros mais atualizados, desci os dicionários para local mais acessível, identifiquei os papéis inúteis, descobri que os gatos rasgaram umas pastas antigas e, entre o sobe-desce na escada mal equilibrada, soltou-se, como um abraço, o crachá que ora anexo, saído de dentro de um tomo, há alguns meses consultado.

Mirando a credencial tão querida eu não pude conter o pranto. Choro forte, guardado, renovando em mim cada segunda-feira com gosto de feriado que todas vocês montaram, durante tantas semanas, para nós, parceiros do Grupo pela Vida.

Na audição da memória, ouvi a primeira entrevista com Míriam, longa e carinhosa fala, onde meu pai, contando algumas vivências, ia sendo informado sobre os propósitos do grupo.

No tear que se foi armando pelo crachá ali defronte, a figura de cada um dos co-terapeutas se delineou: a apresentação e o apelido, o sorriso e a expectativa do trabalho, a harmoniosa divisão de tarefas, a seleção dos temas e dos palestrantes, as brincadeiras, a música, a festa.

Grupo de Festa, sim, que vosmicês criaram. Quadrilha espontânea onde os participantes e seus pares iam compondo o caminho da roça, o caminho do seu próprio quintal, a trilha do seu espaço interior, interno, íntimo, sem devassar as cercas dos vizinhos.

Grupo de Festa: compromisso pelo qual cada um esperava para contar a sua experiência, sua tentativa de visualização, sua mais recente vitória na superação da dor, do medo e, sobretudo, na compreensão do processo individual e singular de interação com o universo.

Quanta festa!

Ia-se compondo, em todo o grupo e em cada um de nós, uma contagiante luz de solidariedade, farol – espetacular de cada uma de vocês.

E, na singeleza do tecido que ia se ampliando, percebíamos que não eram as possíveis técnicas dos livros que estavam sendo reproduzidas. Não. A festa, tanto na meditação, na refeição partilhada, nos desenhos individuais, quanto nos jogos e nas falas dos convidados, era a da vida, simplificada e transparente. Água para ser bebida, abraço para ser dado, angústia para ser debulhada, riso para ser ouvido, lágrima para ser vista, desejo para ser brindado, saudade para ser comungada, vida para ser festejada, a cada minuto, dadivoso e pleno.

A credencial do Grupo de Ajuda Mútua, onde o Albano, hoje cigano de outras caravanas, cuidou de escrever o nome de cada companheiro, foi para mim, nesta janela de hoje, um ingresso ao meu corredor contemporâneo de luto.

Luto que o próprio grupo me ajudou a reger, semana após semana, tessitura humana e transcendente, para vestir, afinal, com o último abraço de profundo amor, o meu querido pai em 8 de julho passado.

Como lhes falar da minha pessoal gratidão?

Lembrando-lhe que ele mesmo acenou o convite para que Fátima Macedo o acompanhasse, quelação e ternura, presença e escuta, na ponte de sua travessia?

Como lhes oferecer, entre tantas flores recebidas, a essência anímica do crescimento luminescente do meu velho, convivendo com o seu câncer, falando de suas ansiedades, ousando viajar, como o fez, comentando fatos do cotidiano, discutindo comigo questões jurídicas, pintando, planejando, rindo do pasmo dos outros diante de sua resistência física, cochichando piadas sobre médicos e enfermeiros, vivendo....

Como lhes presentear com a imagem invisível que a câmara escura da saudade imensa ora me revela, fortalecendo em mim a vontade de viver e de ser, cada dia, mais e mais humana e comprometida com o universo?

Sinto, na passagem que o crachá então me confere, que a melhor maneira de lhes presentear, a cada uma de vocês, a todas as co-terapeutas, é devolver-lhes essa credencial, entregar-lhes afetivamente a minha identidade no Grupo pelaVida.

Fazendo-o, percebo que estou, ainda, como um dos membros dessa iniciativa pioneira que a ousadia de vocês esculpiu em nossa cidade.

Entregando-lhes, portanto, reivindico a garantia da minha parceria, o direito de testemunhar sobre a grandeza desse trabalho, a vaga no círculo fraternal para, a qualquer tempo, fazer a roda em torno da fé que lhes imantou na energia, doce e mágica, do amor.

Recebam, pois, o sinal da nossa aliança e a vontade de estar ao lado de vocês e dos próximos companheiros de vôo.

P.S. – Querido Eurico: Ainda não consigo encontrá-lo.

Mas vosmicê foi o mago – articulador para o nosso ingresso no Grupo. Saiba que na minha bagagem, entre pincéis e versos, guardo uns preciosos fios de cabelo branco – capazes, estou certa, de desenharem um obrigado para seu pontual convite.

Deus o abençoe!

Anexo 1

PROGRAMA SIMONTON

Entrevista de Admissão

Entrevistador:_____
Data: ____/____/____

1 – IDENTIFICAÇÃO

Nome			
Data de nascimento	Idade	Naturalidade	Nacionalidade
Endereço:			
Bairro	CEP	Cidade	Estado
Telefone	Estado civil	Escolaridade	Profissão
Ocupação principal	Local de trabalho		Telefone
Médico responsável			
Por que procurou o grupo *pela Vida*?			

2 – DADOS DA FAMÍLIA

Constituição do Núcleo Familiar

Nome	Parentesco	Idade	Atividade	Observações

Histórico Familiar

Antecedentes Familiares

Antecedentes Pessoais

Relacionamento Social

3 – HISTÓRICO DA DOENÇA ATUAL

Adaptação às Situações de Perdas

4 – SITUAÇÃO SOCIOECONÔMICA

Renda Pessoal:

Renda Familiar:

5 – HÁBITOS ALIMENTARES

6 – HÁBITOS DE LAZER

7 – HÁBITOS DIVERSOS

Hábito	Sim / Não	Observações	Hábito	Sim / Não	Observações
• Fumo			• Exercícios físicos		
• Bebidas			• Leitura		
• Drogas					
• Medicações					

8 – SITUAÇÃO DE ESTRESSE VIVIDA ENTRE 6 A 18 MESES ANTES DO SINTOMA / DIAGNÓSTICO

Anexo 2
CONTRATO DE PARTICIPANTE
GRUPO DE AJUDA MÚTUA
PROGRAMA SIMONTON

Estes grupos são um programa de auto-ajuda, tendo como objetivo oferecer ferramentas que possibilitem a Sua participação no Seu processo de cura. É possível que em seu trabalho você encontre "desculpas" para não realizar as tarefas propostas. Portanto, é importante que você saiba que essas "desculpas" nada mais são do que resistências ao processo de autodescoberta, autotransformação, podendo ser encaradas e vencidas.

Também é relevante que você saiba que esse trabalho não tem finalidade terapêutica. Então, se em algum momento você sentir necessidade de aprofundar seu processo, sugerimos que procure um psicoterapeuta.

Seu compromisso com o trabalho envolve:

1. A assiduidade e a pontualidade são necessárias para o bom andamento dos trabalhos. O grupo terá um encontro semanal com 8 (oito) horas de duração. As faltas, mesmo que justificadas, não isentam o participante do pagamento da parcela mensal.

2. Praticar os exercícios recomendados durante o encontro nos dias subseqüentes, a exemplo da prática da Visualização diária, durante o período do programa (9 semanas).

3. Sigilo sobre as colocações que ocorrerem entre os participantes do grupo. Fora do grupo você só poderá comentar sobre seu próprio processo, jamais sobre o processo alheio.

Estou ciente de todos os itens acima e assumo a responsabilidade desse processo.

Salvador, _____/_____/_____

Assinatura: _____

Implantação de um grupo de apoio e auto-ajuda para pacientes de câncer: Uma experiência na abordagem Simonton em Recife-Pernambuco

Edna Bispo, Maria Regina Melo, Ana Baltar, Letícia Castro, Niege Chaves, Raquel Farias, Maria Madalena Andrade

HISTÓRICO

Este capítulo relata a criação e o trabalho que vem sendo realizado pelo **Grupo de Apoio e Auto-Ajuda para pacientes de câncer** — GAAPAC, em Recife-PE.

O GAAPAC foi constituído em dezembro de 1996, como uma sociedade civil de caráter assistencial, científico e cultural, sem fins lucrativos, regida por estatuto próprio, e destina-se à união dos esforços de auto-ajuda das pessoas atingidas pelo câncer.

A concepção do Grupo de Apoio partiu da experiência de uma de suas integrantes, ex-paciente de câncer, que foi portadora de um liposarcoma mixóide no membro inferior direito e que participou, por ocasião do seu adoecimento, de diversos trabalhos utilizando a abordagem Simonton, no Centro Oncológico de Recuperação e Apoio — CORA, em São Paulo-SP. Sensibilizada com a nova experiência e com o impacto que esta teve na reestruturação da sua própria vida, resolveu reproduzir esses trabalhos na sua cidade natal Recife-PE, possibilitando aos pacientes oncológicos de Pernambuco a oportunidade de se beneficiarem de modo semelhante.

Assim, em 1992 foi implantado um Grupo de Auto-Ajuda em Recife, com a participação de pacientes oncológicos, ex-pacientes, familiares e profissionais com várias formações. O grupo começou com quatro pessoas portadoras de câncer e, graças aos resultados obtidos com os primeiros trabalhos desenvolvidos, foi se difundindo entre pacientes e profissionais da área, de maneira que, até a presente data, 208 pacientes foram atendidos

Em setembro de 1996 foi realizado o Primeiro Programa Avançado de Auto-Ajuda—PAAA,[1] que teve como objetivo, além do atendimento a pacientes e familiares, iniciar o processo de habilitação da equipe local na abordagem Simonton.

O PAAA, incluindo o treinamento da equipe, foi realizado por um grupo de profissionais do CORA—SP, habilitados na abordagem Simonton, composto pelo dr. Vicente Augusto de Carvalho (na época coordenador técnico do CORA), dra. Maria Lúcia Ferreira e dra. Maria Júlia Kovács.

Para completar a formação da equipe, conforme exigência do programa, foram realizados mais dois PAAA em Recife, sob a coordenação dos mesmos profissionais. Após a realização dos três programas, os treinandos foram avaliados, considerados aptos e receberam a habilitação na abordagem Simonton.

Em 1997 foram realizados dois PAAA em Recife, já coordenados pelos profissionais locais recém-habilitados, atendendo a oito pacientes no primeiro e a dezesseis no segundo.

O GAAPAC ainda não dispõe de sede própria, funcionando, atualmente, em espaço cedido pela "Libertas Comunidade".[2]

OBJETIVOS DO GAAPAC

O GAAPAC tem como objetivos sociais: a) colaborar com a recuperação de pacientes de câncer, utilizando métodos que conduzam à melhoria da sua qualidade de vida; b) combater a discriminação dos por-

---

1. Para mais informações sobre o Programa Avançado de Auto-Ajuda —PAAA, consulte as seguintes referências: SIMONTON, O.C.; SIMONTON, S.M. e CREIGHTON, J.L. *Com a vida de novo* — São Paulo, Summus, 1978. CARVALHO, V.A. "Atendimento psicossocial a pacientes de câncer. Relato de uma experiência". In KOVÁCS, M.J. *Morte e desenvolvimento humano*. São Paulo, Casa do Psicólogo, 1992, pp.204-225 e CARVALHO, V.A. "Programa Simonton: Uma experiência no Brasil", in CARVALHO, M.M.M.J. *Introdução à psiconcologia*. Campinas, Editorial Psy, 1994, pp. 141-59.

2. "Libertas Comunidade" — Clínica de Psicologia com formação em análise Bioenergética e reconhecida pelo Instituto de Bioenergética de Nova York, formada pela equipe do Dr. Jayme Panerai Alves, Dra. Grace Wanderley de Barros Correia, Dra. Lucina Araújo e Dra. Gedalva Rapela. Endereço: Rua Sebastião Malta Arcoverde, 80 Parnamirim, Recife-PE, CEP 52060-070 — Tel. 081-241-9139 ou 081— 271-1779.

tadores de câncer, pelo esclarecimento da sociedade acerca da doença, do seu tratamento e possibilidades de recuperação dos pacientes; c) contribuir para a formação de pessoal da área de saúde e voluntários, capacitando-os a lidar com os aspectos psicológicos e emocionais que envolvem o adoecimento, o tratamento e a recuperação de câncer; d) trabalhar pelo desenvolvimento de princípios e reformulação de procedimentos voltados à relação médico-paciente, de modo que a pessoa portadora de câncer assuma a responsabilidade de participar ativamente de seu tratamento e de sua cura; e) realizar estudos no âmbito da psico-oncologia, visando ao aperfeiçoamento dos conhecimentos específicos atualmente existentes e o conseqüente aprimoramento dos profissionais envolvidos; f) inter-relacionar-se e cooperar com instituições análogas; g) realizar congressos, simpósios, conferências etc., objetivando o estudo das questões relativas ao câncer e à psico-oncologia; h) editar livros, revistas, estudos etc. relativos ao assunto.

ATIVIDADES

O Grupo de Apoio e Auto-Ajuda para Pacientes de Câncer realiza diversas atividades envolvendo pacientes, ex-pacientes, familiares e profissionais.

a) Reuniões de compartilhamento

Essas reuniões ocorrem semanalmente e têm a duração de quatro horas. Na primeira hora é realizada uma sessão de ioga que favorece o relaxamento e a conscientização do corpo, muito importantes para o paciente com câncer. Nas três horas seguintes são realizadas as atividades de compartilhamento propriamente ditas, relaxamento e visualização. Participam dessas reuniões aqueles pacientes com diagnóstico recente e que vêm pela primeira vez, pacientes mais antigos, familiares, profissionais da equipe e outros profissionais em busca de formação. Atualmente, a freqüência média é de 22 participantes por encontro. As reuniões são coordenadas alternadamente pelos membros da equipe técnica, segundo cronograma previamente definido.

b) Reuniões científicas

As reuniões científicas podem congregar pacientes e profissionais. Algumas são exclusivamente destinadas ao corpo técnico e visam ao seu aprimoramento. Nas reuniões científicas são convidados professores que ministram palestras e *workshops*, segundo o interesse do grupo. Apresentamos a seguir alguns dos temas que já foram abordados nessas reuniões:

Trabalho com famílias, Psicodrama, Arte-terapia, Assistência ao paciente ostomizado, Sistema imunológico, Nutrição, Estresse, Emoções e câncer, Abordagem Simonton etc.

A equipe técnica participa de congressos e cursos, inclusive com a apresentação de trabalhos científicos.

c) Atividades sociais

As atividades sociais favorecem a qualidade de vida do paciente oncológico e estão vinculadas ao prazer, lazer e atividades significativas. Exemplos de atividades realizadas pelo GAAPAC com a participação dos pacientes, familiares e equipe técnica são: encontros, passeios turísticos, excursões, festas regionais, comemoração de datas importantes como o Dia Internacional do Paciente Oncológico, natal, aniversários etc.

d) Programa avançado de auto-ajuda

Para o desenvolvimento deste Programa, o grupo conta com uma equipe de três psicólogas, uma médica psicoterapeuta e três ex-pacientes (duas enfermeiras e uma advogada), treinadas na abordagem Simonton, que se organizam da seguinte forma:

1) Coordenador técnico — profissional de saúde mental.
2) Subcoordenador — ex-paciente de câncer.
3) Monitores — profissionais de saúde mental e/ou ex-pacientes de câncer.

O Programa inclui dez sessões, com a seguinte organização de horário: três horas pela manhã, três horas à tarde, com um intervalo de duas horas para o almoço. Os trabalhos do programa estão distribuídos de acordo com o seguinte esquema:

- Atividades de compartilhamento
- Sessões temáticas, tais como: decisões da infância, ganhos secundários, fantasia de morte e renascimento, metas etc.
- Trabalho corporal

- Massagem energética
- Entrevista individual dos pacientes com uma das profissionais de saúde mental
- Biodança.

Todos os participantes do PAAA respondem a questionários aplicados no começo e no final do programa. Esses questionários incluem perguntas sobre diagnóstico, tratamentos, suposta causa da doença, formas de pedir ajuda, expectativas de recuperação, como encaram a vida e o câncer, ajustamento à doença, expectativas para o futuro etc. Além disso, é pesquisada a avaliação que os participantes fazem do PAAA, o que pode dar indicações para o aprimoramento do programa.

e) Atividades de divulgação e esclarecimento à comunidade

A equipe do GAAPAC profere palestras e entrevistas em hospitais, meios de comunicações, órgãos públicos etc., visando divulgar o conhecimento sobre técnicas utilizadas no atendimento a pacientes oncológicos e seus familiares, dentro da abordagem Simonton.

f) Apoio e suporte a familiares

É oferecido apoio e suporte a familiares durante o transcurso da doença, no seu estágio terminal e após a morte do paciente, pois o diagnóstico de câncer atinge a família como um todo.

g) Habilitação de profissionais na abordagem Simonton

Para os interessados em participar como monitores e técnicos, o GAAPAC oferece a possibilidade de formação, de acordo com as exigências do Programa Simonton, desde que o interessado freqüente as reuniões de compartilhamento, participe de três PAAA, seja avaliado e considerado apto pelo corpo técnico.

GRUPO COORDENADOR

O GAAPAC é constituído por um Conselho Consultivo, uma Diretoria e um Conselho Fiscal.

O Conselho Consultivo é formado por pessoas de ilibada reputação técnico-científica, com a incumbência de orientar as grandes linhas de atuação do grupo que são sugeridas e executadas pela Diretoria. Ao Conselho Fiscal cabe o controle financeiro.

A Diretoria é composta por profissionais com formações diferentes entre os quais: médicos, psicólogos, enfermeiros, assistentes sociais, advogados, pedagogos, nutricionistas etc. Acreditamos que esta diversidade de formações tem enriquecido o trabalho. A Diretoria está assim constituída:

Diretor presidente e Vice-presidente, Diretor técnico e Diretor Técnico Adjunto, Diretor Científico e Diretor Científico Adjunto, Diretor de Pacientes e Diretor de Pacientes Adjunto, Diretor Secretário e Diretor Secretário Adjunto e Diretor Financeiro e Diretor Financeiro Adjunto.

AVALIAÇÃO DO TRABALHO

Até o momento, foram atendidos 208 pacientes dentre as diversas modalidades de intervenção. Destes, 77 participaram do PAAA.

Foram observadas grandes modificações e transformações naqueles pacientes que freqüentaram o grupo, entre as quais, as mais evidentes foram:

a) Maior empenho em atender às próprias necessidades.
b) Aumento da consciência de si próprio, assumindo a responsabilidade pela própria vida.
c) Descoberta do prazer de viver, encontrando atividades significativas para a sua existência.
d) Melhoria da comunicação entre pacientes e familiares ou cuidadores.

Os melhores escores foram obtidos pelos pacientes que se submeteram à terapia, ao mesmo tempo que desenvolviam as atividades no GAAPAC.

PLANOS PARA O FUTURO

O GAAPAC pretende implementar ações objetivando:

a) promover a criação de espaços para trabalhos de expressão artística, de forma que desenvolva a criatividade dos pacientes oncológicos e promova o alargamento do seu espaço interior, aproveitando as suas próprias potencialidades;

b) compor duas equipes de trabalho para ampliação do número de pacientes beneficiados e melhoria da qualidade do atendimento nas diversas modalidades de cuidados oferecidos. Essas equipes deverão reunir os pacientes em dois grupos, selecionando-os conforme a necessidade de abordagem a ser adotada: aprofundamento de certas questões já trabalhadas, para os mais antigos, ou a ênfase na escuta e na acolhida, para os novos pacientes;

c) ampliar o atendimento aos que estejam hospitalizados, ou que não possam se ausentar do domicílio. Vale ressaltar que esta forma de acompanhamento já é realizada, embora de forma assistemática, existindo disposição da equipe para ampliá-lo e

d) favorecer a expansão deste programa para outros estados do Brasil.

CONCLUSÃO

Relatar a experiência do GAAPAC na implantação de um grupo de auto-ajuda para pacientes de câncer é, sobretudo, enfatizar a crença de uma equipe na importância de trabalhar o lado positivo desses pacientes e na força do grupo para auxiliar a cura da doença ou melhoria da qualidade de suas vidas. A utilização da abordagem Simonton como metodologia, compreendendo a formação de imagens dirigidas e relaxamento, aliadas a técnicas que utilizam o poder da mente e do espírito para obter a saúde, tem levado várias pessoas em Recife a buscar outros caminhos e a alcançar uma nova vida muito mais significativa. Esta é a nossa grande recompensa.

REFERÊNCIAS BIBLIOGRÁFICAS

CARVALHO, V.A. "Atendimento psicossocial a pacientes de câncer. Relato de uma experiência". In KOVÁCS, M.J. *Morte e desenvolvimento humano* São Paulo, Casa do Psicólogo, 1992, pp.204-25.

CARVALHO, V.A.."Programa Simonton, uma experiência no Brasil". In: CARVALHO, M.M.M.J. *Introdução à psiconcologia*. Campinas, Editorial Psy, 1994, pp.141-59.

SIMONTON O.C.; SIMONTON S.M. e CREIGHTON, J. L., *Com a vida de novo*. São Paulo, Summus, 1978.

Programa Cuidando do Cuidador em Fortaleza Ceará

Josiane V. Rodrigues e Expedito N. Braga

APRESENTAÇÃO

- *"Um colega médico chora ao acabar uma cirurgia pediátrica porque a criança que ele operou é muito parecida com seu filho".*
- *"Uma enfermeira não entende por que tem de dar tanta atenção a uma senhora, que está em fase terminal, enquanto aquele rapaz está se recuperando e tem possibilidades de cura."*
- *"A mãe de uma paciente briga com toda a equipe de enfermeiras, reclamando da incompetência das profissionais em auxiliar no alívio da dor que sua filha está sentindo."*
- *"Uma paciente não aceita realizar a mastectomia, uma cirurgia fundamental para a manutenção da sua vida. A equipe não compreende essa posição. Tem de ser feito! No preparo cirúrgico, a paciente tem um aumento de pressão e impossibilita o ato cirúrgico. Sua mãe morreu de câncer de mama."*

Estas são situações corriqueiras para essas pessoas que vivem em constante tensão e estresse. É nesse momento que nos perguntamos pelos possíveis subsídios a serem oferecidos a esses profissionais, a fim de que possam melhorar suas condições de trabalho e qualidade de vida.

É possível alguma preparação para que os profissionais de saúde reconheçam as habilidades dos pacientes, acolhendo seus medos e sentimentos de impotência e de culpa, que podem, muitas vezes, repercutir nos próprios sentimentos ocultos do profissional? Será que esses profissionais contribuem para a descoberta das potencialidades de cura ou de cuidados do paciente, buscando as melhores formas para lidar com e resignificar o estar doente?

O Programa Cuidando do Cuidador surgiu da necessidade de trabalhar questões como o estresse, a ansiedade, a qualidade de vida e outros aspectos que envolvam a rotina técnica e emocional da equipe de saúde. É um projeto desenvolvido por profissionais do Núcleo de Estudos em Psico-Oncologia, contribuindo para a divulgação e solidificação da Psico-Oncologia no Ceará.

Este Programa é realizado no Hospital Walter Cantídio da Universidade Federal do Ceará — hospital-escola voltado para o ensino, pesquisa e assistência, que visa um constante aperfeiçoamento, com o desenvolvimento de cursos e especializações.

O enfoque é direcionado a profissionais de saúde, com seus aspectos técnico e humano, no contato direto e contínuo com as questões acerca do sentido de saúde e doença, de vida e morte — do paciente, da equipe e da instituição.

Para Siegel (1996), a doença pode ser compreendida como uma experiência e uma metáfora, uma mensagem que precisa ser ouvida e dissipada. Segundo a Organização Mundial de Saúde (OMS), saúde "é o completo bem-estar físico, psíquico e social, ocorrendo conjuntamente, e não apenas a ausência da doença ou enfermidade". Acrescentamos, ainda, o pensar de Dejours, que compreende saúde como a liberdade dada ao desejo para a construção de um caminho próprio e original.

Nesse aspecto, voltamo-nos para a saúde não apenas como uma das qualidades da pessoa, mas sim como a qualidade de vida, e, para isso, é necessário assumir uma forma própria e peculiar de viver.

Nos tempos atuais, a saúde é profundamente influenciada pela capacidade de cada ser humano para formular e colocar em prática as suas escolhas. A resolução de muitos dos problemas que afetam o nosso bem-estar, as chamadas doenças da civilização, se relacionam com o modo de vida, o ambiente e as tensões, exigindo que cada um de nós escolha por si mesmo e o faça da melhor forma possível. (*Remen*, 1993, p.149)

Este tema nos remete a observar a diferença entre curar e cuidar, já que cuidar é uma palavra de raiz gótica com o sentido de importar-se, e curar nos leva a pensar na retirada da doença e obtenção da saúde. Segundo o Aurélio (1993), curar é restabelecer a saúde. Mas e quando a cura não é possível? Que postura o profissional pode ter? O que pode significar cuidar sem curar?

(...) quando honestamente nos perguntamos que pessoas de nossa vida mais significam para nós, descobrimos muitas vezes que são aquelas que, em vez de dar muitos conselhos, soluções ou realizar curas, optaram por compartilhar nosso sofrimento e tratar nossas feridas com mãos delicadas e carinhosas. O amigo que consegue ficar conosco em silêncio num momento de desespero e confusão, que consegue ficar ao nosso lado numa hora de luto e pesar, que consegue "não saber", "não curar", "não remediar" e enfrenta conosco a realidade de nossa impotência, esse é o amigo que cuida, que se importa, que ama... (Nouwen, in Siegel, 1996, p.200)

Muitas vezes o paciente não obtém a cura, mas se recupera. A recuperação como um resgate do seu estado saudável, conforme LeShan (1992), que utiliza o termo recuperação no sentido de recordar quem você é, descobrir ou re-descobrir a "sua canção interior", o que nem sempre pode significar a cura. As lembranças do paciente tornam-se matéria-prima para que aquele que escuta possa refazer as pistas da doença. A anamnese, termo médico que diz respeito ao histórico da doença, significa, *lato sensu*, "o que desperta a memória".

Uma lembrança é um diamante bruto que precisa ser lapidado pelo espírito. Sem o trabalho da reflexão e da localização, ela seria uma imagem fugidia. O sentimento também precisa acompanhá-la para que ela não seja apenas uma repetição do antigo, mas uma reaparição. (Chaui, 1983, p. xxi)

Os sentimentos apenas podem emergir no relato da doença, assim como as lembranças, se a prática médica se colocar como um canal aberto de recepção.

A formação dos profissionais da área de saúde, de modo geral, tem como núcleo central a preocupação com a objetividade e a resposta imediata e circunstancial aos seus tratamentos. Desse modo, tais intervenções são pautadas em uma clínica referenciada em "curas" de natureza mais prática, dissociadas das histórias de vida dos pacientes e dos processos emocionais que possam emergir ao longo desses tratamentos. Na clínica médica de natureza tradicional há um corte, uma ruptura, um hiato entre razão e emoção. A tão proclamada neutralidade científica, ou seja, o distanciamento do profissional do seu "objeto" de intervenção, atua diretamente no saber médico.

A emoção, quando emerge nos processos de tratamento, em vez de se colocar como um código fértil de percepção, é quase sempre relegada ao descrédito, remetida ao silêncio. O que acontece? O ciclo da doença dinamiza-se e o diálogo entre médico e paciente assume a forma de um divórcio entre sentimento e razão prática.

O Cuidando do Cuidador visa à mobilização de uma nova tomada de atitude na prática médica, capaz de fazer dos sentimentos de quem escuta, de quem atende, um portal de percepção e de codificação da dinâmica da doença, transpondo a usual dicotomia razão-emoção. Desse modo poderemos utilizar os sentimentos como uma força motriz, propiciando diversas expressões conforme as necessidades de cada paciente, na escuta dos seus pedidos, e compreendendo a simbologia do que significa para ele o adoecer.

As qualidades humanas que capacitam o paciente a enfrentar de modo mais eficaz a tensão da doença são igualmente úteis para que o profissional enfrente essa mesma tensão. Sem energia emocional, intuição, sabedoria, imaginação, criatividade, fé e senso de propósito e significado, o profissional da saúde facilmente fica esgotado e realmente bastante vulnerável. (Remen, 1993, p.181)

Todos os dias, os profissionais de saúde se vêem em contato com a dor, a angústia, o medo e a solidão, sentimentos fortes e delatores da fragilidade humana. Parece que só foram "educados" a cuidar dos outros, esquecendo dos cuidados consigo, com a condição de suas relações, que envolvem sua qualidade de vida. Então, é importante um preparo para que o profissional possa lidar, de maneira mais construtiva e saudável, com as dificuldades que ele vivencia na sua prática profissional. Isso para que ele possa utilizar, posteriormente, as suas dificuldades, as suas apreensões pessoais ou, de outro modo, a sua lucidez em relação às experiências de sofrimento que vivencia, como matriz de entendimento do sofrimento do outro.

Será possível que as pessoas que trabalham em circunstâncias tão tensas e difíceis aprendam a encontrar maneiras de estar totalmente presentes em seu trabalho sem que se sintam aflitas e dominadas pela dor, tristeza e perda que as rodeiam? (Idem, ibidem)

A formação dos profissionais de saúde não salienta a interação e integração da razão com a emoção, mas tem como enfoque central a racionalidade e a perícia técnica, que ocorrem por intermédio de questões de natureza prática e objetiva. É inquestionável que essas condutas são necessárias para uma intervenção clínica adequada, contudo questiona-se até que ponto as próprias emoções do cuidador, uma vez que não estão sendo cuidadas, identificadas, nem atendidas, acabam influenciando, de modo virtual, a sua atuação profissional e a sua interação com outros profissionais e pacientes.

Remen (1993) afirma que a repressão da emoção pode ser um dos principais provocadores do esgotamento psicológico. Assim, adverte que parte da fadiga é atribuída à árdua natureza do trabalho, e a outra parte é atribuída à necessidade de negar constantemente as emoções para adquirir a objetividade imprescindível.

As conseqüências dessa fadiga podem ser:

o índice de divórcios, de suicídios e a incidência de doenças provocadas pela tensão, como enxaquecas, úlceras e pressão sanguínea elevada, que são muito maiores entre os profissionais da saúde do que entre os profissionais de outras áreas de trabalho. (Idem, pp. 183-87)

É nessa hora que perguntamos:

Quem cuida do cuidador?
Como cuidar do cuidador?

Com essas interrogações montamos o Programa Cuidando do Cuidador, uma proposta voltada aos profissionais de saúde, a fim de integrar ao seu saber técnico o saber psicossocial e espiritual.

Percebemos a importância de estar capacitando esses profissionais, fornecendo subsídios, para que eles possam articular, da forma mais saudável e criativa, as situações que se apresentam à sua equipe e a seu paciente, proporcionando, assim, uma maior integração dos aspectos bio-psicossociais e espiritual.

Os participantes concentram-se em profissionais de saúde que trabalham com pacientes graves e terminais de diferentes clínicas, caracterizados por situações de profundo estresse.

O programa foi dividido em módulos, com temas que envolvem ao mesmo tempo as questões acerca do que vem a ser o cuidador e o ser cuidado, no contexto pessoal e profissional, tendo em vista o objetivo comum que é o resgate da saúde. Os módulos são realizados com o intervalo de 45 dias.

Em cada módulo buscamos realizar uma intervenção que apenas de forma teórica pode ser dividida em três momentos, estruturados nessa ordem: o primeiro momento chamamos de **"Dar-se Conta"** — é o descobrir como estou, o que sinto, como e porquê, num âmbito bio-psicos-

56

social e espiritual; o segundo momento é **"Possibilitar Instrumentos"** a fim de lidar com situações e aspectos que se manifestam no cotidiano, como a morte e a separação, a simbologia do adoecer, o processo de hospitalização sob a perspectiva do paciente, e outros, para com esses dados poder reconstruí-los ou construí-los de forma salutar; e o terceiro é a **"Integração Eu-Outro"**, o modo como se deve articular os aspectos trabalhados no **"Dar-se Conta"** e **"Instrumentalizar-se"**, integrando com outras pessoas e situações. Essa expressão do sentir/saber e agir é, ao mesmo tempo, deflagradora para o surgimento dos dois outros momentos, já que estes, por sua vez, se complementam e alternam de acordo com a dinâmica de cada participante bem como do grupo.

Está claro para nós que, à medida que se trabalha o individual, estamos integrando/alterando o coletivo, ou seja, o grupo e outras formas de relação que podem ocasionar uma reformulação da instituição, na sua estrutura, dinâmica, funções e objetivos e na forma de intervenção junto à sua clientela interna e externa.

Os módulos são divididos em tópicos com uma metodologia teórico-prática, na qual mesclamos a vivência com a elaboração teórica, e em que cada participante vai construindo o seu saber, a partir de trabalhos com o grupo, em duplas e individuais, desenvolvendo-se uma abordagem diferenciada para profissionais habituados ao recurso apenas técnico. Descreveremos a seguir a intenção de cada módulo.

I MÓDULO: conscientização e sensibilização na descoberta do estresse
— Sensibilizar a equipe para os aspectos que possibilitam a detecção do acréscimo do estresse, viabilizando dessa forma uma maior compreensão das emoções, que podem proporcionar, assim, maior interação com a equipe e com os pacientes.

Nesse módulo trabalhamos a definição do estresse — como cada um o compreende e insere no seu referencial, percebendo as repercussões em seu corpo, suas atitudes e relações.

II MÓDULO: transformando o estresse: a comunicação do corpo — profissional/equipe/paciente
— Capacitar o profissional de saúde a lidar melhor com as situações causadoras do estresse, tanto para si como para os outros, manejando-as com o intuito de intervir construtivamente para uma melhor qualidade de vida.

Nesse módulo é realizado um trabalho de consciência corporal, localizando as tensões e as possibilidades de harmonização, para si, sua equipe e seus pacientes, colaborando na percepção dos sinais que o corpo possa estar dando, e como reagimos a essas mensagens. Nesse módulo iniciamos o refletir sobre a dimensão de como se cuidar e o se sentir cuidado.

*III MÓDULO: **uma história que se oculta no corpo — saúde** versus **doença***

— Possibilitar aos profissionais, por meio de sensibilização, orientação e apoio psicossocial, a habilidade de identificar os pontos que merecem intervenção para si, sua equipe e o paciente, proporcionando condições que facilitem a proximidade afetiva.

É abordado o tema saúde e doença, o que representam os seus sintomas e símbolos, tendo o enfoque voltado aos aspectos bio-psicossociais e espirituais. O processo de adoecer e sua recuperação. É mencionada a doença e suas metáforas, em que o participante elabora as suas questões acerca do adoecer e o adoecer do seu ambiente de trabalho.

Pensamos que, ao compreender o que ocorre, o sentir pode ser melhor assimilado e integrado ao modo de agir, e, com isso, pode-se transformar a forma de pensar sobre o que vem a ser a doença e a saúde.

*IV MÓDULO: **vivendo e morrendo no hospital — a morte como experiência de vida***

— Possibilitar maior compreensão do processo de perda e separação, a fim de capacitar a equipe de saúde a lidar melhor com as emoções envolvidas nesses momentos de estresse.

Esse módulo visa proporcionar aos profissionais de saúde a percepção sobre a representação que têm de suas mortes e seu morrer. Que sentimentos, fantasias e medos são deflagrados a partir de sua história de vida; quando e como vivenciam as fases citadas por Kübler-Ross, que se manifestam no processo evolutivo do homem e no processo de adoecer e morrer. No momento em que trabalhamos a morte, estamos cuidando da vida e sua qualidade.

COMENTÁRIOS ACERCA DO DESENVOLVIMENTO DO PROGRAMA

Se o objetivo da medicina tecnológica é o de atender plenamente às necessidades humanas, profissionais e pacientes precisam estar dispostos a examinar determinadas suposições que fazem a respeito uns dos outros e assumir o risco de se relacionarem de formas diferentes. Não é suficiente apenas exigir as mudanças necessárias; é preciso que cada um de nós se transforme. Precisamos continuamente nos questionar sobre a natureza da saúde, a natureza do crescimento e até mesmo o significado da própria vida, preparando-nos para modificar nossas atitudes e crenças baseadas naquilo que descobrimos. (Remen, 1993, p.12)

O Programa Cuidando do Cuidador tem a proposta de refletir acerca de conceitos e crenças, e cogitar a dúvida e a abertura para o surgimento de novas concepções no campo das relações de saúde.

O primeiro grupo formado foi composto por enfermeiras, nutricionistas, psicólogas e assistentes sociais, totalizando vinte participantes.

Algumas alterações ocorreram no transcorrer do programa, pois a cada módulo o grupo ia construindo a sua identidade e solicitando intervenções próprias à sua formação.

No começo o grupo expressou cautela e desconfiança em relação ao Programa. Um exemplo foi a resistência em alterar a proposta inicial de que o módulo fosse realizado no próprio local de trabalho, e no horário de serviço, com a duração de vinte horas/aula, que seriam distribuídas numa semana. No início foi destacada a importância de se realizar um trabalho contínuo, sem intervalos, mas isso de imediato foi vetado pelo grupo, que não se dispunha a sair do horário e local de trabalho.

O terceiro módulo foi organizado pelo próprio grupo e realizado num sábado inteiro, no sítio de uma integrante. Percebemos que o grupo começou a se mobilizar para que os módulos se sucedessem da melhor forma possível, já que inseriam à sua realidade os conceitos abordados.

Esta foi a etapa na qual percebemos um movimento de reformulação e inclusão de novos conhecimentos com o relato dos participantes sobre a forma como interagiam as propostas dos módulos no seu trabalho e na sua família, e em outras formas de relação.

Ao término do programa, todos os participantes já eram propagadores, dentro e fora dos seus locais de trabalho, do que tinham vivido e aprendido no Programa Cuidando do Cuidador.

CONSIDERAÇÕES FINAIS

De acordo com os resultados coletados nas avaliações dos módulos e pelas observações dos responsáveis pelo SDRH (Serviço de Desenvolvimento e Recursos Humanos), o Programa Cuidando do Cuidador foi considerado um importante momento de crescimento pessoal pelos participantes, cujos objetivos superaram as expectativas, além de ter sido um momento de sensibilização e conscientização, despertando o interesse de outras clínicas e instituições.

Durante a realização dos módulos, pelos relatos dos participantes, foi destacada a importância do que estava sendo vivenciado e questionado no programa como experiência aplicável à vida de cada profissional, no seu cotidiano pessoal e nas suas relações de trabalho, bem como a possibilidade de sistematizar essa aprendizagem, numa perspectiva humanizadora em nível de assistência ao paciente e das relações entre instituição x profissionais de saúde.

Outros grupos estão sendo formados para que o Programa Cuidando do Cuidador continue sendo realizado nos hospitais, o que certamente coloca a experiência do programa como semente geradora e fertilizadora de outros campos de formação na área de saúde. É nesse esteio de experiências e de resultados, que vão adquirindo significados diversos nas práticas dos profissionais de saúde, que a reflexão acerca da eficácia do Programa se aprofunda e se complexifica.

O Programa Cuidando do Cuidador tem como objetivo central ampliar não apenas a noção de doença, a compreensão de suas metáforas, dentro do campo das relações de saúde mas, fundamentalmente, resgatar uma visão ampliada de como se constrói a noção de pessoa dentro da prática médico-hospitalar e re-criar novas relações. A idéia relativa à qualidade de vida remete à compreensão de que o indivíduo está interligado ao seu entorno e a uma teia complexa de acontecimentos, não podendo ser percebido desconectado desses níveis de realidades que o produzem e dão sentido à sua existência.

Dentro dessa perspectiva, a vivência no programa tem provocado não apenas uma mudança relativa à prática médica específica mas, talvez o mais representativo, à própria forma como o profissional encara o seu estresse, os seus sofrimentos pessoais como canal de mediação para a percepção e empatia com os diferenciados níveis de sofrimento do paciente.

Os cuidados consigo, a atenção que os profissionais de saúde dedicam às suas próprias emoções, parecem irrigar territórios do corpo até então silenciados. Quando o corpo do profissional é capaz de articular uma linguagem traduzível para si, o corpo do paciente torna-se alvo de uma percepção ampla e de uma escuta mesclada pela sensibilidade.

É desse modo que os profissionais de saúde, mergulhados na tarefa de cuidar de si para cuidar do outro, vão se tornando decifradores das metáforas das doenças que balizaram desde sempre o saber médico.

A própria doença torna-se uma metáfora. Então, em nome da doença (isto é, usando-a como metáfora), aquele horror é imposto a outras coisas. A doença passa a adjetivar. (Sontag, 1984, p.76)

Decodificar esses adjetivos, percebê-los na ordem das emoções e das complexas redes afetivas, recriá-los a partir de novos referentes, torna-se uma tarefa que faz do Programa Cuidando do Cuidador um espaço de convite para que cada profissional de saúde possa mergulhar na sua condição humana. A prática médica, nesse percurso, vai adquirindo novos significados e certamente possibilitando a cada paciente tornar-se sujeito, certamente alguém que se permite cuidar, que confia no outro, e, assim, torna-se, no tratamento, um cuidador de si.

REFERÊNCIAS BIBLIOGRÁFICAS:

CHAUÍ, Marilena. "Os trabalhos da memória" in *Memória e sociedade*. São Paulo, T.A. Queiroz, 1983.

LESHAN, Lawrence. *O câncer como ponto de mutação*. São Paulo. Summus, 1992.

REMEN, Rachel N. *O paciente como ser humano*. São Paulo. Summus,1993.

SIEGEL, Bernie S. *Paz, amor e cura: um estudo sobre a relação corpo-mente e a auto-cura*. São Paulo, Summus, 1996.

SIMONTON, O.C. Simonton, M. C., Creighton, J. L. *Com a vida de novo*. São Paulo, Summus,1987.

SONTAG, Susan. *A doença como metáfora*. Rio de Janeiro, Graal, 1984.

UNIVERSIDADE FEDERAL DO CEARÁ Hospital Universitário Walter Cantídio — *Relatório de Atividades do Projeto de Extensão "Cuidando do Cuidador"*, Fortaleza, dezembro de 1996.

Capítulo II
Serviços de Psico-Oncologia em Hospitais

O Serviço de Psico-Oncologia do Hospital Israelita Albert Einstein

Maria Teresa Veit, Flavia Chwartzmann,
Maria Cristina M. de Barros.

Este capítulo relata aspectos esclarecedores sobre o serviço de psico-oncologia do Hospital Israelita Albert Einstein e traz à reflexão um modelo pioneiro que, em processo de remodelamento permanente, ao longo de toda a sua trajetória — desde a sua criação em 1991 até os dias atuais — tem, como preocupação fundamental, o repensar contínuo de suas ações, no sentido de prover o paciente oncológico de todo o apoio psicológico que lhe é fundamental.

UM POUCO DE HISTÓRIA

O CREIO — Centro de Reforço, Esclarecimento e Informação Oncológica é o setor de psico-oncologia do Hospital Israelita Albert Einstein, existente desde 1991. Sua concepção e idealização são de autoria de Vitoria Herzberg que, a partir de uma dolorosa experiência pessoal, empreendeu os passos necessários à concretização da idéia de instituir, no Brasil, um centro de atendimento aos pacientes oncológicos e suas famílias, com bases no modelo adotado nos Estados Unidos e em outros países do Primeiro Mundo. O objetivo inicial era a assistência a pacientes com câncer e a seus familiares, fornecendo informações por meio de livretos, material audiovisual, grupos de apoio e, também, a orientação a profissionais do departamento de oncologia, por intermédio de treinamento específico. Hoje, com mais de dez mil atendimentos realizados, as diversas atividades são conduzidas por uma equipe de cinco profissionais, sendo quatro deles psicólogos.

Atualmente, os objetivos do CREIO são:

— prestar apoio emocional, orientação e informações a pacientes oncológicos e seus familiares;

— proporcionar reforço egóico e aconselhamento, por meio de abordagem psicossocial a pacientes oncológicos e seus familiares;

— elaborar material informativo e educativo sobre prevenção e tratamento de câncer;

— desenvolver projetos científicos na área de psico-oncologia;

— oferecer consultoria técnico-científica para outras instituições.

DE ONDE VÊM NOSSOS FUNDAMENTOS

Há uma preocupação cada vez maior com a qualidade de vida dos pacientes em tratamento de câncer. Segundo Jimmie C. Holland, isso se deve a numerosos fatores, tais como o aumento de sobrevida, a maior disponibilidade de medicação específica, a redução de intervenções excessivamente técnicas ou agressivas, os recursos da medicina paliativa e o advento da psicologia da saúde.

A inclusão de psiquiatras e psicólogos nas equipes de cuidados oncológicos ampliou os conceitos de controle de manifestações, que passaram a considerar também o diagnóstico e o tratamento de manifestações como ansiedade e depressão além de sintomas comportamentais resultantes de condicionamentos, como náusea e vômitos antecipatórios, anorexias e fobias.

O reconhecimento da interação entre aspectos físicos e psicológicos conduziu ao desenvolvimento de abordagens multidisciplinares para o manejo das manifestações dos pacientes oncológicos.

Observa-se que a mobilização psíquica do paciente oncológico é extremamente forte. Mesmo em situações de cura, diante do conhecimento do risco e da proximidade da morte inexorável ocorre um repensar da sua vida. Se forem bem aproveitados, esses momentos de catarse podem originar a reconstrução de valores, com revisão de padrões previamente estabelecidos, e descobertas de potenciais inatos, levando a infinito enriquecimento interior. Embora ainda haja muito o que investigar sobre o assunto, pode-se agregar o fato de que a mesma abordagem psicológica que reforça a adesão ao tratamento talvez tenha o papel de evitar quadros depressivos ou alterados, contribuindo para o melhor funcionamento do sistema imunológico. Atua também no sentido de que a pessoa se torne mais rica e plena, tanto durante o período em que está com a doença quanto depois dele, proporcionando-lhe melhor qualidade de vida. Quando se mobiliza o universo global do doente pode acontecer que não somente sua vida seja prolongada de maneira arbitrária, mas que isso se dê com vistas a uma maior vivência do eu, maior autoconhecimento e, às vezes, a realização de sonhos.

O restabelecimento ou não da saúde do doente depende, no entanto, de todo o seu contexto bio-psicossocial, no qual atuam também fatores como herança genética e experiências de vida desde o nascimento. A morte é uma vivência que, embora inevitável, raramente encontra o doente ou a família preparados. Quando sobrevém, a despeito dos recursos empregados, o acompanhamento do processo pode contribuir para que seja menos penosa ou mais bem aceita.

A intervenção psicossocial se apresenta como recurso que amplia os limites de ação da equipe médica no atendimento das necessidades que surgem em cada momento da trajetória do paciente oncológico: desde a situação de diagnóstico, passando por tratamentos que podem ou não resultar em cura, chegando às situações posteriores de adaptação do paciente ou da família às seqüelas concretas ou subjetivas com que se deparam.

Tendo em vista que todo paciente oncológico provém de um núcleo social primário, há que se levar em conta as implicações de sua situação de doença sobre esse contexto, geralmente a família. Em sentido inverso, o papel que esta pode representar para as condições de tratamento é extremamente importante.

A interdependência que se verifica entre os membros de uma família, tanto em situações de saúde quanto nas de doença, foi até muito recentemente um pressuposto pouco fundamentado. O desenvolvimento de interesse diante dos processos familiares e das terapias familiares iniciou as reflexões sobre essas questões e pôde trazer maior embasamento à compreensão de que a família é um organismo essencialmente dinâmico em que a doença de um dos membros altera e é alterada pelo processo familiar.

Na metáfora usada por Stephanie M. Simonton, quando se recebe a notícia de que um ente amado tem câncer, esta pode ter o impacto de uma bomba atômica. Pode ser necessário, portanto, que paralelamente à necessidade de se focar a atenção na ajuda à pessoa doente, haja também a indicação de se atentar para os efeitos do trauma do diagnóstico sobre outros membros da família. Mesmo quando se trata de bons prognósticos, ainda é forte a crença de que câncer e morte são sinônimos. Os casos pediátricos requerem intervenções de apoio em vários níveis e diferentes áreas. Margaret Adams-Greenly apresenta (*Handbook of Psychooncology*, Holland, J.C., 1990) um modelo de intervenção psicossocial que reflete a filosofia de que a criança e a família devem manter a normalidade de suas vidas tanto quanto possível, dentro dos limites da situação clínica. Grupos para pacientes e para pais, apoio psicossocial para a equipe hospitalar e para a escola são procedimentos que devem ser integrados com vista a abranger todo o sistema, de modo que propicie ao paciente o melhor cuidado e para a equipe a satisfação do trabalho bem desempenhado.

A psico-oncologia se instrumentaliza, assim, para o paciente inserido em seu meio familiar, voltando-se para as necessidades desse todo sistêmico em que a família e os cuidadores são vistos não somente como provedores de cuidados, mas também como pacientes de segunda ordem, para o que se justifica uma abordagem centrada em suas necessidades ativas e adaptativas. Nesse processo emergem reações complexas e contraditórias que precisam ser amparadas e acompanhadas, apontando recursos, reformulando sintomas de modo construtivo e discriminando conflitos e disfunções.

O cuidado global dos pacientes oncológicos incorpora hoje o manejo psicológico como um elemento-chave. A teoria e a prática, tanto na prevenção quanto na detecção e tratamento dos quadros oncológicos, dependem de questões básicas de modificação de comportamentos. Esses comportamentos, por sua vez, são vistos como expressões de subjetividade complexas e individualizadas.

Nos tratamentos, a psico-oncologia aborda as duas dimensões psicológicas do câncer:

— o impacto do câncer nas funções psicológicas do paciente, família e equipe de saúde, e

— o papel que as variáveis psicológicas e comportamentais têm no risco de câncer e na sobrevivência dos pacientes oncológicos.

FALANDO DE NOSSAS FORMAS DE ATUAÇÃO

No *esclarecimento e orientação a pacientes e/ou familiares*, apresentamos informações imediatas, claras e acessíveis sobre a doença, tratamentos e possíveis efeitos colaterais ou seqüelas, com a finalidade de proporcionar aos pacientes respostas às dúvidas mais freqüentes, contribuindo para a diminuição da ansiedade. As informações são apresentadas verbalmente e com o apoio de material escrito, como folhetos e outros recursos visuais, após diagnóstico e/ou antes dos procedimentos dolorosos ou invasivos relativos aos tratamentos oncológicos em rádio ou quimioterapia.

Diante da equipe médica, no diálogo instituído de forma permanente, há a possibilidade de subsidiá-la com instrumentalização para melhor prover paciente e familiares de informações oportunas e dimensionadas.

Em *ocorrências de descontrole agudo,* que podem emergir durante a crise, detectáveis por qualquer integrante da equipe hospitalar, como recepcionistas, seguranças, paramédicos etc., são efetuados atendimentos únicos, que consistem na utilização de recursos de esclarecimento, informação, orientação, aplacação ou encaminhamento imediato a atendimento especializado, segundo as necessidades. Esses atendimentos têm a duração média de 45 minutos e podem ser feitos em ambulatório, leito ou qualquer outra dependência do hospital. Sua rotina segue as necessidades da situação desencadeada.

As *intervenções psicossocias segundo o modelo de psicoterapia breve em crise* voltam-se ao levantamento de aspectos emocionais e de ajustamento à doença e aos tratamentos e são baseadas na compreensão da influência de fatores bio-psicossociais sobre pacientes e familiares. A psicoterapia breve é um método que tem como objetivo o discernimento e a modificação de crenças, pressupostos, fantasias e mecanismos de defesa, subjacentes aos problemas do paciente que emergem em situação de crise. Esse processo leva a uma reformulação ou redefinição do problema que é compartilhada com o paciente em termos que lhe sejam aceitáveis.

Nosso modelo prevê em torno de oito atendimentos em cada situação de crise (diagnóstico, radioterapia, quimioterapia, cirurgias e outros tratamentos). Na Unidade de Transplante de Medula Óssea, são estimados doze atendimentos. A duração média é de 45 minutos e a freqüência é variável, segundo as condições do paciente.

No atendimento inicial, verificam-se as condições do paciente referentes a atendimentos anteriores e procede-se à avaliação que, posteriormente, comporá a ficha diagnóstica.

Os atendimentos de seguimento ao paciente são feitos a partir da delimitação de foco, identificação de ponto de urgência e levantamento de hipótese psicodiagnóstica inicial, seguindo o modelo de Psicoterapia Breve de Orientação Psicanalítica. A planificação do tratamento é seguida ao longo de aproximadamente oito encontros. Em caso de interrupção por alta, abandono, óbito ou outras causas, procede-se à avaliação final do tratamento.

Os *atendimentos familiares*, iniciais ou de seguimento, seguem os mesmos protocolos e rotinas dos anteriores, uma vez que para o CREIO o familiar do paciente oncológico significa um paciente de segunda ordem, com necessidades bem definidas.

As *discussões de casos clínicos* são reuniões que ocorrem em conseqüência do modelo de atendimento multiprofissional a pacientes oncológicos, adotado pelo atendimento oncológico do HIAE. Nestas reuniões multiprofissionais, o grupo conta com a contribuição dos médicos oncologistas clínicos, radioterapeutas, biomédicos, enfermeiros, psicólogos, nutricionistas, fisioterapeutas e outros — de acordo com o setor em que ocorre a reunião — que, discutindo cada caso de paciente oncológico em tratamento, contribuem para um atendimento bio-psicossocial daquele.

As reuniões têm duração média de noventa minutos e a freqüência é semanal. A apresentação de cada caso de paciente é feita pelo médico assistente e todos os profissionais da equipe reunida têm oportunidade de fazer uso da palavra, dentro de sua especialidade, no que se refere aos pacientes que acompanham.

Os *grupos de vivência* são encontros que têm como objetivo a instauração de um espaço para compartilhamento, escuta e continência de vivências relacionadas à doença e outras questões emergentes. O grupo tem também caráter informativo sobre temas específicos. Sua condução fica a cargo de uma coordenação interativa na qual estão envolvidos fisioterapeutas, enfermeiros, médicos, esteticistas, terapeutas corporais e ex-pacientes.

Em geral, realizam-se dez encontros, com número variável de quatro a doze participantes e a presença de nutricionista, fisioterapeuta, ex-pacientes e outros, conforme os temas abordados, os quais obedecem a programação previamente estipulada. A freqüência é semanal, com duração de noventa minutos. Nos encontros ainda são esclarecidos os objetivos do grupo e verificam-se a disponibilidade e a adequação dos pacientes à proposta. Os temas são descritos e apresentados ao grupo, assim como os demais detalhes práticos. Quando necessário, são marcadas entrevistas individuais.

O *grupo aberto para acompanhantes*, na unidade de Transplante de Medula Óssea, tem como objetivo proporcionar um espaço de confiança para trocas, compartilhamento e acolhimento de questões relativas ao papel do acompanhante/familiar de um paciente em Transplante de Medula Óssea. Trata-se de um espaço no qual questões existenciais individuais podem ser generalizadas, facilitando o sentimento de identificação grupal ("Não estou só"), ao mesmo tempo em que experiências gerais vividas pela especificidade do tratamento podem ser particularizadas, ressaltando-se diferentes estilos pessoais eficientes de enfrentamento. O número de participantes é de dois a cinco e os encontros são semanais, com duração aproximada de noventa minutos.

Nos *grupos fechados para pacientes oncológicos em radio e quimioterapia*, os pacientes vivenciam o espaço terapêutico conduzido por um terapeuta e um co-terapeuta, com o objetivo de levantar e esclarecer questões referentes à doença, tratamento e possíveis conseqüências, as quais, posteriormente, são elaboradas a partir do apontamento dos conteúdos simbólicos subjacentes e das implicações subjetivas latentes.

O *grupo aberto em sala de espera* é constituído pelos pacientes e/ou familiares ou acompanhantes que estão na sala de espera aguardando a radio ou quimioterapia. Este grupo é aberto, pois a cada reunião qualquer paciente ou acompanhante que quiser poderá participar. Os seus objetivos são: orientar e informar os pacientes quanto às dúvidas sobre a doença, tratamentos e efeitos colaterais e mudanças de vida em geral, assim como propiciar a troca de experiências entre os participantes, cujo número é variável, de acordo com a adesão.

Numa proposta que visa oferecer ao doente uma oportunidade de se expressar plasticamente, tornando-o mais consciente de suas possibilidades durante sua permanência no hospital, desenvolveu-se o projeto de *arte para o paciente*. Por meio de atividades artísticas, o paciente poderá tornar-se ativo e participativo durante sua internação ou período de tratamentos ambulatoriais. Trata-se de atividade permanente, em sala especialmente adaptada na unidade de internação oncológica ou em leito, cujo número de participantes varia segundo o interesse. A freqüência é bissemanal, com duração de até quatro horas por vez. Os meios utilizados são pintura, desenho, colagem, aquarela etc. O material é rigorosamente atóxico. O convite para integrar o grupo é feito pessoalmente, pelo artista plástico que conduz o projeto, a partir de indicação da enfermagem do andar ou do psicólogo do CREIO. Durante as atividades, há acompanhamento e incentivo ao processo criativo. Disponibilizando *atividades ocupacionais estruturadas em sala de espera* — jogos, passatempos etc. — objetiva-se a redução da ansiedade gerada pela situação de espera, contribuindo para melhores condições para atendimentos e intervenções. Esta é uma atividade permanente, sob acompanhamento das voluntárias do HIAE, previamente orientadas pelos profissionais do CREIO.

A *produção de material educativo e terapêutico* é um dos objetivos iniciais do CREIO e consiste na elaboração de material relevante ao auxílio do enfrentamento do câncer e efeitos colaterais dos tratamentos, visando proporcionar ao paciente maior conhecimento do momento vivenciado e diminuição do estresse. Compreende: elaboração de textos para folhetos e manuais de esclarecimento e informação sobre os diversos tipos de câncer, efeitos colaterais de tratamentos, formas de enfrentamento da doença etc.; elaboração de filmes de esclarecimento e de dessensibilização das rotinas e tratamentos oncológicos, e elaboração de material auditivo para relaxamento.

A *orientação para aquisição de complementos específicos* é feita por indicação de opções de fornecedores de perucas, próteses, acessórios etc., diante de necessidades decorrentes de efeitos colaterais de tratamentos oncológicos e orientação quanto ao uso daqueles recursos.

Por intermédio dos *projetos de pesquisa e estudos científicos* são privilegiadas as avaliações de resultados e as questões de ordem teórica, numa preocupação com a produção de conhecimento, decorrente da prática clínica.

Finalmente, o *atendimento psicossocial à equipe* visa oferecer um espaço de confiança aberto a todos que trabalham direta e/ou indiretamente com os pacientes oncológicos, propiciando a elaboração de experiências vividas durante a atuação profissional, o conhecimento dos diferentes papéis e funções desempenhados em cada especialidade e a instalação de uma relação de cooperação, respeito e cumplicidade entre as equipes. Este espaço pode ser individual ou grupal, dependendo das necessidades e natureza das experiências a serem discutidas. Não se pretende com esta atividade o atendimento a questões pessoais de cunho psicológico mais profundo. Embora tenha caráter terapêutico, o atendimento psicossocial à equipe tem por objetivo a resolução de conflitos e dificuldades relacionados ao trabalho com pacientes oncológicos. É, em última instância, um exercício de aprendizagem da prática multiprofissional.

Os grupos multiprofissionais são realizados quinzenalmente, durante o expediente, em horários que podem variar no sentido de garantir a participação de profissionais em vários turnos. São abertos a todos os interessados e divulgados na semana anterior à sua realização por meio de folhetos informativos.

ALGUMAS CONSIDERAÇÕES IMPORTANTES

Todos os atendimentos a pacientes têm suas referências no corpo teórico da psicologia clínica. Embora cada terapeuta tenha sua linha teórica de eleição — psicanalítica, junguiana, comportamental ou outras —, esta representa para ele um modelo compreensivo fundamental, mas não pode ser entendida como fator coercitivo à sua atuação técnica.

A enorme complexidade de fatores que interagem na vivência do paciente oncológico, associada à imensidade de sua dor, são os mais claros indicativos de que a validade da instrumentalização técnica será sempre atingida segundo a qualidade e a quantidade de alívio que puder representar. Técnicas como relaxamento, visualização por imagens e dessensibilização sistemática para procedimentos dolorosos ou invasivos em crianças e adultos têm-se mostrado eficazes e apontam para a necessidade de aprimoramento e enriquecimento constante dos recursos a serem disponibilizados ao paciente.

Embora não estejam sistematizados em termos quantitativos, com metodologia adequada, o levantamento informal de resultados autoriza a suposição de que as diversas abordagens empregadas têm levado a resultados animadores, no que diz respeito à diminuição de processos de regressão, elaboração de depressões reativas e redução de tempo de internação hospitalar.

REFERÊNCIAS BIBLIOGRÁFICAS

CARVALHO, M.M.J. *et al. Introdução à Psiconcologia.* São Paulo, Editorial Psy, 1994.

HOLLAND, J.C. e ROWLAND J. H. (orgs.) *Handbook of Psychooncology.* Nova York, Oxford University Press, 1990.

LeShan, L. *O câncer como ponto de mutação*. São Paulo, Summus, 1992.

Mc Dugall, J. *Teatros do corpo, o psicossoma em psicanálise*. São Paulo, Martins Fontes, 1996.

Simon, R. *Psicologia clínica preventiva*. São Paulo, EPU, 1989.

Simonton, C.O.; Simonton, C.M.; Creighton, J. L. *Com a vida de novo*. São Paulo, Summus, 1987.

História de um serviço

Elisa M. Parahiba Campos

Este relato na verdade não é apenas a história da instalação de um serviço, mas a história de uma transformação pessoal, na qual cada vez mais foi ficando evidente a necessidade de nós, psicólogos clínicos acostumados ao isolamento aconchegante do consultório, passarmos, dentro do possível, a assumir um lugar de atuação social mais contundente.

Sabemos da importância de nossa atuação como psicólogos clínicos para os indivíduos que nos procuram, mas, se nos pretendemos conscientes de nossa condição de cidadãos, apesar de não mais nos reunirmos na "polis" grega, nada mais nos resta a não ser assumir que cada vez mais o lugar da clínica é na comunidade, seja no hospital, seja em qualquer outra instituição.

Este serviço foi o meu ponto de mutação e o encontro de minha própria canção, nos termos propostos por Lawrence LeShan.

Durante o I Congresso Brasileiro de Psico-Oncologia, realizado em São Paulo, em 1994, fui encarregada de falar sobre pacientes terminais e sobre o trabalho da psico-oncologia em geral.

Quando concluí o relato, a platéia estava emocionada, assim como eu, pois havia respondido a uma pergunta que dizia respeito ao sentimento do cuidador ao perder um paciente, qual era a sensação, se havia solidão etc.

Respondi que me parecia que esta solidão era uma realidade, uma vez que perdíamos alguém a quem nos dedicáramos por um determinado tempo, e que se os familiares e amigos do paciente permaneciam unidos no momento da perda, ao psico-oncologista cabia voltar para sua casa e para sua vida, sem ter mais o paciente para cuidar.

Naquele momento, afirmei com convicção que a solidão do cuidador é passageira, pois magicamente ocorre uma inversão dos papéis, e nós, cuidadores, passamos a ser cuidados pelos nossos pacientes que se foram.

Após o encerramento da mesa-redonda, dirigi-me à secretaria, onde fui procurada por uma moça que, bastante emocionada com a minha apresentação, disse que certamente os meus pacientes cuidavam de mim pois ela viera por acaso ao Congresso, e identificara-me como a responsável pelo acompanhamento de um amigo seu que falecera um ano antes.

Emoção é matéria bastante comum no dia-a-dia do psico-oncologista, mas aquela foi além das que eu já vivera em meu trabalho.

A moça então pediu-me para falar sobre psico-oncologia em um hospital muito simples situado em Guarulhos, a 40 minutos de São Paulo, onde, segundo ela contou, havia um grupo de pessoas muito interessadas em nosso trabalho.

No dia marcado, cheguei ao hospital, na verdade um Posto de Assistência Medica, o PAM-18 da Prefeitura, que vem a ser uma Central de Especialidades, Núcleo de Gestão Assistencial.

Esse tipo de instituição ligada à Secretaria Municipal de Saúde presta assistência à comunidade de diversas formas, em regime ambulatorial, e ainda promove programas de educação e prevenção. (ver Anexo I)

A única coisa que eu sabia até aquele momento é que um ginecologista, que estava muito impressionado com o sofrimento de suas pacientes, gostaria de oferecer a elas um tipo de apoio que ele ao certo não sabia qual poderia ser, mas que, acreditava, deveria existir, embora ele mesmo não estivesse instrumentalizado para tal.

Neste ponto desta história cabe uma reflexão a respeito da postura de nossos colegas profissionais de saúde. Cada dia mais a necessidade da multidisciplinaridade da equipe de cuidadores se torna evidente. Está comprovada a diminuição do estresse da equipe, se as decisões são tomadas em conjunto, e não isoladamente como sempre foi feito. Os médicos sentem-se mais apoiados ao dividir com outros profissionais da equipe de saúde as dúvidas e mesmo outros estados emocionais que possam ocorrer.

Em visita a um hóspice, ao sul de Barcelona, numa pequena cidade chamada Santa Creu de Vic, participei de reunião com a equipe, que se reunia aproximadamente quatro vezes ao dia, não só para trocar informações, mas também para dividir a carga de lidar com tantos pacientes expostos a tanto sofrimento físico e moral.

Este médico de Guarulhos, o dr. Carlos do Carmo Dias, diretor técnico de Serviços de Saúde, teve a humildade de reconhecer que existia alguma coisa com a qual ele não estava podendo lidar, ou seja, o sofrimento das pacientes mastectomizadas, e que era necessária a ajuda de um profissional habilitado para esta tarefa.

VOLTANDO ÀQUELA FRIA MANHÃ DE MAIO DE 1994

Em uma sala acanhada, encontrei um grupo de dezoito pessoas, constituído por profissionais de saúde de várias áreas, e alunos estagiários do curso de Psicologia da Universidade de Guarulhos.

73

Quando terminei a aula, percebi um grupo deprimido, silencioso, o que muito me intrigou. Ao perguntar a razão daquela reação, o dr. Carlos disse-me que, infelizmente, eles não poderiam me pagar para assessorar o grupo na organização de um serviço de atendimento às pacientes mastectomizadas.

Foi nesse momento que me ocorreu uma daquelas atitudes que são de certa forma impulsivas, mas que podem determinar mudanças no rumo de nossa vida, bem como nos rumos de muitas vidas próximas de nós.

Muitas vezes, reportando-me a meu referencial de trabalho como psicanalista, pergunto-me que motivações não-conscientes nos mobilizam para trabalhos como o nosso, que exige dedicação e acarreta desgaste físico e emocional, sem que a falta de pagamento nos impeça de realizá-lo.

Perguntei calmamente: — Que dia vocês se reúnem neste hospital?

Eles responderam que era às 4ªs feiras, pois estavam estudando alguns textos para ver o que poderiam fazer pelas pacientes.

— Então, na próxima 4ª feira nós iniciaremos o treinamento de vocês, para que possam realizar os grupos com as pacientes.

Essa história que aparentemente não tem nenhum aspecto muito importante no que diz respeito ao que é necessário para que um Serviço de Psico-Oncologia seja implantado em um hospital traz à tona aspectos relevantes que passo a discutir.

Em primeiro lugar, para que possamos implantar um serviço, é preciso que exista uma demanda para ele, demanda esta feita por alguém que possa bancar a sua instalação, não apenas do ponto de vista financeiro, mas do ponto de vista formal, institucional.

A nossa chave mestra para isso era a pessoa do dr. Carlos que, por ser um dos diretores do hospital, tinha poder para criar um espaço para o funcionamento de um grupo de treinamento que reunia funcionários do hospital e voluntários, os quais tinham em comum apenas um sonho: minorar o sofrimento de pacientes mastectomizadas, oferecendo um serviço de caráter psicossocial.

Iniciamos o treinamento da equipe com o objetivo de fazê-la simular as sessões que posteriormente seriam desenvolvidas com as pacientes.

Optei por organizar grupos que seguiriam o modelo de atendimento em grupo criado por Simonton (1988)* reservando-me, porém, a liberdade de fazer adaptações que julguei necessárias em função de alguns aspectos tais como:

1) características da equipe;
2) características do grupo de pacientes;
3) disponibilidade de espaço e de tempo para a realização do treinamento;
4) disponibilidade de tempo das futuras pacientes para permanecerem no hospital submetendo-se ao programa e
5) aspectos culturais de maneira geral.

Isso quer dizer que, ao se tentar instalar um serviço de atendimento a pacientes de câncer, não podemos apenas repetir o trabalho de nossos colegas em outros países ou mesmo em outras instituições. Cada grupo, cada instituição, terá variáveis diversas, que deverão ser levadas em conta para que o empreendimento venha a ter algum sucesso.

As características da faixa socioeconômica com a qual estaremos lidando deverão determinar o tipo de linguagem que utilizaremos, o nível de informação que será possível transmitir etc. Não devemos, em hipótese alguma, forçar um grupo a encaixar-se em modelos que conhecemos teoricamente.

Apenas para exemplificar este aspecto, ao pensar no treinamento tanto a equipe como eu imaginamos que poderíamos realizá-lo em uma sala, com algumas condições de isolamento e silêncio para os trabalhos que seriam necessários.

A realidade revelou que isso seria absolutamente impossível, uma vez que o hospital estava iniciando uma grande reforma, e que não teríamos sequer uma sala para nosso uso. Outro exemplo da diferença entre o teórico e o prático foi o questionário que criamos para que as pacientes preenchessem ao iniciar o grupo e ao terminar o processo, a fim de podermos averiguar o que acontecera com cada uma. Logo nas primeiras entrevistas, vimos que as pacientes daquele grupo não sabiam ler nem escrever. Criativamente a equipe fez as perguntas do questionário às pacientes, pedindo licença para anotar as respostas.

---

* Simonton, O. C., Simonton S. M. e Creighton, J. L. Com a vida de novo. São Paulo, Summus, 1987.

Fizemos o treinamento em meio ao caos externo e interno. O hospital em reforma e a história de vida daquelas pessoas também.

Dentre as variáveis que permeiam o cotidiano do psico-oncologista, as diferenças culturais, os valores e as crenças estão entre as mais complexas a serem administradas, principalmente quando se instala um serviço de atendimento em grupo. Não raro, os problemas surgem no grupo de pacientes, mas também no grupo de cuidadores.

O treinamento teve início com a equipe multidisciplinar vivenciando e experienciando aquilo que posteriormente seria oferecido às pacientes. O primeiro momento de um grupo que se conhece pouco, embora trabalhando em um mesmo local, e que tem de se conhecer de maneira profunda e rápida, é, em geral, muito difícil, e foi a partir dessa primeira dificuldade que decidi utilizar exercícios de auto-apresentação, técnica que posteriormente empregamos com as pacientes, uma vez que o constrangimento e o pudor destas deveriam ser tratados com o máximo cuidado.

Já nesse primeiro momento da equipe percebemos que, ao entrar em contato com as dificuldades individuais, os medos, as fantasias e os constrangimentos eram muito parecidos, e o fato de o médico responsável estar sentado no chão em almofadas improvisadas, junto à enfermeira, à assistente social ou ao estagiário derrubou as últimas barreiras para uma troca genuína e respeitosa.

Após a primeira reunião, que durou quatro horas, passamos a processá-la, no encontro seguinte, discutindo de maneira franca e aberta todas as dificuldades enfrentadas pelo grupo como um todo e pelos profissionais em particular.

O programa seguiu seu curso, e obedeceu a um cronograma de duração, a saber: o treinamento deveria constar de dez sessões de três horas, distribuídas ao longo de dez semanas, sempre no mesmo dia, local e hora.

Os tópicos das sessões de treinamento da equipe eram semelhantes àqueles que seriam posteriormente oferecidos às pacientes, diferenciando-se apenas em dois itens, a saber : 1) A questão da morte, e os exercícios realizados nesse dia, não constavam do programa oferecido às pacientes; 2) As informações a respeito da doença, ministradas pelo médico participante, eram substancialmente diferentes e mais detalhadas do que as que seriam fornecidas às pacientes.

Esse tipo de cuidado foi tomado por ser necessário dosar as informações para um grupo de pacientes, a fim de não causar ansiedades que poderiam ter efeito nocivo sobre o andamento do programa.

Após dez semanas, a equipe havia terminado a primeira etapa de seu treinamento, que era vivenciar o programa tal qual ele seria oferecido às pacientes.

Passamos à fase da seleção das pacientes, segunda etapa do projeto.

A seleção das pacientes era feita por meio de entrevista semi-dirigida, na qual um questionário era aplicado, a fim de levantar dados que seriam comparados posteriormente com os de um questionário idêntico que seria aplicado ao término do grupo. Além do questionário, a entrevistadora tentava colher aspectos amplos da história de vida das pacientes, seu universo familiar etc.

Os critérios exigidos para poder participar do grupo eram bem simples:
• a paciente deveria ter passado pela mastectomia;
• ter terminado os ciclos de quimioterapia;
• o tempo decorrido após a operação e a quimioterapia em relação ao início do grupo não foi considerado. Havia pacientes que já haviam passado pela cirurgia e tratamento há mais de dois anos, e outras que apenas haviam terminado a quimioterapia.

Estavam impedidas de participar do grupo pacientes mentalmente comprometidas, com aspectos confusionais originados por medicação ou metástase, e pacientes em estado avançado da doença, em um grau muito discrepante da maioria do grupo. Tentou-se, nesse primeiro momento, ter uma certa homogeneidade dos quadros clínicos. Posteriormente foram criados outros grupos, com outros critérios de participação.

As entrevistas foram discutidas por toda a equipe, a fim de que cada um tivesse acesso aos dados e às histórias de cada paciente.

Finalmente teve início a terceira e ultima etapa do treinamento.

Marcamos o dia do início do grupo, as paciente foram avisadas, e na manhã combinada estávamos todos lá: os catorze membros da equipe e as catorze pacientes selecionadas.

Optamos pela presença de toda a equipe no primeiro dia, para que pudéssemos nos apresentar e aos objetivos do grupo. Posteriormente o dr. Carlos participou de alguns encontros, ficando o grupo sob minha direção (ver Anexo 2).

Várias estratégias foram sendo introduzidas à medida que o grupo se desenvolvia, voltadas para aspectos práticos, inevitáveis, que deveriam ser contornados.

Um tipo de estratégia importante para quem se lança em um tipo de aventura como esta é driblar os atrasos inevitáveis das pacientes, criando uma atividade ao início de cada grupo, que não comprometa o seu desenrolar.

Por exemplo, optamos por uma atividade corporal, dirigida pela fisioterapeuta, que durava aproximadamente os primeiros quinze minutos do grupo, a fim de dar tempo para as retardatárias chegarem. Essa atividade consistia em uma série de exercícios específicos para pacientes mastectomizadas, na qual a recuperação corporal dos movimentos do braço e músculos peitorais era enfatizada.

Esse tipo de estratégia é uma adaptação importante, em se tratando de pacientes que vivem na periferia, distantes do hospital, e sem tempo algum para cuidarem de si, uma vez que têm famílias numerosas, ou maridos que dependem delas no cotidiano.

O grupo seguiu o roteiro planejado, abordando a cada semana um aspecto do programa e terminando enfim, após dez sessões de aproximadamente três horas de duração e mais uma hora de reunião da equipe sob minha supervisão.

Nessas reuniões, numerosos foram os dias em que a equipe se abraçava, chorando, após um grupo muito denso e difícil de conter. Por exemplo, quando uma das alunas voluntárias partilhou conosco uma história pessoal de câncer de mama, até então desconhecida pela equipe, com o objetivo de ajudar uma das participantes a superar suas dificuldades e dar um depoimento pessoal.

Além dessa voluntária, outros membros da equipe de saúde haviam tido câncer, e foi muito importante para as pacientes perceber que não eram as únicas marcadas por uma doença tão atemorizante.

Das lembranças que guardei daquela época, além das anotações que fiz com a intenção de um dia poder publicar experiência tão rica, surgem na memória as frases das pacientes, que, na sua aparente ignorância, demonstravam uma infinita sabedoria.

"Dra., o câncer não é doença do corpo não, câncer é doença da amargura..."

"Será que posso trazer minha vizinha no último grupo, pra ela poder ser ajudada e ver a maravilha que é isso aqui?"

Foi permitida não só a presença da vizinha como também a de um parente escolhido pela participante para o último dia do grupo.

Raivas antigas, ressentimentos e mágoas puderam ser eliminados, sendo possível o resgate de vínculos tão desgastados que já nem pareciam mais existir.

Impossível transcrever todos os depoimentos, mas um dos mais significativos foi o de uma paciente que, ao final de um grupo, abriu a bolsa e tirou de lá um revólver, entregando-o à equipe, dizendo que não precisava mais dele, pois decidira-se pela vida. Contou então que já havia entregue os filhos a uma vizinha para que esta os criasse, quando soube do "Grupo do PAM". Ela veio para o grupo descrente de que alguém pudesse querer ajudá-la sem exigir qualquer tipo de pagamento. Relatou que reconquistara a confiança na vida e a esperança de curar-se.

Depoimentos carregados de tal nível de emoção fizeram com que todos nos sentíssemos regiamente recompensados pelo trabalho realizado.

Aprendemos muito com os erros que cometemos, como a brilhante aula com diapositivos dada pelo dr. Carlos às pacientes, para que soubessem o que era o câncer de mama, que fez com que no grupo seguinte apenas três pacientes voltassem. A angústia mobilizada por essa experiência foi a responsável por uma evasão que exigiu novos telefonemas e contatos da equipe com todas as que faltaram.

Hoje, nada de aula, apenas informações e respostas às dúvidas levantadas apenas pelas pacientes.

Outro aspecto importante foi a capacidade das pacientes para visualizar suas células doentes e seus tumores com tal precisão que fazia com que a enfermeira e o próprio médico duvidassem dos depoimentos, perguntando se na entrevista alguém havia dado alguma informação às pacientes.

Havia casos em que o mecanismo de negação era muito forte, como o de uma senhora que tinha mastectomia total e dizia que apesar de tudo sabia que não tinha câncer. Essa afirmação foi respeitada sabiamente pela equipe e pelas participantes em todos os grupos, até o dia em que a própria paciente entrou em contato com o que vinha fazendo, sofrendo muito, mas sendo contida e confortada por todo o grupo, com a delicadeza que só as pessoas que sofrem sabem ter com seus semelhantes.

Atualmente, o grupo original do PAM passou por alterações, algumas pessoas não estão mais na equipe, tendo permanecido alguns dos alunos voluntários, hoje psicólogos que continuam a dar algumas horas do seu tempo ao projeto inicial. O núcleo que permaneceu é constituído pelo dr. Carlos Dias, pela psicóloga que me fez o primeiro convite, Eliana Pires, e pela enfermeira Silvia Begoso.

A responsável pelos grupos é a psicóloga Eliana, e estes continuam a se realizar, tendo algumas das pacientes dos primeiros grupos como voluntárias.

A Universidade de Guarulhos, por intermédio do PADAC — Programa de Ação Docente Assistencial Comunitário, fez-nos um convite para que fizéssemos parte de seus programas, o que foi aceito com muita alegria. Propus que a psicóloga Eliana, que já havia participado do treinamento e de vários grupos, assumisse a responsabilidade junto ao PADAC, uma vez que é professora na Universidade e quem me fez o convite inicial. Hoje, os grupos funcionam na Universidade, em sala especialmente reservada. Novos alunos são voluntários, e a equipe continua sendo multidisciplinar unindo profissionais de saúde do PAM e voluntários da Universidade.

O fato de iniciar este trabalho no PAM também propiciou a formalização de um convite para que eu passasse a dar aulas na Universidade de Guarulhos, onde atualmente coordeno um programa de Pós-graduação em Psicologia da Saúde, no qual uma das linhas de pesquisa é a Interação Mente-Corpo, sendo uma das disciplinas oferecidas a Psico-Oncologia.

A importância desse fato reside em uma divulgação da Psico-Oncologia no meio universitário, bem como nos numerosos projetos de pesquisa apresentados pelos alunos, voltados a aspectos culturais, comportamentais, educativos e de reabilitação de portadores de câncer, bem como projetos relacionados à família do portador de câncer, e às equipes de saúde responsáveis por esse tipo de paciente.

Durante muito tempo tentei encontrar um nome para esse grupo de valentes profissionais que um dia aceitaram o desafio de iniciar um serviço de ajuda a pacientes de câncer.

O nome foi encontrado a partir de um caso que me foi contado por uma das voluntárias, que no primeiro dia do grupo veio perguntar-me se uma dona-de-casa poderia assistir às reuniões. Foi e é uma de nossas grandes colaboradoras.

O caso é uma lenda a respeito do Amor e do Tempo.

Conta-se que um dia a terra foi inundada por um enorme dilúvio, e que todos os sentimentos viram-se ilhados pelas águas que subiam perigosamente. O amor decidiu ajudar os colegas, e foi dando um jeito de colocar a salvo cada sentimento. Ao final de algum tempo, viu-se rodeado pelas águas, sozinho, em situação de grande perigo. Fez sinais desesperados para os sentimentos que, a salvo, olhavam a cena. A alegria, a tristeza, o medo, enfim, todos tinham uma desculpa para não dar atenção ao amor, dizendo que não entendiam o que ele estava querendo dizer.

80

Finalmente um velho passou em um barco e parou, transportando o amor para a margem, são e salvo. Ao virar-se para agradecer o favor, o amor não viu mais o velho e o barco. Consultando o oráculo, o amor perguntou que sentimento era aquele que havia percebido seu desespero, salvando-o. Foi-lhe dito que aquele velho não era um sentimento, mas que era o Tempo, porque só o tempo é capaz de entender os sinais do amor.

Imediatamente o grupo foi batizado de CHRONOS — Centro Humanístico de Recuperação em Oncologia e Saúde.

O lugar de funcionamento do CHRONOS jamais ficou determinado, pois os grupos funcionam onde há espaço para eles, as reuniões são feitas no lugar e no tempo possíveis, e isto me incomodou por muito tempo.

Um dia, voltando a São Paulo pela estrada que hoje me é tão familiar, percebi que o "lugar" de CHRONOS não era físico, era uma abstração, um estado de espírito, uma disponibilidade interna para doar um pouco de si e de seu tempo, que cada pessoa deve ter e muitas vezes nem sabe.

O lugar de CHRONOS é dentro do coração.

ANEXO 1

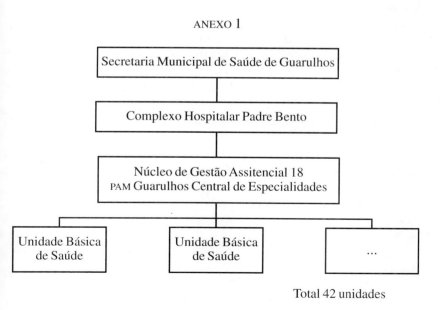

Total 42 unidades

ANEXO 2

Etapas do Treinamento

1ª Etapa:

Dez sessões ao longo de dez semanas, com aproximadamente três horas de duração

2ª Etapa:

Realização das entrevistas de seleção, com posterior discussão pelo grupo de cada caso entrevistado

3ª Etapa:

Atendimento do grupo piloto

Seqüência do Treinamento

Cada grupo semanal obedece um determinado roteiro. A cada semana é trabalhado um tópico específico do programa.

1ª semana: Auto-apresentação da equipe multidisciplinar

2ª semana: Visualização — conceitos, utilização, exercícios

3ª semana: Aula sobre a doença e tratamentos (ministrada pelo médico e enfermeira integrantes da equipe)

4ª semana: Levantamento dos hábitos de vida — identificando o estresse

5ª semana: Examinando o próprio medo e as fantasias acerca da doença, recidiva e morte

6ª semana: Identificando as perdas — Trabalho sobre a própria morte

7ª semana: Conhecendo o próprio corpo — Exercícios de conscientização e contato com o próprio corpo e o mundo interno

8ª semana: Eliminando ressentimentos e mágoas — Início da preparação para a separação do grupo

9ª semana: Partilhando sentimentos — Visualização do encontro com o guia interno e pessoal para a saúde

10ª semana: Avaliação do treinamento, dúvidas, elaboração da separação.

Obs. 1: Todos os grupos foram iniciados com um relaxamento, e em todos foram feitas visualizações, com os membros da equipe alternando-se na direção destas. Todo o processamento de cada passo do grupo era feito após cada sessão de treinamento.

Obs. 2: No grupo de pacientes, foram substituídas algumas vivências, como já foi dito, no caso dos exercícios de reabilitação específico para mastectomizadas, e no caso dos exercícios sobre a morte, que não foram dados ao grupo de pacientes

Técnicas Utilizadas

Dinâmica de grupo
Dramatizações
Role playing
Material de expressão (papel, argila, lápis etc.)
Visualização

Constituição da Equipe

1 Médico; 1 Enfermeira; 1 Psicóloga; 1 Assistente Social; 1 Educadora sanitária; 1 Fisioterapeuta; 2 Voluntárias da comunidade; 6 Alunos da graduação do curso de Psicologia da Universidade de Guarulhos

Obs.: Três componentes da equipe são ex-pacientes de câncer.

Objetivos do Treinamento

Preparar a equipe para realizar grupos de apoio psicológico e reabilitação de pacientes mastectomizadas.

Atendimento de um grupo piloto

Diversificar os atendimentos e os tipos de grupo implantando diversos programas de caráter psicossocial tais como:

Programas de prevenção

Programas de reeducação (mudanças de hábitos em geral)

Grupo pré-operatório

Grupo de informação a familiares de pacientes de câncer

Os Serviços Clínicos de Psico-Oncologia da Associação de Combate ao Câncer em Goiás

Sebastião Benício da Costa Neto

INTRODUÇÃO

A Associação de Combate ao Câncer em Goiás — ACCG — foi fundada em 20 de janeiro de 1956, a partir do trabalho do médico Alberto Augusto de Araújo Jorge e com o apoio de outros médicos e do Rotary Clube de Goiânia. A ACCG é uma entidade privada, sem fins lucrativos e de natureza filantrópica, atualmente composta por seis unidades: o Hospital Araújo Jorge, com 170 leitos ativos; o Sistema de Prevenção; o Núcleo de Assistência Social; os Institutos de Ensino e Pesquisa e de Pesquisa Básica; e a Unidade Oncológica de Anápolis — Goiás.

Após vinte e cinco anos da criação da ACCG, no início da década de 1980, iniciaram-se as primeiras atividades profissionais da psicologia, por meio de atendimentos clínicos tradicionais em consultórios do ambulatório do Hospital Araújo Jorge. Essas atividades foram interrompidas em 1984 e 85 e duas novas propostas foram apresentadas à ACCG, por outros psicólogos, em 1986. A primeira delas era a criação da psicologia organizacional — que só se efetivou em 1988 —, e a segunda foi apresentada por um projeto de intervenção institucional, tendo como respaldo teórico e prático os conhecimentos da psicologia hospitalar, o qual foi concretizado com a contratação dos primeiros psicólogos em 1987: um para a pediatria e outro para o atendimento às enfermarias femininas. Com a contratação de um terceiro psicólogo clínico-hospitalar, os serviços existentes estenderam-se para os pacientes masculinos (enfermarias e ambulatório) sem que, até então, houvesse uma clara divisão de atividades por especialidades médicas, exceto na pediatria. Com a contratação de mais cinco psicólogos hospitalares, entre 1993 e 95, foi possível, então, redistribuir as atividades por algumas especialidades médicas no Hospital Araújo Jorge, criar o Serviço de Psicologia da Unidade Oncológica de Anápolis e manter o Serviço de Psicologia do Sistema de Prevenção. Desta forma, em três das seis unidades da ACCG existem serviços de psico-oncologia que, no conjunto, buscam desenvolver um projeto de intervenção básico comum além de manter uma inter-relação técnica de rotinas e de novos projetos, que são alinhavados por meio de uma reunião semanal regular com todos os seus integrantes. As atividades de ensino, no início por intermédio de estágios curriculares, foram constantes desde 1987.

Antes de serem apresentadas considerações acerca de cada uma das especialidades em psico-oncologia da ACCG, observa-se que a adaptação do modelo teórico da psicologia hospitalar nas suas unidades comportou a existência de formações teóricas e técnicas diferentes que, no entanto, convergiam para a realização de atividades básicas, a exemplo do apoio psicológico durante a investigação e comunicação do diagnóstico, do preparo e acompanhamento psicológico em exames e tratamentos (cirúrgicos e quimio e radioterápicos, entre outros), do desenvolvimento de psicoterapias breve e focal, do apoio psicológico durante as situações de cuidados paliativos, terminais e pós-óbito.

No que se refere às rotinas clínicas, de forma geral, o não reforço de sentimentos transferenciais possibilitou um modelo que, em situações de emergência ou crise emocional, permite que tanto o paciente quanto seu cuidador possam ser atendidos por outro psicólogo disponível, quando da ausência do profissional de referência ou responsável pela especialidade. Este, posteriormente, é informado e reassume o caso, o que tem possibilitado conseqüentemente um maior dinamismo, à medida que os focos são contidos e ameniza-se o sofrimento emocional dos envolvidos. A literatura há muito tem destacado a grande oscilação emocional decorrente de fatores múltiplos que podem afetar os enfermos e seus cuidadores ao longo de um só dia. Assim, uma estrutura de equipe de psicólogos oncologistas se verá beneficiada se mantiver uma rotina de trabalho com pontos comuns, minimizando tanto uma demanda reprimida quanto o sofrimento e a angústia institucionais, expressas pelas dificuldades de outros profissionais de saúde e/ou de apoio administrativo em lidar com o sofrimento emocional dos enfermos e familiares. Para que isso seja efetivo, a experiência tem demonstrado que a prática inter-disciplinar, que o trabalho em equipe de saúde — apesar do custo pessoal acarretado para cada integrante — favorece que ações na assistência oncológica sejam mais prontamente efetivadas e eficientes, mesmo que isso, necessariamente, nem sempre se desenvolva em direção à cura da enfermidade, mas, certamente, potencializará uma melhor percepção do enfermo e/ou do seu cuidador da qualidade de sua vida.

Finalmente, neste capítulo, são apresentadas questões relativas aos vários serviços de psicologia atualmente desenvolvidos na ACCG. O primeiro texto refere-se ao Sistema de Prevenção. A este segue-se o referente à Unidade Oncológica da cidade de Anápolis — Goiás. Todos os demais são relativos aos trabalhos desenvolvidos no Hospital Araújo Jorge, de Goiânia. De forma geral buscou-se, ainda, respeitar o estilo literário de cada um dos autores.

PREVENIR O CÂNCER: UMA RESPONSABILIDADE TAMBÉM DA PSICOLOGIA

Ana Maria Caran Miranda

O câncer tem-se constituído num grande desafio para as ciências da saúde, apesar do grande avanço ocorrido nos últimos trinta anos na compreensão do comportamento dos tumores e no alcance das terapêuticas antineoplásicas, transformando o câncer numa patologia potencialmente prevenível e curável. Entre os principais problemas enfrentados nos centros de tratamento oncológico encontramos: a limitação da ação das terapêuticas já disponíveis, diante do estado avançado em que se encontra a doença quando os pacientes chegam em busca de tratamento; o alto custo financeiro das drogas, aparelhos e tecnologia necessários na ação terapêutica; além do desgaste bio-psicossocial dos pacientes e familiares gerado pelos efeitos colaterais dos pesados tratamentos que se tornam necessários para fazer frente à agressividade e/ou extensão da doença avançada.

Diante da conscientização dessa realidade, tem crescido, atualmente, a preocupação em promover ações preventivas ao câncer objetivando, sempre que possível, desenvolver estratégias para a redução das possibilidades de ocorrência e para a detecção precoce dessas patologias.

Com essas metas e com a visão de que "o melhor tratamento para o câncer é a prevenção", foi criado em 1993 o Sistema de Prevenção da ACCG, que já nasceu contando com uma divisão de atendimento psicológico, posteriormente transformada no Setor de Psicologia da Prevenção.

O Sistema de Prevenção é uma das cinco unidades de atendimento da ACCG, atuando nos níveis de prevenção primária e secundária, segundo a classificação epidemiológica que estabelece três níveis de ação preventiva: primária, secundária e terciária. O Sistema de Prevenção conta com uma equipe técnica interdisciplinar, composta por médicos, assistentes sociais, enfermeiros, psicólogos e técnicos em exames e atende, aproximadamente, a 1 300 pessoas por mês em prevenção global de câncer, isto é, realizando consultas e exames preventivos de todos os cânceres preveníveis e de maior incidência na região. Esta Unidade de Atendimento executa também grandes campanhas comunitárias para detecção específica de determinados cânceres e desenvolve dois programas de palestras educativas: um para a comunidade externa (empresas, escolas, centros comunitários etc.) e outro para a comunidade interna (clientes que estão na sala de espera e seus acompanhantes); promove ainda cursos e treinamentos interdisciplinares em prevenção global para equipes de saúde do estado e municípios que prestam atendimento à comunidade em geral.

É também o responsável pela implantação do Programa Latino-América Contra o Câncer no Estado de Goiás, fornecendo, além de treinamento, apoio técnico para implantação do programa em cada município.

Por que Psicologia em Prevenção de Câncer?

Esta pergunta nos foi feita muitas vezes durante a implantação do Serviço de Psicologia da Prevenção, e, por considerá-la básica para a compreensão das propostas de atuação psicológica no âmbito da prevenção, teceremos algumas explicações.

Diante da nova visão multifatorial da etiologia do câncer tem sido compreendido que o surgimento e desenvolvimento desta doença está interligado também a aspectos sociais e psicológicos além dos biológicos, existindo, portanto, motivos significativos para a inclusão da ação psicológica na prevenção de câncer.

Em primeiro lugar, porque já foi identificado que 80% das causas de cânceres já detectadas são ambientais: exposição direta ao sol, consumo de tabaco e bebidas alcoólicas, dieta alimentar inadequada, promiscuidade sexual e exposição a produtos tóxicos sem a devida proteção. Sabendo que a maioria desses fatores é mediada direta e indiretamente pelas atitudes e comportamentos humanos, a prevenção de câncer requer, portanto, o estudo de todas as variáveis envolvidas na aquisição, manutenção e extinção de tais hábitos carcinogênicos, além do desenvolvimento e implantação de estratégias de intervenção que auxiliem as pessoas a adotar estilos de vida mais saudáveis.

Em segundo lugar, porque algumas variáveis psicológicas e psicossociais como as crenças e atitudes das pessoas, comunidades ou culturas, têm forte interferência na adesão ao programa de prevenção e tratamento de câncer inicial. Entre elas podemos citar: a crença segundo a qual o câncer é contagioso e incurável; o medo excessivo do câncer impedindo a busca e execução de exames preventivos; a ansiedade bloqueadora diante de alguns exames ou dos tratamentos antioneoplásicos (radioterapia, quimioterapia etc.) e os receios e tensões excessivos diante de exames invasivos, muitas vezes causados por situações traumáticas anteriores mal elaboradas ou informação inadequada a respeito do câncer, dos tratamentos e dos exames.

Em terceiro lugar, devido à existência de inter-relação entre os estados emocionais e o surgimento, desenvolvimento e ocorrência de recidivas do câncer, demonstrando a importância moduladora das variáveis psicológicas. Suspeitava-se dessa inter-relação já desde a Antiguidade, e há relatos de Galeno inter-relacionando a ocorrência de câncer de mama e mulheres depressivas; atualmente, tem sido fartamente apontada por pesquisadores em psiconeuroimunologia e psico-oncologia como Peters e Mason (reações neuroendócrinas ao estresse e à iniciação, crescimento e formação de metástases em Tu experimentais); Leshan (estudos de características de personalidade doadora e atitudes de desistência em pacientes com câncer); Schamale e Iker (predições significativas de ocorrência do câncer a partir da detecção de síndrome de desesperança em avaliações psicológicas); além de vários outros estudos apontando para a presença de repressão na manifestação de afetos considerados "negativos", como ressentimentos, raiva e tristeza (Blumberg, Leshan, Kloper, Simonton, Bahnson e Bahnson).

Essas pesquisas e estudos têm possibilitado o delineamento de alguns traços da personalidade de risco para câncer, os quais devem ser pesquisados e observados mais sistematicamente nos grupos de alto risco para câncer já bem estabelecidos, como é o caso dos tabagistas. Torna-se, portanto, necessária a participação do psicólogo na equipe de prevenção para identificar e desenvolver estudos a respeito da presença de tais traços.

A possível aplicação prática preventiva poderá se dar em intervenções que visem modificar características de personalidade consideradas como predisponentes ao surgimento do câncer e os modos de enfrentamento das situações estressantes, principalmente naquelas pessoas que já pertencem a um ou mais grupos de risco biológico ou social para câncer. Também se torna importante o desenvolvimento de estratégias de auxílio psicológico às pessoas no sentido de estas modificarem os comportamentos de risco e adotarem estilos de vida mais saudáveis.

Para esclarecermos melhor o âmbito do trabalho psicológico em prevenção de câncer, dividimos esta atuação nos três níveis de ação preventiva: prevenção primária que se refere às ações de promoção da saúde; prevenção secundária — às ações de detecção precoce da doença; e prevenção terciária — às ações junto ao indivíduo doente, objetivando prevenir complicações devido à doença e ao tratamento. Em prevenção primária, o psicólogo pode auxiliar na compreensão dos obstáculos à mudança de hábitos carcinogênicos e no desenvolvimento de estratégias de mudanças desses hábitos; na compreensão e identificação dos fatores psicológicos de risco; no trabalho com grupos de risco para superação de dificuldades emocionais e aprimoramento de estratégias para lidar com o estresse; na busca de formas mais eficientes de transmissão das informações educativas e de formação de atitudes preventivas para os diferentes tipos de câncer, tanto para a população em geral como para os grupos de risco em especial.

Em prevenção secundária, o trabalho psicológico deve ser realizado: na procura pela compreensão das dificuldades para se buscar as consultas de prevenção e no desenvolvimento de estratégias para melhor adesão dos grupos de risco aos programas de prevenção e tratamentos, na regularidade necessária; no atendimento clínico às pessoas submetidas a exames preventivos, quando houver excesso de tensão emocional, após recebimento de diagnóstico e na avaliação psicológica para identificação de características de enfrentamento e personalidade de risco. É também de especial importância o assessoramento psicológico à equipe de saúde, visando ao aprimoramento das relações equipe profissional—paciente e, desta forma, melhorar a adesão aos procedimentos preventivos.

Em prevenção terciária, o atendimento deve ser dirigido aos pacientes que durante e após os tratamentos apresentam seqüelas físicas e/ou emocionais, necessitando de apoio psicológico para uma melhor reinserção no trabalho, família e sociedade, para a reobjetivação de sua vida após o longo período de doença e tratamento e para modificações dos estilos de enfrentamento inadequados e de alguns comportamentos necessários à prevenção de metástases.

O Serviço de Psicologia do Sistema de Prevenção desenvolve apenas as ações de níveis primário e secundário, visto que as pessoas já diagnosticadas ou em tratamento de câncer são encaminhadas e atendidas pelo Serviço de Psicologia do Hospital Araújo Jorge, onde são desenvolvidas ações de prevenção em nível terciário.

O trabalho se iniciou com a elaboração do Psicodiagnóstico Institucional que subsidiou o desenvolvimento do Projeto de Atuação do Serviço de Psicologia, o qual após quatro anos de implantação ainda passa por freqüentes adequações para melhor atender aos objetivos de participar efetivamente das propostas interdisciplinares e atender às necessidades psicológicas dos clientes do Sistema de Prevenção. Temos procurado alcançar esses objetivos desenvolvendo diferentes tipos de trabalhos.

Nas ações de prevenção primária, o Serviço de Psicologia tem participado efetivamente da implantação do Programa Latino-América Contra o Câncer que é um Programa da Associação das Ligas Iberoamericanas Contra o Câncer — ALICC, o qual, adaptado à realidade brasileira, está sendo aplicado em todos os municípios do nosso estado, pelo treinamento de multiplicadores de projetos de prevenção de comportamentos de risco para câncer entre os profissionais das secretarias municipais e de saúde, de educação e voluntários da comunidade. Esses projetos são de especial importância visto que a aquisição dos comportamentos se faz prioritariamente na adolescência, e atualmente em idades cada vez mais precoces. O programa é aplicado por uma equipe interdisciplinar por meio de aulas, grupos de trabalho e palestras visando compreender a formação e modificação dos hábitos carcinogênicos, das crenças e das atitudes errôneas com relação ao câncer.

Desenvolvemos também o Grupo Interdisciplinar Anti-tabaco, para clientes do Sistema de Prevenção que são tabagistas e desejam abandonar esse hábito. Várias pessoas que apresentam comportamentos de risco, quando se conscientizam da necessidade de abandoná-los, se vêem diante de uma realidade de dependência física e psicológica, não conseguindo sozinhas alcançar seu objetivo. Torna-se então fundamental a existência de grupos de apoio, nos quais a ação psicológica se faz essencial no planejamento das estratégias de independência, na aplicação de recursos visando abrandar os efeitos emocionais das síndromes de abstinência, no estabelecimento de novos comportamentos saudáveis e no desenvolvimento de recursos para elevação da auto-estima. Optamos por orientar e encaminhar os casos de alcoolismo aos vários grupos de alcoólicos anônimos existentes na comunidade.

São vários os trabalhos de prevenção secundária desenvolvidos com os clientes do Sistema de Prevenção:

1 — Preparação Psicológica para consulta de prevenção global: esse atendimento é feito sempre que se detecta excesso de tensão na pré-consulta pela recepção, pela enfermagem, ou quando requisitado pelo paciente ou seu acompanhante. Temos identificado maiores problemas em pacientes que vêm fazer exame ginecológico pela primeira vez.

2 — Avaliação e Orientação Psicológica: esse tipo de atendimento tem sido dado aos pacientes encaminhados pelos médicos quando se

detecta excesso de tensão durante a consulta ou outros problemas de ordem psíquica, como depressão, ansiedade, sintomas psicossomáticos ou psiquiátricos. Também são atendidas pessoas que apresentam comportamentos de risco, como os tabagistas e alcoolistas, e manifestam desejo de modificá-los. Quando necessário, os pacientes são encaminhados aos recursos existentes na comunidade para atendimento psiquiátrico, psicológico, a grupos de apoio profissionais ou de auto-ajuda.

3 — Avaliação e Apoio Psicológico após diagnóstico médico e encaminhamento a especialista: esse atendimento é dado sistematicamente, ao paciente e/ou à família, após o recebimento dos resultados dos exames e diagnóstico; sempre que o paciente for encaminhado a qualquer especialista, independentemente do diagnóstico ser ou não câncer. Esse procedimento visa termos maior segurança do nível de compreensão, absorção e elaboração emocional da informação recebida pelo paciente que, na maioria dos casos, está sob a tensão emocional gerada pela expectativa dos resultados; e, conseqüentemente, auxiliarmos no melhor processamento e elaboração psicológica da informação. Atualmente, temos considerado esse tipo de atendimento prioritário visto que ainda são bastante freqüentes tensões e confusões causadas por desinformação, crenças populares errôneas e tabus com relação ao câncer, gerando muitas vezes atitudes de fuga aos encaminhamentos.

4 — Orientação Sexual Individual e de Casal: atendimento feito por encaminhamento médico. Vários clientes manifestam suas dificuldades sexuais durante a consulta médica e nesses casos são encaminhados ao Serviço de Psicologia, assim como as mulheres que apresentam HPV, uma virose transmitida sexualmente, bastante disseminada em nossa comunidade e que provoca lesões ginecológicas pré-cancerígenas. Além de serem prestados esclarecimentos e orientações psicossexuais, quando necessário, os clientes são encaminhados a atendimentos em sexologia oferecidos pela comunidade.

5 — Pesquisas realizadas durante as campanhas de massa em prevenção específica: têm sido avaliados os níveis de conhecimento e execução dos auto-exames, os principais aspectos psicossociais geradores de procura ou fuga de exames preventivos e as principais crenças e atitudes com relação a exames preventivos, tratamentos e cura do câncer na população atendida. Essas pesquisas têm como objetivo o aprimoramento do trabalho desenvolvido pela instituição.

Temos trabalhado todo esse tempo na expectativa de podermos um dia alcançar uma inversão do perfil dos tratamentos de câncer na nossa região, pois atualmente tratamos 80% de casos avançados e apenas 20%

de casos iniciais. Esperamos, no futuro, poder chegar a receber para tratamento 80% de casos iniciais, pois só assim poderemos, realmente, ter reduzidos os índices de sofrimento e mortalidade por câncer. Continuamos acreditando que o melhor tratamento para o câncer é a prevenção.

IMPLANTAÇÃO DO SERVIÇO DE PSICOLOGIA EM AMBULATÓRIO GERAL DE ONCOLOGIA

Anadir Carneiro de Oliveira

Em decorrência da sobrecarga de atendimento, prejudicando a qualidade do serviço prestado no Hospital Araújo Jorge, a Associação de Combate ao Câncer em Goiás percebeu a necessidade de descentralização do seu atendimento com a criação da Unidade Oncológica "Dr. Mauá Cavalcante Sávio", com localização em Anápolis—Goiás, para atendimento de uma grande área abrangendo esta cidade e municípios vizinhos.

O Serviço de Psicologia, hoje instituído, busca atuação de acordo com as solicitações em Prevenção, Oncologia Clínica e Cirúrgica nas áreas de Ginecologia, Mastologia, Cabeça e Pescoço, Aparelho Digestivo, Pneumologia, Urologia, Radiologia, Quimioterapia e Radioterapia.

O serviço trabalha em conjunto com uma equipe multidisciplinar composta por médicos, enfermeiros, físicos, assistente social e biomédico.

A implantação do Serviço de Psicologia deu-se simultaneamente ao início do funcionamento da Unidade, tendo sido uma exigência da diretoria, pelo reconhecimento do trabalho realizado pelos psicólogos dos Serviços de Psicologia já existentes em outras Unidades da ACCG, como no Hospital Araújo Jorge e no Sistema de Prevenção.

Como parte das estratégias de implantação, julgou-se necessária uma observação desses Serviços de Psicologia já estruturados, possibilitando assim uma interação com os outros colegas psicólogos e o conhecimento dos trabalhos que estavam desenvolvendo.

O passo seguinte foi a elaboração de um projeto de implantação do Serviço de acordo com as necessidades da instituição, tendo como objetivos gerais:

1 — Trabalhar os aspectos psicológicos, visando promover e manter a saúde biopsicossocial dos pacientes oncológicos e sua famílias, nos níveis preventivo, curativo e reabilitador.

2 — Atuar de forma integrada com os demais profissionais de saúde, colaborando para uma visão global do paciente oncológico, dentro de um enfoque interdisciplinar, possibilitando também assistência e apoio técnico-psicológico à equipe de saúde, além da participação nas atividades de ensino e pesquisa.

Após a conclusão do projeto e sua apresentação à Instituição, foi redigido um comunicado, o qual foi entregue pessoalmente a cada membro do corpo clínico da Instituição. O objetivo daquele era o esclarecimento sobre a necessidade do encaminhamento de pacientes ao Serviço de Psicologia, também como fazê-lo e quando. Muitos profissionais da equipe, até então, não haviam trabalhado junto a um psicólogo e, por conseguinte, não tinham informação sobre o trabalho e a necessidade deste em uma instituição hospitalar.

Atualmente, com o crescimento da Unidade e o aumento da demanda de atendimentos, o Serviço de Psicologia vem se firmando pouco a pouco dentro da instituição. O trabalho é mais atuante junto aos Departamentos de Oncologia Clínica, Mastologia, Urologia, Radioterapia e Prevenção, em que os pacientes são acompanhados em fase de pré-tratamento e de seguimento. Um novo trabalho encontra-se em andamento junto ao Serviço de Radiologia, com a formação de um grupo para pacientes que irão se submeter à mamografia, objetivando reduzir o grau de ansiedade durante o exame e fase de espera do resultado. O Serviço de Prevenção atua freqüentemente com a comissão organizadora de campanhas de detecção precoce de câncer.

Apesar de conquistas importantes como a participação em reuniões do corpo clínico que decidem o tratamento para cada paciente, as dificuldades existem: nem sempre há reconhecimento do trabalho do psicólogo por todos os membros da equipe, além de haver resistências ao trabalho em conjunto. A criatividade, a habilidade em lidar com situações adversas, assim como a humildade em perceber que não somos e não podemos ser onipotentes, devem sempre estar presentes no nosso trabalho.

É de fundamental importância a clareza do nosso papel dentro da instituição hospitalar para que o trabalho seja valorizado. Devemos sempre caminhar junto com a equipe, com objetivos comuns, numa postura humanizadora e holística em saúde. A atuação do psicólogo deve ser sempre um elo para a humanização da relação entre equipe, paciente e família.

O SERVIÇO DE PSICOLOGIA NA PEDIATRIA

Patrícia Marinho Gramacho

Sabemos o quanto as situações de hospitalização, seguidas ou não de internação prolongada, interferem no equilíbrio psicológico e fisiológico do indivíduo. Isso se deve tanto pelo aumento da ansiedade diante de qualquer situação nova, como também pelos conceitos negativos ligados à saúde e aos meios de que dispomos para enfrentar uma doença. Toda essa situação favorece o desequilíbrio emocional do individuo, promovendo uma queda na continuidade de sua existência, constituindo-se em um trauma ou reeditando traumas anteriores.

No caso de um diagnóstico de câncer na criança, as dificuldades tornam-se ainda maiores, pois é mais fácil para todos nós pensarmos em situações de doença (grave e/ou crônica) somente para o adulto e não para as crianças. É comum ouvirmos das pessoas que nos procuram, na qualidade de psicóloga que trabalha com câncer, o seguinte comentário: "Somente os adultos deveriam adoecer", como se apenas o adulto tivesse uma razão para adoecer, sofrer e até morrer, mas a criança não. As justificativas apresentadas para essa atitude são as mais diversas, relacionando-se entre elas a ingenuidade da criança, sua pouca oportunidade de ter vivido a vida, sua fragilidade interna para enfrentar situações de doença, dor e morte, e a impossibilidade de ter colocado seus planos de vida em ação.

Nossa experiência nos mostra que quando os pacientes são crianças e adolescentes, novos aspectos acrescentam-se a esses devido, principalmente, a maior dependência desses ao seu meio socioafetivo, necessitando a criação de referências também afetivas durante o período de internação, para que não sintam tanto as limitações físicas impostas pelo próprio processo do tratamento. Com isso, o envolvimento com a equipe de saúde aparenta ser mais intenso, assim como as alterações na dinâmica familiar interferem de maneira significativa.

Sendo assim, a atuação do psicólogo hospitalar junto à criança internada objetiva fundamentalmente a diminuição do sofrimento inerente ao processo de hospitalização, procurando assimilar o mundo interno da criança portadora de câncer. Esse trabalho é operacionalizado pela estimulação, pela terapia com brinquedos e pela terapia de apoio (aos pais e à criança). O atendimento pode ser feito individualmente ou em grupo, no próprio leito, na sala de recreação, no pátio do hospital, ou no consultório, priorizando-se, no entanto, o atendimento em grupo em enfermarias, por atender melhor à grande demanda do hospital.

A mãe e a família, no contexto hospitalar, passam a ser uma ponte de acesso para a compreensão do paciente em sua integridade. Sempre que possível, é feita uma reunião semanal com as mães ou acompanhantes da criança, para que estes possam aliviar suas tensões em grupo, esclarecendo dúvidas sobre o tratamento, assim como se organizando melhor para a manutenção da pediatria, buscando com isso uma melhoria desse ambiente no qual ficarão "internadas" junto à criança por vários meses. Nesse momento também é reiterada a importância do vínculo amoroso entre a mãe e seu filho, buscando compreendê-lo nesse momento de sua existência, mostrando-se disponível para trocas afetivas, lembrando que a palavra afeto também envolve a expressão de sentimentos como raiva e tristeza.

Quando uma criança chega ao hospital, não devemos encará-la como se estivesse bloqueada em seu desenvolvimento até o momento da "cura" de sua doença, mas, sim, como alguém cujo ritmo de vida e de crescimento ainda permanece contínuo, possibilitando-lhe, dessa forma, relacionar-se com outras crianças, com os adultos, com o jogo e a aprendizagem, instalando-a habilmente dentro da rotina hospitalar. Paralelamente a isso, é importante darmos apoio emocional também à família, para que esta, por sua vez, volte a investir na capacidade de produção da criança.

A criança experiencia na vida muita coisa que ainda é incapaz de expressar verbalmente, e o brincar funciona como um simbolismo que substitui as palavras, mobilizando os processos internos de criação, estruturação, experimentação e controle da realidade. O brincar permite à criança configurar-se dentro da situação hospitalar, ou seja, afirmar-se como "ser", com uma identidade e característica que lhe são próprias, ampliando a consciência de si mesma dentro do processo de internação e tratamento.

Procurando manter essa idéia, realizamos diariamente um grupo de atividades lúdicas (livres ou dirigidas para a situação hospitalar), que possibilita à criança estruturar melhor sua dinâmica interna.

Os jogos estruturados e principalmente os jogos de equilíbrio são utilizados como forma de ensiná-la a enfrentar situações difíceis e limites, trazendo para o grupo temas como medo, desistência após uma derrota, frustração etc., podendo-se fazer um paralelo com o papel do médico, da família e da própria criança, dando-se sempre um estímulo para novas tentativas.

Com crianças abaixo de sete anos é mais eficaz lidar com as emoções à medida que elas acontecem, dramatizando ou redirecionando essa expressão emocional para atividades que liberem energia, em vez de racionalizar ou teorizar. Para isso os jogos de montar são de grande utilidade pois possibilitam à criança expressar seus conteúdos agressivos ou destrutivos e, ao mesmo tempo, visualizar sua capacidade de construção, reestruturação e tendência à integração. Por alguma razão, nós adultos nos sentimos impelidos a tornar reais os símbolos de sua criação. É importante que sejamos contaminados pelo otimismo da criança diante da doença, lembrando sempre que o brinquedo tem a função de alívio para ela, permitindo a livre expressão de ansiedades, fantasias e sentimentos. Basicamente, o intuito é que a criança perceba suas defesas internas atuando no meio externo por meio do brincar.

Os bonecos e fantoches são empregados não apenas como apoio e referência para algumas crianças (como aquelas que estão na UTI, quando então funcionam como referência do mundo externo), mas também como instrumentos por meio dos quais elas possam verbalizar suas dúvidas sobre o tratamento, exames ou cirurgias. Em outros momentos funcionam como objetivos transicionais que permitem à criança suportar a ausência da mãe em diferentes situações no decurso do tratamento (como na radioterapia).

Os livros de histórias também são ótimos instrumentos para o alívio de tensão, pois mobilizam na criança sua capacidade de enfrentamento diante de situações difíceis, sua confiança em seu próprio corpo e sua crença no auxílio externo. No trabalho com crianças em UTI, auxiliam no desenvolvimento da imaginação criativa, tanto no plano visual, destacando as cores dos desenhos dos contos de fadas, como também possibilitando a troca de papéis, em que a criança sai de um ambiente solitário e encarna muitas vezes um personagem em um ambiente mais solto e amplo.

As atividades de recorte e colagem, normalmente, são as preferidas pelas crianças e adolescentes. Em se tratando de crianças menores, percebo que o próprio ato de cortar funciona em alguns momentos como catarse da agressividade contida. Por meio da análise da livre escolha de gravuras, torna-se possível percebermos quais são os conteúdos vivenciados pela criança ou adolescente naquele momento. Algumas vezes direcionamos essa escolha preestabelecendo temas como: O que tem no hospital? Onde eu gostaria de estar? Coisas de que gosto, coisas de que não gosto etc. Dessa forma podemos observar o que crianças e adolescentes compreendem do hospital, falando-lhes sobre suas individualidades, fazendo-as perceberem que cada um presente no grupo tem pontos comuns, mas também muitos outros pontos diferentes em todo seu processo de vida. Em suma, todas as atividades envolvem um esclarecimento das intervenções agressivas no intuito de diminuir a ansiedade e aumentar a participação integral em todo o processo de tratamento, porém respeitando as diferenças individuais e as dificuldades de enfrentamento de cada um.

É importante desmistificarmos o trabalho do psicólogo no atendimento ao paciente com câncer, dentro de uma instituição hospitalar, compreendendo que, pela própria fragilidade em que se encontra este paciente e também sua família, não será o período do tratamento e/ou da internação o momento ideal para que se possa trabalhar conflitos mais profundos, tendo em vista neste momento a necessidade deste indivíduo, criança ou adulto de manter seus mecanismos de defesa, sejam eles adequados ou não. Trabalhar esses conflitos, mostrando-lhe sua inadequação, no decorrer do processo de tratamento, terminará por fragilizar ainda mais suas defesas, com possíveis implicações em seu sistema imunológico. Outrossim, é importante que estes mesmos mecanismos, outrora utilizados em prejuízo de si próprio, possam agora ser transformados, passando a ser usados como um meio de propiciar prazer.

Paralelamente a este trabalho, é importante a orientação concomitante à família para que esta perceba como era sua dinâmica de vida, antes e após o diagnóstico de câncer. Essa orientação é feita não no intuito de detectar erros, mas sim de que percebam suas múltiplas relações: de casal, de mãe e filho, de pai e filho, entre irmãos etc., para que por meio dessa percepção possam agora olhar-se com outros olhos, tendo em vista a doença os haver obrigado a uma interrupção brusca no ritmo e em seus planos de vida. Só assim os sentimentos de culpa poderão ser trabalhados e a função educadora e limitadora mantida de forma adequada, permitindo a esta criança descobrir o seu desejo de vida e possibilitando muitas vezes uma transformação na dinâmica familiar.

No decorrer do tempo em que fomos trabalhando na psico-oncologia, sentimos a necessidade de organizar um grupo em que pudéssemos fazer alguns "fechamentos" após o óbito de uma criança. Sendo assim, criamos um grupo de auto-ajuda, que funciona mensalmente, e no qual se pode falar sobre essa perda e sobre as diferentes formas de vivenciá-la, buscando uma melhor elaboração do luto e reinserção no convívio social.

E, assim, vamos trabalhando, resignificando também nossas próprias dificuldades diante da morte, lembrando Françoise Dolto (1992, p.81) que diz de forma esperançosa: "A gente só morre quando acaba de viver".

ATENDIMENTO PSICOLÓGICO AOS ADULTOS HOMENS

Edirrah Gorett Bucar Soares

Em 1987 fui convidada para trabalhar no Hospital Araújo Jorge. Naquela ocasião, Ana Maria Caran Miranda tinha o seu trabalho estruturado na pediatria e Solange Verano estava com o atendimento direcionado às mulheres do hospital. A partir de então, comecei a desenvolver um projeto direcionado para o atendimento aos homens, e, desde a sua implantação, ele se mantém em plena atividade. Ao longo desses anos, atendendo homens com câncer, percebi a grande dificuldade que eles têm em lidar com suas limitações físicas, como a dificuldade em suportar a interrupção brusca de suas atividades, e da perda muitas vezes do papel de provedor da família, o que geralmente ocorre no decorrer do tratamento. Tenho observado também que a maior problemática quando estão doentes é a preocupação excessiva com a família. É muito comum estas verbalizações: "Como minha família está se mantendo?", "Agora, com a doença, como vou fazer para manter minha família?", "Será que vou poder continuar trabalhando quando sair do hospital?"

A idéia que se faz dos homens é que eles são fortes, durões e independentes, mas percebo o quanto são frágeis quando estão doentes e como sofrem quando perdem funções e capacidades. É difícil quando sentem necessidade de chorar e de gritar ao mundo sua dor. Quantas vezes ficam angustiados por não poder chorar perto de seus familiares, de seus amigos ou da equipe de saúde que os acompanha.

Os padrões de comportamento impingidos à sociedade brasileira desde os primórdios delimitam que os meninos terão de ser obrigatoriamente fortes, as meninas, frágeis, eles, duros, elas, sentimentais, eles, agressivos, elas, mais delicadas. Devido a esses fatores, resta-nos a tarefa de desmistificar o que já foi imposto no que concerne ao sexo forte: o homem.

Por isso, o trabalho inicial é mostrar ao paciente que ele, como ser humano sensível, pode extravasar suas angústias, e sentir-se no direito de liberar sua fragilidade buscando o alívio, sem nenhum sentimento de culpa.

Os atendimentos são feitos tanto para os pacientes quanto para seus familiares, nas enfermarias ou no consultório de psicologia, no nível individual ou em grupo, prevalecendo este último. A reunião dos grupos ocorre nas enfermarias com duração mínima de uma hora, e é eventualmente aberta à participação familiar e da equipe de saúde, caso estejam presentes e queiram participar. Tudo o que emerge no grupo é concluído naquele dia, devido às altas constantes ou aos óbitos ocorridos.

Nossa atuação é dirigida e ativa, e o objetivo fundamental é ajudar o paciente com a situação de doença e hospitalização em que se encontra, propiciando elaboração adequada, preparação psicológica para internações, exames, cirurgias, tratamentos, atendimentos pós-operatórios e preparação psicológica para alta hospitalar. Todos esses objetivos são trabalhados nos grupos e muitas vezes são usadas técnicas psicológicas. As técnicas psicológicas são instrumentos terapêuticos facilitadores para que os pacientes possam expressar seus sentimentos e são empregadas para estimular a participação dos pacientes e possuem fins específicos, como fazer surgir emoções e reações latentes, provocar relaxamento, explorar o sentido etc. Funcionam, também, como meio auxiliar para trabalhar os fenômenos que emergem no grupo.

Gostaria de descrever aqui técnicas grupais bastante efetivas para lidar com pacientes em enfermarias. Algumas foram criadas, outras, adaptadas. Entre catorze técnicas, cada uma delas com objetivo, procedimento e material específicos, citarei quatro. Tudo que se relaciona às técnicas não deve ser generalizado para todo e qualquer grupo, porque a característica do processo varia de um grupo para outro. Por isso faz-se necessária uma técnica específica para cada caso.

TÉCNICAS PSICOLÓGICAS EM ENFERMARIAS MASCU-LINAS

1 DRAMATIZAÇÃO
1.1 Objetivo

100

Preparar psicologicamente o paciente para a cirurgia, procurando diminuir o grau de medo, ansiedade e tensão que esse tipo de intervenção pode causar.

1.2 Material

Roupa cirúrgica — É igual à utilizada no centro cirúrgico pelos médicos, enfermeiros e pacientes;
Maca;
Seringas e agulhas descartáveis;
Esparadrapo, soro, álcool, algodão e gaze;
Pinça, tesoura sem corte, todo e qualquer material utilizado em uma cirurgia que for possível conseguir e que os pacientes puderem manusear;
Estetoscópio;
Equipo de soro vazio, sem ter sido utilizado, a fim de evitar contaminação hospitalar.

1.3 Procedimento

Inicialmente, mostra-se ao grupo o material que será empregado na dramatização. Os pacientes podem manusear os instrumentos e familiarizar-se com eles. No segundo momento, sugere-se ao grupo brincar de cirurgia e escolher o médico-cirurgião, o anestesista, o paciente etc. Depois de terminada a dramatização, tem-se um tempo para falar sobre.

Nesta técnica procuramos discutir vivências e impressões, avaliando o estado psíquico do paciente em relação ao que foi vivido durante a dramatização e transpor essas reações para a situação real, para prevenir problemas eventualmente detectados.

2 SACO DE OBJETOS

2.1 — Objetivos

Perceber as situações desagradáveis para o paciente e detectar distorções da realidade, fantasias persecutórias e medos;
Ajudar o grupo a compreender, elaborar e lidar com essas situações, para amenizá-las e/ou solucioná-las.

2.2 Material

Um saco de pano com sucata hospitalar (soro, equipo, caixa de remédio, seringa descartável sem uso etc.).

2.3 Procedimento

Cada paciente retira do saco somente um objeto do seu interesse ou que mais lhe chamar a atenção. Em seguida, o paciente é solicitado a verbalizar para o grupo o "porquê" da escolha do objeto. Nesse momento, os conteúdos são trabalhados pelo terapeuta.

3 Baralho de Figuras

3.1 Objetivos

Promover a catarse de conteúdos inconscientes;
Possibilitar a expressão de sentimentos;
Trabalhar fantasias referentes à doença e/ou à hospitalização.

3.2 Material

Figuras coladas em papelão, inerentes à realidade hospitalar.

3.3 Procedimento

Pede-se aos pacientes que escolham, em meio a um monte de figuras, aquelas que mais chamam a sua atenção ou de que mais gostam. Em um segundo momento, os pacientes são solicitados a falar sobre a figura escolhida.

4 Histórias de Perdas

4.1 Objetivos

Dar ao paciente a oportunidade de se manifestar a respeito de "morte-vida";
Trabalhar o medo e a angústia diante da própria morte;
Ajudar o paciente a elaborar mortes, perdas e separações de outras pessoas;
Trabalhar a importância de viver intensamente o aqui e agora.

4.2 Material

Livro de história: *O medo da sementinha* de Rubem Alves, Edições Paulinas;
Um livro que fale sobre situação de morte, por exemplo: *História de uma Folha* de Leo Buscaglia, Editora Record.

4.3 Procedimentos

A escolha da história deve ser feita levando-se em conta a identificação do terapeuta com ela, características do grupo (adulto, homens, crianças etc.) e o tempo gasto para a leitura. A história será lida de forma lenta, compassada e em voz alta. Após o término, ela será discutida pelo grupo; a conclusão pertence ao grupo e seus participantes, independentemente do que o livro traz, e a conclusão será o objeto de trabalho da equipe de psicólogos.

A importância do trabalho em grupo no hospital está principalmente na permuta de sentimentos e experiências entre os pacientes e é de valiosa ajuda, pois é nessa troca que passam ou passarão pela mesma situação. Ao transmitir para o colega do grupo sua experiência e dificuldades, o paciente contribui para fazer com que seu colega mude de idéia, tome novas decisões, sentindo-se útil, capaz de fazer algum bem e de estabelecer uma comunicação mais efetiva com todos os envolvidos.

Durante e após a aplicação das técnicas aqui descritas, e outras não apresentadas, extraímos alguns resultados positivos como:

Maior participação e orientação no tratamento;
Aumento da cooperação grupal;
Redução de temores, inibições e tensões;
Melhora de humor diário;
Redução da depressão;
Aumento da interação e atividade na enfermaria;
Melhora do autoconceito;
Maior interesse e atenção grupal;
Amenização da apreensão, medo, fantasia, frustrações e angústias;
Incentivo a troca de experiências, idéias e sentimentos.

Encontramos durante o atendimento psicológico em grupo, nas enfermarias masculinas, algumas variáveis como:

Morte de pacientes em fase final, durante o atendimento grupal;
Pacientes que durante o atendimento em grupo necessitam, com urgência, de atendimento médico e pacientes com dor intensa no momento do grupo.

Apesar de depararmos com essas variáveis, permanecemos na enfermaria com o objetivo de fornecer apoio psicológico ao grupo. Cabe a nós, psicólogos, não nos deixar intimidar por essas intercorrências, pois fazem parte do contexto hospitalar, não se constituindo, necessariamente, numa barreira para o trabalho em grupo. E é nesse momento de crise que a presença do psicólogo se faz necessária, podendo, muitas vezes, usar as vivências geradas pela crise ocorrida durante o trabalho em grupo para lidar com conteúdos que ela desencadeou nos pacientes.

A precariedade de teorias sobre técnicas psicológicas de atendimento em grupo em enfermarias se contrapõe à riqueza de intenções e de propósitos consideráveis. E, em termos de realização, acreditamos que essa forma de atendimento tem trazido um saldo de proposições muito positivo: a valorização do encontro emocional entre os pacientes, a disponibilidade do terapeuta e sua atuação, baseado no pressuposto da responsabilidade pessoal de cada paciente na participação ativa no tratamento.

EXPERIÊNCIA DO TRABALHO COM PACIENTES ADULTAS DO HOSPITAL ARAÚJO JORGE PRIVATE

Arlene de Castro Barros

Em nossa cultura, a repressão marca o desenvolvimento da mulher que traz consigo uma representação social de fragilidade. Acreditando ser o sexo frágil, ela se vê em melhores condições, em relação ao homem, de expressar seus sentimentos e emoções, contribuindo para que a maneira de lidar e vivenciar seus problemas e dificuldades do dia-a-dia seja mais saudável, essa facilidade de expressar seus sentimentos muito a auxilia diante de um tratamento, desde que canalizada de forma correta.

Com o objetivo de reduzir o sofrimento da paciente e favorecer uma reorganização interna, para que o enfrentamento da doença e do tratamento se torne mais possível, temos, dentro de uma visão interdisciplinar, procurado entendê-la em sua totalidade e atendê-la de acordo com suas necessidades, uma vez que a prática tem nos mostrado que a doença vem interromper e/ou modificar a relação da paciente consigo mesma e com o mundo, gerando, diante de um tratamento oncológico, numerosas reações emocionais, muitas vezes desordenadas, impedindo uma melhor participação nesse processo de tratamento.

A paciente nem sempre se queixa de uma dor física, mas sempre de uma dor emocional. É assim que ela vem até nós da primeira vez. Percebemos nessa dor, causada pelo câncer, insegurança, tensão e medo, porque ela ainda não compreende o que está acontecendo, por ouvir comentários destrutivos de outras pacientes e familiares no corredor de espera, ou pela gama de informações recebida do médico, quanto ao diagnóstico, à proposta de tratamento cirúrgico, quimio ou radioterápico, e, ainda, não elaborada. A paciente pergunta sobre o que ela tem de fato, se vai ficar boa, o que farão com ela e nela, refere ter ouvido falar que o tratamento não resolve nada e que pessoas que tiveram o mesmo problema não sobreviveram: a doença as venceu. Então, questiona se vale a pena tratar-se.

Utilizando recursos e instrumentos como fala, anamnese, relaxamento, visualização, testes, exame psíquico e avaliações psicológicas e da dor, intervimos visando à descarga de conteúdos emocionais e à diminuição de medos e da ansiedade, para possibilitar a compreensão da importância de se tratar participando.

Desde a pré-internação até a alta hospitalar muitas outras reações são vivenciadas pela paciente, como irritabilidade, choro, angústia, culpa, impotência, revolta, desespero, depressão, o que pode levar à desistência, hostilidade, resistência, retraimento, negação, agressividade e outras alterações comportamentais.

Na tentativa de acudir e sanar as dificuldades da paciente, nós a atendemos no nível ambulatorial e de internação (enfermaria, apartamento, UTI, corredores, jardim, ou seja, onde ela estiver), em grupo ou individualmente, por solicitação da equipe, da família ou da própria paciente. Damos apoio emocional e a preparamos para exames (endoscopia, punção, biópsia, retossigmoidoscopia etc.), internação, cirurgia, tratamentos radio e quimioterápico (quando os psicólogos responsáveis por esses dois serviços não se encontram no hospital), e alta hospitalar.

A família também é acompanhada e apoiada emocionalmente, recebendo orientação de como lidar com a pessoa doente e prevenir comportamentos psicológicos inadequados (reforçar a regressão, despressão; inibir a expressão de sentimentos e choro etc.), e apoio diante do óbito da paciente (se for o caso).

Numa ordem decrescente, os casos de câncer que mais atendemos são: mama, útero, ovário, estômago e pele, dentre outros.

Em especial, desenvolvemos um trabalho de grupo de apoio psicoterápico às pacientes mastectomizadas, com o objetivo de auto-ajuda, troca de experiências e facilitação do enfrentamento do tratamento e da perda da mama, discutindo os reflexos socioemocionais da cirurgia e a auto-imagem, e, preparando-as para a colocação de prótese ou uso de sutiã com enchimento, ou, ainda a reconstrução mamária, a fim de que cada uma possa retomar suas atividades diárias como profissional, dona-de-casa, esposa, mãe, e, acima de tudo, como mulher.

Os resultados do atendimento psicológico têm sido satisfatórios, pois ao longo de toda a problemática e enfrentamento da doença, a paciente que antes se manifestava de maneira confusa, desordenada e, muitas vezes, desesperada, agora, com o apoio e acompanhamento psicológico, consegue elaborar o processo de tratamento e enfrentá-lo com maior e melhor participação, na tentativa de extirpar o câncer de sua vida. Temos, muitas vezes, o retorno da equipe e da família, mas o maior retorno, que sempre vem diretamente a nós, é da paciente que não hesita em falar de sua satisfação de ter podido contar com mais um profissional que pudesse ouvi-la mesmo quando ela estava calada.

Dessa forma, mesmo com lutas, às vezes perdidas, o trabalho tem sido desenvolvido, temos alcançado êxito e, com certeza, as vitórias têm sido maiores do que as derrotas. Vale mesmo o esforço de ajudar e aprender com a paciente.

ATENDIMENTO PSICOLÓGICO AO PACIENTE EM TRATAMENTO QUIMIOTERÁPICO

Telma Nolêto Rosa

O atendimento psicológico junto aos pacientes em quimioterapia surgiu posteriormente a um psicodiagnóstico da instituição que nos revelou um grande número de desistências, dificuldades biopsicossociais para a manutenção do tratamento, dificuldades nas relações entre os pacientes e a equipe de saúde, persistentes crises emocionais dentro da central de quimioterapia e uma qualidade de vida dos pacientes inadequada durante o período de tratamento quimioterápico.

Em consonância com a literatura, percebemos que a quimioterapia está envolta no mito de ser um tratamento que causa sofrimento, dor, debilitações emocionais, sociais e físicas, tais como perda do apetite, queda do cabelo, sintomas gastrointestinais desagradáveis, e fraqueza, entre outros, sendo por isso temida e rejeitada por grande parte dos pacientes e suas famílias. Observa-se que o fator positivo do tratamento nem sempre é mencionado por aqueles que o presenciaram, como também é uma tendência da própria equipe de saúde estar salientando e prevenindo quanto aos seus efeitos colaterais. Com o intuito de mudar a filosofia de conduta da equipe de saúde e do paciente, estamos coordenando a elaboração de um novo manual para o paciente em quimioterapia, que vise orientá-lo sem alarmá-lo, e, principalmente, que mostre as maneiras pelas quais ele poderá ser atuante em prol de seu bem-estar.

Diante disso, iniciamos nosso trabalho com pacientes que se submetiam ao tratamento nas enfermarias e na Central de Quimioterapia, por meio de atendimentos individuais e/ou em grupos, favorecendo a formação de grupos operativos, informativos e de auto-ajuda, com o objetivo de proporcionar o aumento do nível de informação com relação ao tratamento, de orientar no intuito de minimizar os efeitos colaterais, de proporcionar um espaço para a troca de experiências, e, conseqüentemente, de proporcionar a descoberta para a melhoria de sua qualidade de vida durante esse processo. No primeiro momento do nosso trabalho ainda não contávamos com um significativo número de encaminhamentos por parte da equipe de saúde, os quais ocorriam apenas em situações de recusa do paciente em aceitar ou em continuar o tratamento. Entretanto, com o crescimento da relação de confiança entre os profissionais e com o conhecimento do valor do acompanhamento psicológico para o paciente, inclusive como facilitador das relações, foi possível executar o planejamento para atendimentos ambulatoriais destes pacientes e de seus familiares, proporcionando-lhes o preparo psicológico para o tratamento e o acompanhamento durante os demais ciclos de quimioterapia.

Atualmente, este Serviço desenvolve um trabalho em parceria com o Serviço de Oncologia Clínica, que é responsável pela maioria das indicações do tratamento quimioterápico dentro do Hospital Araújo Jorge. Devido ao estabelecimento de um esquema de trabalho multiprofissional, é possível acompanhar um expressivo número de pacientes e desenvolver atividades que venham a favorecer o trabalho da equipe e o maior bem-estar dos pacientes. Porém encontramos dificuldades em acompanhá-los sistematicamente durante todo o tratamento, por causa do número insuficiente de profissionais psicólogos nesta frente de trabalho (uma profissional e uma estagiária) e pela realidade social de nossa clientela, pois cerca de 50% dos pacientes não residem em Goiânia, sendo oriundos de outras cidades e estados, o que muitas vezes vem a favorecer o aumento das alterações biopsicossociais, provenientes do estado de doença e exacerbadas por estes fatores. Pelo fato de o tratamento quimioterápico transcorrer por longo período de tempo, acarreta, nestes casos, despesas de locomoção e hospedagem, quando não se recorre às casas assistenciais do estado ou da própria instituição; ausência do convívio familiar, profissional e social preexistente ou mudança temporária ou definitiva para a cidade (com ou sem a família); desgaste físico devido às constantes viagens, tudo permeado por significativas alterações emocionais tanto do paciente como de seus familiares.

Além das alterações emocionais dos pacientes que se submetem ao tratamento quimioterápico como labilidade emocional, fantasias mórbidas, angústias, ansiedade, medo e tantas outras, temos de considerar estes outros fatores que caracterizam nossa clientela. De acordo com essa realidade procuramos desenvolver um atendimento psicológico que vá ao encontro das necessidades e possibilidades do cliente-alvo.

O objetivo geral de nosso atendimento é possibilitar a decodificação dos conteúdos do paciente antes, durante e após o tratamento, procurando compreender suas mensagens conscientes e inconscientes manifestas pela comunicação verbal e/ou simbólica, e auxiliá-lo na compreensão de como ele interage e reage aos acontecimentos que envolvem tensão, ajudando-o a prosseguir em busca de mudanças nas suas formas de enfrentamento.

No momento, procuramos priorizar o atendimento ambulatorial com o objetivo de preparar psicologicamente os pacientes antes do início do tratamento. Utilizando uma anamnese específica de preparo psicológico para quimioterapia como facilitadora e indicadora, visamos primeiramente conhecer as fantasias do paciente com relação ao tratamento, o nível de informação adquirida por intermédio de outros pacientes, familiares, amigos, equipe de saúde e meios de comunicação, o nível de informação sobre o seu diagnóstico, a doença, a terapêutica e resultados, como também as defesas psicológicas utilizadas pelo paciente em situações estressantes anteriores e diante do diagnóstico de câncer, o relacionamento familiar e qual a visão desta com relação ao tratamento quimioterápico, sua vida pessoal, profissional, familiar, espiritual e sexual.

Mesmo quando não encontramos o paciente antes do início do tratamento, procuramos acompanhar o seu processo emocional durante os ciclos de administração da medicação, seja ela por via endovenosa ou oral, no ambulatório ou internado. Os pacientes apresentam uma importante labilidade emocional durante esse processo e torna-se de fundamental importância estarmos acompanhando-os mesmo quando eles consideram-se emocionalmente equilibrados, momento este que possibilita o desenvolvimento da consolidação desse equilíbrio, agindo preventivamente, evitando crises emocionais subseqüentes e possibilitando a promoção de mudanças. Fazemos uso de técnicas de relaxamento e de visualização específica para cada necessidade.

Uma vez que a pessoa e sua família adoecem juntos, esta também participa na forma de adesão do paciente ao tratamento. Observamos que a família é de fundamental importância na adesão do paciente ao tratamento, tanto positiva como negativamente, de acordo com sua postura diante deste. Por isso é necessário o atendimento psicológico da família com o objetivo de dar apoio emocional para que ela possa enxergar a quimioterapia como um processo difícil, porém com possibilidades alternativas de reação positiva do paciente ante os momentos de estresse.

Porém, muitas são as situações em que o paciente opta, conscientemente, pela paralisação do tratamento em detrimento de sua qualidade de vida, fato que desestrutura a família e a equipe médica, que ainda não consegue elaborar esse procedimento. A função do psicólogo, nesse momento, é avaliar os conteúdos emocionais que estão levando o paciente a tomar tal decisão e oferecer *feedback* à equipe médica para que esta continue a despender atenção e cuidados ao paciente, apesar da desistência do tratamento. As interconsultas e discussões de casos entre a equipe multiprofissional auxiliam na compreensão do estado emocional, das características de personalidade, das formas de estabelecimento das relações e de tantos outros aspectos do paciente, contribuindo também para a tomada de decisão da equipe diante de cada situação diferenciada.

O acompanhamento psicológico individual dos pacientes não substitui o desenvolvimento de atividades na Central de Quimioterapia. O favorecimento de grupos operativos, informativos e de auto-ajuda tem-nos mostrado gratificantes resultados, uma vez que propicia a troca de informações técnicas e pessoais entre profissionais (psicólogos e enfermeiros), pacientes e seus respectivos acompanhantes. É um momento no qual o paciente se vê diante de pessoas que se submetem ao mesmo tratamento, que o enfrentam de maneiras diversas, positiva ou negativamente, como também de se sentir responsável por auxiliar os demais rumo à melhoria da qualidade de vida, transformando o momento do tratamento em um momento de ensinar e aprender, de trocar informações, medos e emoções. A equipe de enfermagem também solicita atendimentos individuais para os pacientes em crise emocional na Central de Quimioterapia, os quais atendemos sempre com o intuito de oferecer apoio emocional, procurando encaminhá-los para atendimentos ambulatoriais posteriores.

O acompanhamento do estado geral ante o tratamento é feito pela participação, junto à equipe multiprofissional, em atividades técnicas como as visitas coletivas aos pacientes internados e mesas-redondas, momento de discussão e decisão terapêutica. Essas também são oportunidades de estarmos previamente detectando os processos aos quais o paciente se submeterá, inclusive nos casos em que aqueles são considerados fora de possibilidades terapêuticas.

Os pacientes considerados fora de possibilidades terapêuticas são encaminhados para o acompanhamento do GAPPO (Grupo de Assistência Paliativa ao Paciente Oncológico), formado por uma equipe interdisciplinar composta de médicos, assistente social, enfermeira, psicólogas (Telma N. Rosa e Edirrah Gorett B. Soares) e voluntários, que prestam atendimento ambulatorial e/ou domiciliar. O grupo tem o objetivo de oferecer uma melhor qualidade de vida, e, conseqüentemente, maior respaldo bio-psico-socioespiritual para uma melhor qualidade de morte. O acompanhamento desta equipe estende-se aos familiares, inclusive após o óbito do paciente, por intermédio do Grupo Pós-Óbito, que objetiva fazer o fechamento do processo.

O grupo Pós-Óbito surgiu em decorrência da implantação desse trabalho pela psicóloga Patrícia M. Gramacho junto aos pais de pacientes oncológicos da pediatria. Com base neste modelo, estamos desenvolvendo esta nova frente de trabalho, com reuniões mensais entre a equipe do GAPPO e os familiares de pacientes que foram a óbito. A coordenação está a cargo das psicólogas do grupo que se revezam como terapeuta e co-terapeuta. Até o momento estamos vivenciando um gratificante trabalho.

Por meio desse esquema, acrescido dos projetos de pesquisa e de supervisão a estagiários, procuramos oferecer um tratamento mais humanizado àqueles que estão submetendo-se a mais um procedimento estressante, para que também possam enfrentar sua própria vida pessoal de maneira mais adequada e plena.

A INTERVENÇÃO PSICOLÓGICA NO TRATAMENTO RADIOTERÁPICO

Wanderley de Paula Junior

A radioterapia é um tratamento de moléstias humanas malignas e algumas benignas com o uso de raios X de alta potência, cobalto, elétrons ou outras fontes de radiação.

Esse tratamento pode ser isolado ou associado a outras intervenções, como cirurgia e quimioterapia. Essa terapêutica consiste na aplicação de radiação numa área específica, definida por exames físicos, laboratoriais e radiográficos, entre outros. O tempo de duração de todo o tratamento pode variar entre alguns dias ou um período de várias semanas, dependendo do objetivo a ser alcançado. Os efeitos colaterais iniciam-se, geralmente, na segunda ou terceira semana de tratamento e variam de acordo com a sensibilidade da pessoa e da região do corpo a ser tratada, como na região do cérebro — náuseas, vômitos, tonturas, dores de cabeça e alopécia; na boca e na garganta — dor no momento da alimentação, dificuldade para engolir, boca seca, perda temporária do paladar, rouquidão, queda dos pêlos da barba; no tórax — dificuldade para engolir, tosse seca, náuseas, sensação de fraqueza; no abdome e pelve — perda do apetite, náuseas, vômitos, diarréia, cólicas, dificuldade e ardor ao urinar.

De maneira geral, os pacientes podem sentir indisposição e inapetência, e, como conseqüência, emagrecimento. Pessoas com pele mais clara e/ou sensível podem desenvolver vermelhidão, ardor e até um certo grau de escurecimento e descamação (dermatite) da pele na área irradiada. Esses sintomas podem ser controlados ou minimizados com uso de medicação adequada. Muitos dos efeitos colaterais são temporários, desaparecendo duas ou três semanas após o término do tratamento.

O tratamento radioterápico, no Hospital Araújo Jorge da ACCG, divide-se em:

1. Irradiação externa, feito num aparelho chamado acelerador linear, cuja fonte emissora de radiação situa-se distante do organismo, por isso chamada teleterapia.

2. Irradiação interna cuja fonte situa-se próximo ou dentro do organismo. Neste hospital é realizada, atualmente, a braquiterapia vaginal com baixa taxa de dose, porém está sendo implantada a braquiterapia vaginal com alta taxa de dose.

A braquiterapia com baixa taxa de dose, para câncer de colo uterino, consiste na colocação de colpostatos intravaginais nas pacientes histerectomizadas e intravaginais e intrauterinos naquelas não histerectomizadas. A terapêutica ocorre em uma internação de aproximadamente 72 horas em regime de isolamento em uma enfermaria de três leitos. Nesse período, as pacientes são aconselhadas a não movimentar os quadris, evitando que os colpostatos saiam do sítio a ser tratado.

Aspectos emocionais que emergem na teleterapia

Os pacientes são encaminhados para o Serviço de Radioterapia por outras clínicas como: pediatria, aparelho digestivo, cabeça e pescoço, pele e tórax, ginecologia e mama, entre outros. Esse procedimento gera muitas vezes sentimentos de decepção, frustração e estresse, uma vez que os pacientes acreditavam que seus problemas poderiam ser resolvidos com aquela equipe médica que consultaram da primeira vez e, quando eles chegam em nova área, terão de recontar sua história, formar novos vínculos e submeter-se a um tratamento por vezes desconhecido e que gera medo e angústia. Outras formas de medo, detectados nos relatos dos pacientes, foram:

- Medo do aparelho, como no caso de uma paciente que tremia intensamente toda vez que entrava na sala para aplicação. No atendimento psicológico, ela relatou que o aparelho parecia "um monstro". Quando investigamos sua história, descobrimos que o ex-marido a agredia fisicamente, portanto ela projetava a imagem ameaçadora construída na relação com o seu ex-companheiro no aparelho de radioterapia, desencadeando uma reação de pânico quando se submetia a este procedimento terapêutico.
- Medo de ficar preso na sala de aplicação. Não raro os pacientes externavam esse receio, uma vez que durante a aplicação ficavam isolados.
- Medo de o aparelho cair em cima deles, esmagando-os.
- Medo de os riscos superarem os benefícios do tratamento. Este medo, geralmente, estava permeado por fantasias de autodestruição, como relatou uma paciente que dizia que o seu tumor estava quieto e com a irradiação ele poderia "acordar" e tomar conta de todo o seu corpo.
- Medo da morte, de o tratamento não levar à cura ou de o paciente não suportá-lo e nem conseguir concluí-lo devido à avaliação de seu estado físico.

Somados a este aspecto emocional, percebíamos em alguns pacientes estados de ansiedade diante do tempo em que deveriam permanecer em tratamento e pelo resultado deste. Observamos nos pacientes provenientes de outras localidades, fora de Goiânia, sentimentos de tristeza e solidão pela distância e ausência de seus familiares.

Notamos, também, estados de labilidade emocional alternados entre uma grande expectativa e pensamentos positivos acerca do tratamento, por um lado, e sentimentos de revolta, culpa e impotência, por outro, culminando com estados depressivos.

Além desses aspectos, o termo radioatividade tem uma representação no imaginário das pessoas como algo que gera dor, sofrimento e morte, uma vez que ela foi apresentada à humanidade como uma fonte poderosa de destruição (bombas atômicas de Hiroshima e

Nagasaki, o acidente radioativo com o Césio-137 em Goiânia e com a usina nuclear em Chernobyl). Quando a irradiação é empregada como um elemento de diagnóstico e tratamento à saúde, torna-se um objeto de ameaça e descrédito social (Helou e Costa Neto, 1995; Slovic, 1993; Moscovici, 1978).

Diante dessa análise, o atendimento psicológico objetivou identificar e minimizar as situações emocionais que influenciavam negativamente no curso do tratamento. Com informações mais adequadas, de acordo com as necessidades dos pacientes e seus familiares, procuramos possibilitar um redimensionamento dos procedimentos do tratamento, como a imagem do aparelho, o tempo de permanência sob o aparelho, e os efeitos colaterais, entre outros aspectos. Foram utilizados, também, exercícios de visualização nos atendimentos psicológicos, na radioterapia, quando os pacientes apresentavam a reação de medo ou quando a extensão do medo ante o tratamento avança para um quadro fóbico.

A visualização servia como um recurso mais rápido e eficaz na identificação e modificação da situação de medo ou fobia, uma vez que ela representava, pela imagem mental, a situação provocadora de ansiedade. Uma paciente apresentou certa vez a imagem de um abismo, escuro e frio, como sendo a sua imagem da situação de medo.

Além desta facilidade de identificarmos a imagem do medo, o tempo é um fator importante a ser considerado numa instituição hospitalar, na qual os encontros com os nossos pacientes são restritos em sua grande maioria.

Associada à técnica de visualização, além do relaxamento com controle da respiração, foi utilizada a técnica de dessensibilização sistemática.

Uma paciente, com câncer de rinofaringe, apresentou um quadro fóbico ao utilizar a máscara (recurso técnico usado pela equipe médica da radioterapia, para imobilizar o paciente e demarcar a área a ser tratada). Com esta paciente, inicialmente, foi trabalhada a imagem do medo, com auxílio dos exercícios de relaxamento e visualização, e, posteriormente, foi feito um trabalho de aproximação sucessiva do objeto desencadeador da fobia — a máscara. Neste caso, em poucas sessões, conseguimos conter o quadro fóbico e possibilitamos à paciente submeter-se ao tratamento com menos dor e sofrimento.

Apesar de, em alguns casos, obtermos sucesso com estas técnicas, em outros isso nem sempre ocorre, talvez por falha na aplicação da técnica ou por dificuldades estruturais dos pacientes que a ela se submetem. Por um motivo ou por outro, cabe a nós, profissionais, descobrirmos os caminhos terapêuticos que facilitem a adaptação do paciente às intervenções "sofridas" durante o tratamento do câncer.

Aspectos emocionais da Braquiterapia vaginal, com baixa taxa de dose

As indicações médicas a esta terapêutica provocam reações emocionais, tais como:

- medo de não suportar a dor;
- medo da anestesia, da sonda urinária e da sonda intrauterina;
- medo do isolamento e de ser esquecida na enfermaria;
- medo de morrer durante o tratamento.
- ansiedade e tensão emocional surgidas a partir da criação de mitos: "o aparelho fura a bexiga", " corta a pessoa por dentro", "a paciente deve ficar totalmente isolada", "não recebe alimentação: morre de fome e sede", "o aparelho é ligado à tomada, desencadeando choque elétrico" (Paula Junior, 1997);
- interpretação inadequada da informação, gerando angústia e fantasias destrutivas, tais como a compreensão de que o tratamento conhecido pelas pacientes como radiomoldagem seria a colocação de um aparelho de rádio sonoro intracorpóreo.

Percebeu-se, a partir do reconhecimento dessas reações emocionais, que a falta ou a informação inadequada produziam um grande número de desistência das pacientes. Ainda, naquelas que a este se submetiam, observou-se um alto nível de estresse emocional, irritação, agressividade, fadiga, ansiedade, intensificação das fantasias destrutivas e perda da noção de tempo durante o período de internação. Estes aspectos emocionais, em grande parte, eram responsáveis pela agitação psicofísica e, em muitos casos, obrigavam o médico a antecipar a retirada dos colpostatos.

A fim de minimizar as situações emocionais geradoras de estresse, iniciamos com a implantação do Serviço de Psicologia na Radioterapia o preparo emocional para este tratamento. Nesse preparo foram usados um roteiro de entrevista, um álbum de fotografias que ilustra passo a passo o tratamento, e um colpostato que servia de modelo para as explicações.

Esse preparo foi realizado em uma única sessão, porém, em alguns casos, foram marcados novos encontros. Iniciava-se com a entrevista da paciente, para investigar as informações já recebidas e avaliar os sentimentos e percepções desta mediante esse tratamento. Posteriormente, se houvesse um familiar ou um cuidador, este era convidado a participar do momento em que eram dadas as primeiras informações sobre esta terapêutica. Era importante observar quais informações seriam transmitidas, adequando-as a quem iria recebê-las, daí a entrevista inicial ser um instrumento útil nesta adequação. No momento seguinte, pela observação da linguagem corporal e verbal, era preciso averiguar se as informações transmitidas haviam sido assimiladas adequadamente e quais reações emocionais as mesmas provocavam na paciente e/ou no familiar. Era dada também uma orientação sobre os efeitos colaterais e os cuidados após o tratamento, inclusive sobre a estimulação vaginal, evitando a sua estenose devido à irradiação.

Além das informações transmitidas era ensinado o controle da ansiedade com técnicas de respiração, de relaxamento e de visualização. Pedia-se às pacientes para prestarem atenção nas partes do corpo que fossem focos de tensão, tornando-as mais relaxadas. Quanto à respiração, instruía-se que cada inspiração fosse seguida da expiração, sem que o ar ficasse retido. Entre uma respiração completa e outra poderia haver um curto espaço de tempo, de acordo com cada organismo. As expirações deveriam ser mais longas do que a inspiração. Depois de ensinado o controle respiratório pedia-se à paciente para fechar os olhos e mentalizar uma imagem positiva, que lhe trouxesse uma sensação confortável. Posteriormente, estimulava-se o relato da imagem por ela construída e a avaliação das emoções associadas a ela. Quando as imagens produziam tensão, buscávamos a transformação e construção de nova imagem que fosse mais agradável, objetivando a mudança do estado emocional.

Em 1995 e 1996 foram realizados 229 preparos emocionais e 599 acompanhamentos psicológicos durante a realização da braquiterapia vaginal. Partindo da análise desse trabalho, das avaliações feitas pela equipe médica da radioterapia e das próprias pacientes submetidas a este procedimento de preparação percebeu-se:

- maior adesão e adaptação ao tratamento por parte das pacientes, que ficaram mais relaxadas durante a colocação dos colpostatos;
- rebaixamento do nível de ansiedade e estresse com a minimização das fantasias destrutivas;
- diminuição da circulação de informações inadequadas que elevavam o sentimento de angústia entre as pacientes;
- que as pacientes suportavam melhor o tratamento dentro do período de tempo proposto, evitando a retirada do colpostato antes de seu término;

- diminuição do uso de medicações de suporte como os ansiolíticos; e,
- grande aceitação da equipe médica sobre o trabalho de preparação psicológica nesse tratamento, verificado pelo aumento de solicitações escritas.

No trabalho psicológico estavam previstas também intervenções:

1. Junto ao paciente:

- o apoio psicológico, que visa escutar o paciente em crise, identificando e compreendendo este momento de mobilização emocional;
- a psicoterapia focal, cujo objetivo visa analisar a situação emocional que angustia o paciente e instrumentalizá-lo melhor para lidar com esta influência negativa da sua estrutura de personalidade, como nos casos fóbicos.

2. Junto à família:

- atendimento psicológico de apoio emocional;
- orientação, tanto sobre o tratamento como sobre as formas mais adequadas de lidar com o paciente (compreensão, afeto, limites etc.).

3. Junto à equipe de saúde que lida diretamente com o paciente e seu familiar:

- interconsultas e discussões de casos, que visam avaliar a percepção da equipe sobre o comportamento do paciente/família e as atitudes da própria equipe em relação a eles.

Conclusão

As diversas intervenções psicológicas podem contribuir para uma melhor compreensão do processo doença/tratamento, como também para a minimização da dor e do sofrimento que esta situação supracitada produz nas pessoas. Essas condutas nem sempre vão significar êxito, porém, com certeza, vão produzir um olhar mais humanizado para a pessoa que adoece e para o familiar que o acompanha.

A PSICO-ONCOLOGIA NO SERVIÇO DE CIRURGIA DE CABEÇA E PESCOÇO

Sebastião benício da costa neto

Em 1995, 1996 e 1997 foram estimados cerca de 10 mil novos casos de câncer de boca em todo o Brasil, numa proporção de dois casos masculinos para um feminino. As estimativas para óbito, no ano de 1995, foram de aproximadamente 700 casos (Ministério da Saúde, 1994a e 1994b). Este número deverá ser aumentado quando se consideram as demais patologias que compõem a especialidade de cabeça e pescoço, a exemplo dos tumores de laringe, tireóide, faringe e glândulas salivares, entre outras.

Supõe-se que, considerando as mudanças de hábitos verificados na sociedade, sobretudo os relativos à exposição aos carcinogênicos, a diferença proporcional entre casos masculinos e femininos tenderá a diminuir uma vez que as mulheres passaram a desenvolver comportamentos antes com maior predomínio entre os homens.

A atenção na esfera psicológica da saúde da pessoa com doença potencial ou real de cabeça e pescoço poderá se dar em três níveis. *No nível primário*, ou preventivo, ocorrerá no desenvolvimento de ações educativas (informativas ou formativas), no período pré-mórbido, que busquem a mudança de hábitos ou atitudes da pessoa acerca, principalmente, do consumo de álcool e tabaco — que estão correlacionados com a maior parte das patologias —, dos hábitos alimentares, de comportamentos relativos à higiene e aos cuidados com a boca e os dentes. A existência de um desses fatores, isolados ou combinados, potencializará a formação de uma neoplasia.

No nível secundário de intervenção (o qual tem recebido maior atenção do Serviço de Psico-Oncologia, no Hospital Araújo Jorge — ACCG), as ações psico-oncológicas estarão circunscritas ao tratamento cirúrgico, quimio, e radioterápico, ou a uma combinação dessas modalidades médicas. Posteriormente, serão ampliados comentários sobre essa realidade.

No nível terciário julga-se a necessidade de dividi-lo em duas frentes de atuação. Uma relacionada à reabilitação propriamente dita, e a outra relacionada aos cuidados paliativos. De forma geral, busca-se orientar pelos objetivos maiores de potencializar a funcionalidade residual e desenvolver outras potencialidades de cada pessoa enferma.

Numa macroanálise das representações do câncer de cabeça e pescoço, de um estudo desenvolvido por Redko (1994 e 1995), pode-se inferir que toda pessoa acometida por aquela doença terá ao menos três níveis de representações, partindo daquela mais corporal ou formada a partir da interpretação imediata da condição do seu organismo, passando por uma segunda com a presença de componentes psicológicos e do contexto social próximo, e chegando até as representações sociais do binômio saúde/doença da qual a pessoa retira o conhecimento para a compreensão do câncer de cabeça e pescoço.

Os estudos de representações são importantes porque se julga que as pessoas tendem a reagir ou a atuar sobre a realidade em acordo com aquelas. Assim, se uma pessoa acredita que o seu câncer é apenas uma manifestação genética, nada ou muito pouco fará para eliminar hábitos ou condutas de risco do seu estilo de vida. Outras vezes, a existência de uma representação de natureza estritamente religiosa (como a de que o câncer é um castigo ou uma benção divina, por exemplo) poderá retardar ou impossibilitar que o enfermo procure o sistema sanitário. Ainda é assustador o fato de muitos pacientes chegarem para a primeira consulta médica com um grande tumor visível ao simples exame da face ou da boca, e sempre se pergunta o porquê do retardamento. Pesquisas das representações, neste sentido, poderão evidenciar formas distintas de interpretação da realidade e conseqüentemente favorecer o planejamento de estratégias de intervenção preventiva junto à comunidade.

O câncer de cabeça e pescoço compromete funções fundamentais e/ou importantes do organismo, tais como a respiração, a digestão, a fala e a motricidade dos ombros (Hilgers et al, 1989). Cada sintoma poderá desencadear outros num processo aqui denominado "efeito cascata". Por exemplo, com a traqueostomia há uma grande produção de secreções que poderá levar a pessoa a manifestar problemas com o sono. Com o sono alterado, a pessoa tende a sentir-se fatigada, irritada e com baixo limiar de tolerância às frustrações. Em um grande número de casos, competirá ao psico-oncologista atuar nestas conseqüências ou produtos psíquicos, emocionais ou comportamentais decorrentes de um comprometimento orgânico (somatopsicologia). Dessa forma, a prática hospitalar tem demonstrado que as alterações emocionais do enfermo (e da família) podem ser diversas ao longo de um só dia e são provocadas pelas alterações da percepção do bem-estar/mal-estar corporal, por observações de intercorrências com outros pacientes (nos casos de alojamento conjunto em enfermarias), ou por presenciar comentários do pessoal de saúde e/ou operacionais, entre outros motivos.

No que se refere às alterações na esfera dos hábitos ou das condições alimentares de uma pessoa com câncer de cabeça e pescoço, aquelas poderão variar desde a *comer em público sem restrições* até a *comer isolado* de outros membros familiares (Hassan e Weymuller, 1993). Muitas vezes, o que ocorre, de fato, é uma redução da aceitação social da pessoa que porta uma patologia desta natureza, seja pela expressão estética, pelo forte odor e/ou pela alteração na contenção da saliva ou mesmo da produção de secreção e expulsão desta pelo traqueostoma. Além disso, freqüentemente é necessário um preparo especial do alimento e concomitante acompanhamento nutricional, de um lado, e, de outro, um maior tempo na ingestão pelo paciente. No geral, cria-se, inicialmente, um transtorno na rotina familiar, seja pela necessidade de os cuidados já mencionados serem repetidos pelo menos cinco vezes ao dia, sobretudo nos cardápios mais líquidos ou líquidos-pastosos, seja pela dificuldade econômica de muitos pacientes manterem a dieta recomendada.

É importante que o psicólogo esteja em freqüente contato com o serviço de nutrição do hospital para que, sempre que possível, possa inserir o nutricionista no atendimento a fim de fornecer as informações necessárias ou, pelo menos, fazer a indicação e/ou mediação para que paciente e família possam ter acesso à consulta nutricional. Tem-se conseguido resultados satisfatórios com esta rotina no Hospital Araújo Jorge.

Do ponto de vista sociointerativo, há de se destacar a diminuição dos contatos interpessoais e sociais decorrentes da mudança na auto-imagem, seja pela progressão da doença, seja pelo tratamento médico (Costa Neto, 1996).

Dentre as neoplasias de cabeça e pescoço, o câncer de laringe tem alcançado uma freqüência de dez casos novos por mês, nestes últimos anos, e que são tratados no Hospital Araújo Jorge. É comum a indicação de radioterapia exclusiva para os casos com tumor inicial (T1) e cirurgias para os demais casos (T2 a T4), associada ou não com radio e/ou quimioterapia complementares. O psicólogo responsável pelo caso será escolhido de acordo com a indicação terapêutica central (se da cirurgia, quimio ou radioterapia, ou suas combinações).

Caso seja cirúrgico, o paciente pode ser encaminhado para uma abordagem de preparo psicológico por qualquer membro da equipe (médicos, médicos-residentes, odontólogos ou fonoaudiólogos). O que a experiência tem demonstrado é que nem sempre existe uma relação direta entre reação emocional e extensão cirúrgica. Pequenas cirurgias podem desencadear quadros severos de ansiedade e grandes cirurgias podem desencadear uma reação mais adaptativa. Tudo dependerá do grau de compreensão da pessoa, de sua história de vida pré-mórbida, das experiências anteriores com doenças e do estilo de enfrentamento que ela utilizará.

Mesmo àquelas pessoas que aceitam prontamente a indicação cirúrgica recomenda-se que passem por uma avaliação psicológica. Não é incomum encontrar pacientes no pós-operatório deprimidos e culpados por terem se submetido à cirurgia. Muitas vezes essa submissão é feita dentro de um contexto de ambivalência ou de resignação que, após a concretização do processo cirúrgico, desencadeará reações depressivas ou de ansiedade. Alguns pacientes, ainda, recusam o procedimento logo que estão prestes a receber a anestesia, na mesa cirúrgica. Quando isso ocorre, criando um mal-estar na equipe de saúde, pode ser convocado o psicólogo para dar um parecer sobre a conduta a ser adotada com o paciente. A equipe vê-se, então, numa situação de expectativa — e de tensão — pois não se sabe se o psicólogo *convencerá ou não* o paciente a operar. Tem-se buscado, nessas situações, solicitar de imediato o cancelamento da cirurgia para que o paciente possa ser avaliado de forma adequada pelo serviço de psicologia. Em cerca de 60% desses casos a cirurgia é realizada posteriormente.

Parece ser uma afirmação razoável que a indicação para laringectomia, no caso, cria no enfermo um sentimento de tristeza pela perda da fala, seja total ou parcial, o que reduzirá sua capacidade de comunicação.

As pessoas poderão atribuir significados diferentes além da limitação funcional que uma laringectomia proporciona. Certa vez, o serviço de psicologia foi chamado para atender um paciente com 55 anos, que havia recusado a indicação cirúrgica. O paciente era pai de onze filhos maiores de idade e casados. Ao ser abordado, disse que não poderia ser submetido ao procedimento *porque sua família dependia dele para viver*. Passou, então, a relatar que todos viviam próximos a ele, moravam e trabalhavam na sua fazenda, no interior do Mato Grosso. Em determinado momento, perguntava a si mesmo, com os olhos cheios de lágrimas, como seus filhos iriam suportar tudo o que teriam de passar, uma vez que dependiam dele para tomar decisões, das mais fáceis às mais complexas. O desenrolar da sessão levou à compreensão de que se tratava da angústia de um pai centralizador que tinha na voz seu principal instrumento para manter o poder, e, conseqüentemente, a perda da voz ameaçava o desempenho de seu papel familiar. Após a realização de uma análise de custo e benefício da cirurgia, o paciente solicitou que esta fosse postergada por vinte dias, tempo que julgava necessário para vol-

120

tar à sua casa e deixar seus negócios arrumados. O paciente nunca voltou ou mandou notícias à equipe de saúde.

Observa-se em pessoas com pouco ou sem nenhum preparo emocional pré-cirúrgico a manifestação de depressão ou ansiedade reativas, sentimentos ambivalentes com respeito à equipe de saúde — sobretudo o cirurgião —, e redução da disponibilidade pessoal para colaborar com os cuidados pós-cirúrgicos. Além disso, poderá haver um momento inicial de adaptação familiar conflituoso, levando ou não ao comportamento de isolamento.

Quando o paciente é idoso — o que é muito comum — a indicação cirúrgica representa um momento de estresse com profundo acometimento do EU acompanhado, ainda, de sofrimento exacerbado, possivelmente em decorrência do enfraquecimento das defesas psicológicas. Com freqüência, existe uma sobreposição de crises marcada por baixo limiar de frustração, diminuição do tônus vital, comportamento de *teimosia* e angústia de morte.

O atendimento do idoso pela equipe de saúde deveria orientar-se pelo aumento do tempo da consulta, pela não infantilização da comunicação e/ou da relação, pelo envolvimento da família ou cuidador, pelo fornecimento de informações objetivas e claras. Assim, seria possível detectar a existência de estados psicopatológicos emergentes (esquizofrenia, desordens mentais tóxicas e infecciosas ou traumáticas, entre outras).

Certa vez, o psicólogo foi chamado ao centro cirúrgico para avaliar e orientar a equipe num caso que havia recusado a laringectomia — já no momento de iniciar a anestesia e numa crise de agitação psicomotora. Enquanto se atendia a paciente na sala de recuperação, a equipe aguardava o parecer psicológico. Em poucos minutos de atendimento foi possível aconselhar os cirurgiões a protelar a cirurgia uma vez que eram claras as manifestações de delírio persecutório da paciente. Esta falava compulsivamente e dizia que esperava uma cirurgia "bonitinha e rápida, com um pequeno corte no interior da boca" (resultado muito diferente do que realmente poderia ocorrer). Por diversas vezes, dizia, ainda, tudo o que estava ocorrendo era culpa de um determinado vizinho que queria ficar com seus pertences. Ao final de quase duas horas de atendimento, a família foi orientada a encaminhar a paciente para um psiquiatra a fim de se preparar para a intervenção cirúrgica. A resposta da família foi surpreendente. Disseram que não a levariam porque a paciente há muitos anos era assim: não aceitava a opinião de ninguém e preferia morar isolada com escassos contatos entre eles. A paciente recebeu alta e não voltou mais à consulta ambulatorial. O que mais chamou a atenção nesse caso foi o fato de a família nunca ter considerado a possibilidade de a paciente portar uma psicopatologia, possivelmente ignorada durante os exames pré-cirúrgicos.

Tem-se buscado, constantemente, sensibilizar os cirurgiões para o fato de que mesmo o paciente que aceita a indicação cirúrgica poderá fazê-lo com muito sofrimento emocional (às vezes por estar sob a influência da figura médica e não querer contradizê-la, ou por resignação). Portanto, todos os pacientes deveriam ser encaminhados ao atendimento psicológico pré-cirúrgico. Mesmo entre aqueles que têm uma melhor adaptação à situação, o preparo psicológico servirá para estabelecer uma melhor interação e ser preventiva para intercorrências. São expressivas as diferenças no pós-cirúrgico entre pessoas preparadas e as despreparadas.

As laringectomias acarretam conseqüências físicas imediatas na pessoa, tais como: grande produção de secreção em decorrência da traqueostomia, que poderá ser intensa nos primeiros seis meses; tosse; expectoração forçada numa média de cinco vezes ao dia; fadiga; problemas com o sono e necessidade de limpeza do traqueostoma em uma média, também, de cinco vezes ao dia. Quando o paciente tem condições econômicas, a equipe poderá recomendar a aquisição de um aparelho para vaporização e de outro para aspiração. De posse desses aparelhos, o paciente e/ou familiar, mediante orientações de uso fornecidos por médicos ou enfermeiros, poderão controlar a quantidade de secreção traqueal, o que levará a uma desobstrução desta e, conseqüentemente, a uma sensação de maior bem-estar e um sono com menos interrupções.

A partir das solicitações médicas para o acompanhamento psicológico no pré-cirúrgico ao laringectomizado, estabeleceu-se um protocolo que se denominou *preparo psicológico para laringectomias*, que consiste, didaticamente, nas seguintes etapas (Costa Neto, 1995):

1 — O paciente é recebido no ambulatório, individualmente ou com seu grupo familiar ou cuidador. Nas primeiras experiências, era comum a família solicitar a sua entrada antes da do paciente, momento no qual pedia ao psicólogo que não apresentasse o diagnóstico. Iniciava-se, então, um processo de sensibilização sobre a necessidade de o enfermo conhecê-lo, inclusive, porque só poderia aceitar com mais facilidade os procedimentos terapêuticos indicados se compreendesse os seus motivos. Além disso, buscava-se estimular a família a falar sobre a sua própria dificuldade em aceitar a doença. Geralmente, a

família concordava que, posteriormente, o paciente fosse informado pelo médico. É conduta dos serviços de Psico-Oncologia da ACCG não informar o diagnóstico ao paciente, compreendendo-se que esta função compete à equipe médica.

2 — Buscava-se identificar as informações que paciente e/ou familiar detinham acerca: do histórico da doença (desde quando e como notou os primeiros sinais/sintomas; quais as primeiras condutas adotadas; e como foi o desenrolar da busca ao sistema de saúde); do diagnóstico; do tratamento; do prognóstico e das possibilidades de reabilitação. Nesse momento, muitas vezes, descobria-se que o paciente, ao contrário do que a família supunha, já sabia de sua enfermidade. Outras vezes, percebia-se o estabelecimento de uma comunicação não-verbal entre paciente e família, denotadora de sofrimento e tensão, como se um tentasse omitir a informação do outro, seja de fatos ou de sentimentos.

3 — Analisavam-se os estilos de enfrentamento (*coping*) que paciente e família usavam nas situações de crise, sobretudo na pré-cirúrgica. Os estilos de enfrentamento variavam desde aqueles voltados para a resolução do problema (obter informações objetivas sobre os fatos e aderir às indicações médicas, entre outras) até aquelas voltadas para o controle de emoções (incluindo a procura de assistência religiosa, mesclada com mecanismo psicológico de negação da doença ou do elemento estressante). Algumas vezes, a família enfrentava a situação com hostilidade dirigida ao paciente, influenciada ou revivida, também, por histórias pré-mórbidas de conflitos familiares, por exemplo, causados pelo alcoolismo. Nesta situação, tenta-se esclarecer o que controla os comportamentos e sentimentos verificados, proporcionando uma reorganização destes.

4 — Reforçam-se as informações corretas, substituem-se as incorretas e prestam-se novas informações, incluindo a condição pós-cirúrgica imediata: uso de sondas, drenos, traqueostomia, tamanho da incisão, permanência na UTI e possibilidades de reabilitação. Se possível, no mesmo atendimento, convida-se um profissional do Departamento de Fonoaudiologia para esclarecer sobre o processo de reabilitação vocal. Quando o paciente não é informado sobre sua condição pós-cirúrgica imediata, é comum ficar agitado e arrancar a sonda, o dreno e a própria cânula da traquéia. Como recurso técnico, usa-se uma figura ilustrativa da anatomia da cabeça e do pescoço, uma cânula de metal, uma sonda

nasogástrica e fotos de enfermarias, centro-cirúrgico e UTI. Possibilita-se que manuseie os objetos usados no preparo a fim de contribuir para o desenvolvimento de um sentimento de maior segurança e conhecimento da situação.

Quanto ao pedido de outras informações, observa-se, ainda, que se deve estar atento ao que a pessoa ou familiar deseja saber. Uma pergunta simples, como "Em que medida o senhor (a) desejaria estar informado (a) sobre sua doença e seu tratamento?", poderá fornecer bons indicadores de como conduzir a situação. Há pessoas que preferem conhecer todos os detalhes, enquanto outras preferem que estes lhes sejam poupados fixando-se apenas nas linhas gerais necessárias para manter-se em tratamento médico.

Algumas pessoas chegam até o consultório de psicologia alegando nada saber sobre o diagnóstico e o tratamento. Tem-se observado que, pelo menos, quatro situações podem estar ocorrendo. Primeiro, de fato o paciente não recebeu as informações necessárias. Segundo, o paciente recebeu o diagnóstico de forma muito técnica e não pôde compreendê-lo. Terceiro, o paciente deseja comparar o que os diversos profissionais têm a dizer quando encontrados separadamente. E quarto, o paciente usa um mecanismo psicológico de negação. Esta última, possivelmente, é a menos aceita pelos demais profissionais de saúde como explicação para o desconhecimento do paciente.

5 — (Re)assegura-se a confiança do paciente e da família na equipe de saúde e, sobretudo, na figura do cirurgião. Pode-se dizer que existe um nível de poder que o paciente atribui à equipe como resposta ao seu sentimento de ser aceita e respeitada. É este poder que faz com que o paciente tenha mais *tranqüilidade em colocar sua vida* nas mãos do médico. Quando a relação médico-paciente não é satisfatória, é comum a manifestação de intranqüilidade e receio por parte deste. Conseqüentemente, na possibilidade de uma seqüela mutiladora, a natureza da transferência de sentimentos (se positiva ou negativa) estará, possivelmente, influenciada pelo estabelecimento ou não de confiança. Assim, é necessário introduzir esse tema para ser analisado com o paciente e com a família na situação pré-cirúrgica.

Ao final do atendimento para o preparo cirúrgico, explica-se sobre as visitas que o psicólogo fará na UTI e na enfermaria. Além disso, este se compromete em mediar o contato da família com o paciente, fora dos horários de visita, quando não for o caso de internação com acompanhante. Durante o atendimento na enfermaria, busca-se fazer com que o paciente tente comunicar-se com o movimento de lábios — o que é satisfatório em muitos casos — ou escrevendo. A mímica ou o comportamento gestual só é encorajado se o paciente não consegue atender às duas condições anteriores.

É importante que a família tenha, dentro da equipe de saúde, uma pessoa que possa ser referência e à qual poderá recorrer quando sentir necessidade. Na figura do psicólogo ela poderá encontrar tal referência. Tem-se observado que de 30% a 40% das pessoas que recusam a cirurgia, quando da sua indicação pelo médico, aceitam-na após o atendimento psicológico. Não se pretende, nesses casos, *convencer* o paciente a mudar sua opção inicial — de recusa —, mas verificar se os elementos que compõem sua decisão estão dentro de parâmetros da realidade ou são frutos de desconhecimento, de desinformação e de fantasias diversas construídas ao longo de seu envolvimento com o problema do câncer.

Mesmo que se tente respeitar a decisão final do enfermo, é importante que ele possa avaliar as reais condições de cura — que existem nos casos detectados precocemente e em alguns mais avançados — apesar da mutilação que o tratamento possa proporcionar. No caso de uma decisão final contrária à expectativa da equipe de saúde, procura-se sensibilizar o profissional para que este conviva melhor com esta limitação e com as possíveis reações contratransferenciais. A experiência tem mostrado uma *tolerância* profissional significativa, expressa pelo encaminhamento do paciente a outra modalidade de tratamento, mesmo que haja a compreensão de que esta é menos benéfica.

Até o exposto aqui, nota-se que um trabalho efetivo em cirurgia de cabeça e pescoço deve ser conduzido de forma interdisciplinar. Isso significa mais do que um profissional encaminhando o paciente para um outro. Os contatos interprofissionais são freqüentes e, muitas vezes, levam a decisões de condutas comuns. Têm-se desenvolvido algumas atividades para alinhavar o trabalho em equipe, entre elas:

a) interconsultas, aqui entendidas como uma atividade na qual dois profissionais se encontram, informalmente, para troca de informações e de orientações — possivelmente a mais freqüente;

b) "mesa-redonda", entendida como uma atividade formal na qual os casos da semana indicados para cirurgia são examinados por todo o corpo médico e médicos-residentes, contando, ainda, com a presença de odontólogos, fonoaudiólogos e psicólogo — muitas vezes, nesta ocasião, estabelece-se o primeiro contato da psicologia com o paciente;

125

c) estudo de caso, entendido como o encontro formal de dois ou mais profissionais de formação diferente para analisar o desenvolvimento do tratamento do enfermo; e,

d) visita coletiva à enfermaria. Em relação a esta atividade, o psicólogo poderá desenvolver uma outra de caráter preparatório: no dia anterior à visita coletiva, identificar junto ao paciente as suas necessidades de contato com o médico (dúvidas, informações etc.) e, se possível, treinar sua assertividade para que questione diretamente a equipe médica. Assim, o psicólogo poderá, também, ser um mediador para aqueles pacientes que estão com a funcionalidade verbal comprometida. Há de se notar que, geralmente, as visitas são rápidas e corre-se o risco de a equipe fazer uma interpretação equivocada da pergunta do paciente e deixá-lo sem a devida orientação.

Outra situação comum durante a visita coletiva à enfermaria é a necessidade de discussão médica sobre algum aspecto polêmico do caso ou algum comentário que possa, por mais que não se tenha essa intenção, trazer sofrimento emocional ao paciente. Nesse aspecto, deve-se estar atento às manifestações gestuais do paciente durante a visita, sobretudo aquelas indicadoras de desconforto causado pela atividade. Posteriormente, após a conclusão da visita, o psicólogo poderá voltar ao paciente específico e prestar-lhe apoio emocional. Com a equipe, poderá, ainda, sensibilizá-la para que reserve os comentários, sobretudo os menos animadores, para a ausência do enfermo.

Em abril e maio de 1994, foram levantados os principais aspectos psicológicos entre pacientes atendidos no Serviço de Cirurgia de Cabeça e Pescoço do Hospital Araújo Jorge (Costa Neto, 1994a). Por meio de um roteiro para entrevista semidirigida, 53 homens e 10 mulheres, com tumores de boca ou laringe, foram abordados na enfermaria (91%), no ambulatório (6%) e na UTI (3%), acerca do conhecimento que tinham sobre o diagnóstico e o tratamento, sobre a sua percepção do estado corporal, sobre suas redes de apoio social e expectativas de futuro. Os relatos obtidos em 134 atendimentos psicológicos foram agrupados em *Fatores Adaptativos (58%) e Desadaptativos (42%)*. No primeiro grupo destacaram-se: bom estado emocional e cognitivo (30%); inexistência de queixas (21%); adaptação para a intervenção cirúrgica (3%); esperança (2%); boa rede de apoio social (1%) e confiança no tratamento (1%). No segundo grupo, notam-se: depressão e ansiedade (11%, cada um deles); tensão (4%); estado confusional e agitação psicomotora (3%, cada um deles, sobretudo entre os da UTI); crise de desespero (2%); rejeição ao tratamento, solidão, isolamento, experiência clínica anterior negativa e sentimento de abandono (1%, cada um deles).

126

Baseados nesses dados, posteriormente, observou-se, durante o atendimento psicológico de outros pacientes, que muitas pessoas que não expressavam suas queixas estavam controladas por um grande receio de serem *punidas* pelos profissionais de saúde. Por exemplo, um senhor de 63 anos havia feito uma grande cirurgia mutilatória na face. Era procedente do interior do estado do Acre, não tinha acompanhante e nenhuma rede de apoio social estabelecida em Goiânia. Sempre que abordado, dizia estar muito bem e não ter nada a reclamar. Após o quarto encontro na enfermaria, no sexto dia de internação hospitalar, possivelmente, sentiu-se mais à vontade para se expressar e relatou que não se queixava porque morava muito longe, não tinha recursos e necessitava da ajuda do Hospital. Acreditava que poderia receber alta hospitalar sem o tratamento ser concluído, caso falasse das situações que o incomodavam. Após identificada essa fantasia do paciente (às vezes, não totalmente destituída de realidade), prestou-se apoio emocional e trabalhou-se a sua assertividade. No encontro seguinte, o paciente verbalizou a dor física que sentia e suportava sem se manifestar, quando o curativo era feito por um determinado profissional de saúde. Foi possível mudar esta situação a partir de uma interconsulta com o referido profissional que se mostrou colaborativo e mais atento com o paciente. O atendimento psicológico prosseguiu até a alta hospitalar.

O acompanhamento psicológico, como já apresentado, é adequado, sobretudo, para as pessoas que se submeterão às grandes mutilações. Certa vez, durante uma das visitas do serviço de psicologia à enfermaria, um paciente, que se havia internado horas antes e estava observando o atendimento a um outro, se apresentou e disse que precisava falar com o psicólogo — comportamento pouco freqüente. Tratava-se de um senhor de 51 anos, lavrador, que seria submetido a uma exérese de osso temporal com rotação de retalho de grande peitoral e traqueostomia. Os aspectos mais estressantes identificados no atendimento eram a extensão da mutilação, as alterações funcionais e o medo da morte no ato cirúrgico. Após o paciente falar por hora e meia de consulta, resgatando sua história de vida, sua identidade e seus receios, efetivou-se um preparo psicológico semelhante ao já exposto, adicionado, de acordo com sua própria sugestão, do estabelecimento de uma simples estratégia de comunicação durante sua estada na UTI — um aperto de mãos que indicaria resposta *sim* ou *não*. (Costa Neto, 1994b)

A partir do segundo dia pós-operatório, a esposa passou a acompanhar o paciente. Mostrava-se com um conflito de aceitação *versus* rejeição do procedimento médico e da doença. Parte desse conflito relacionava-se ao seu desejo de estar com o esposo, mas ter um receio de ser infectada com o câncer. Além disso, entrava, freqüentemente, em desacordo com o corpo de enfermagem e manifestava uma necessidade de esconder o espelho do paciente. Tinha muita consciência do seu receio de serem marginalizados pela sociedade, e pouca de sua própria rejeição ao paciente.

A intervenção psicológica começou com a prestação de informações objetivas acerca do câncer e das doenças infectocontagiosas, seguida do reforço na confiança do paciente e do acompanhante na equipe, a partir da análise dos conflitos que estavam existindo com a enfermagem. Nos encontros seguintes, tentou-se acompanhar a adaptação do paciente e esposa à nova imagem corporal e foi introduzido o espelho para uso do paciente. As famílias geralmente são sensibilizadas, em casos semelhantes, para que permitam ao paciente ter acesso à sua nova imagem corporal enquanto estão internados. Isto possibilita que as alterações emocionais e/ou comportamentais de impacto sejam acompanhadas pela equipe de saúde, o que talvez não ocorra quando o paciente tiver acesso a ele apenas em sua casa.

Ainda nesse caso, iniciou-se uma série de encontros na enfermaria, supervisionados pelo psicólogo, do paciente com seus familiares, inclusive com um filho de cinco anos cujo reencontro era alvo de preocupações do enfermo. Foram usadas, anteriormente, técnicas de visualização e dramatização dos encontros sociais. Os resultados mostraram-se satisfatórios: os encontros estabeleceram-se com tranqüilidade e houve a aceitação por parte da criança.

Tem-se usado uma consulta para alta hospitalar — sobretudo nos casos de grandes mutilações — na qual se busca fortalecer o sentido da identidade do indivíduo, de seu valor pessoal e da dignidade que merece como ser humano. Os resultados dessa atividade poderão ser avaliados, posteriormente, nas reconsultas no hospital. Nesta ocasião, o paciente e a família poderão dizer, com maior precisão, as dificuldades que têm encontrado na vida cotidiana. É interessante observar que, geralmente enquanto estão hospitalizadas, as demais pessoas já estão acostumadas com as diversas alterações estéticas, e, conseqüentemente, o paciente poderá não sentir a reação social diante de sua mutilação. Somente quando recebe alta e passa por situações novas de interação social — por exemplo, quando tem de utilizar o transporte coletivo — é que começa a notar e a (res)sentir o impacto de sua nova condição física e/ou estética.

Finalmente, a partir das experiências com os problemas de pacientes com câncer de cabeça e pescoço, no Hospital Araújo Jorge, passou-se a questionar qual seria o impacto de cada modalidade de tratamento

128

sobre o bem-estar geral da sua vida. Iniciou-se, assim, um estudo sistematizado sobre qualidade de vida por meio de uma avaliação de diversos fatores tanto relatados pela literatura quanto registrados pela experiência clínica.

REFERÊNCIAS BIBLIOGRÁFICAS

CARVALHO, M.M.M.J. de (org.) *Introdução à psiconcologia*. São Paulo, Editorial Psy, 1994.

COSTA NETO, S. B. "Fatores psicológicos de pacientes do serviço de cabeça e pescoço". *Resumos dos termas-livres do VI Congresso Sulamericano de Cirurgia de Cabeça e Pescoço*. Porto Alegre, 1994 a.

_____ "Atendimento psicológico ao paciente cirúrgico do serviço de cabeça e pescoço e seu cuidador: um estudo de caso". *Resumos dos temas-livres do XIII Congresso Brasileiro de Cancerologia*. Porto Alegre, 1994 b.

_____ "Preparo psicológico para laringectomia". *Resumos dos temas-livres do XV Congresso Brasileiro de Cirurgia de Cabeça e Pescoço*. Vitória, 1995.

_____ "Atendimento psicológico ao paciente do serviço de cabeça e pescoço". *Resumos dos temas-livres do II Congresso Brasileiro de Psico-Oncologia*. Salvador, 1996.

DOLTO, F. *Como orientar seus filhos*. Vol. 1, 4ª edição, Francisco Alves, Rio de Janeiro, 1992.

HASSAN, S. & WEYMULLER, E. A. "Assessment of Quality of Live in Head And Neck Cancer Patients". *Head and Neck Cancer*, Vol. III. Elsevier Sciense Publichers B. V., 1993.

HELOU, S. e COSTA NETO (org.) *Césio-137: Conseqüências psicossociais do acidente de Goiânia I*. Goiânia, CEGRAF, 1995.

HILGERS, F.J. *et al* "Physical and Psychosocial Consequences of total Laryngectomy". *Clinical Otolaryngol.*, Vol. 15, 1989.

LESHAN, L. *O câncer como ponto de mutação*. São Paulo, Summus, 1992.

MINISTÉRIO DA SAÚDE Instituto Nacional do Câncer. *O problema do Câncer no Brasil*. Rio de Janeiro,1994 a.

_____ *Estimativa da Incidência e mortalidade por câncer no Brasil*. Rio de Janeiro, 1994b.

MOSCOVICI, S. *A representação social da psicanálise*. Rio de Janeiro: Zahar Editores, 1978.

PAULA JUNIOR, W. "O preparo psicológico para braquiterapia vaginal". *Acta Radiológica Paulista.* Vol. 1, 1997.

REDKO, C.P. "Representações da doença dos pacientes com câncer de cabeça e pescoço". *Acta Oncológica Brasileira,* Vol. 14, Nº 5, 1994.

_____ "Alguns estereótipos na relação dos profissionais de saúde com os pacientes de câncer de cabeça e pescoço". *Acta Oncológica Brasileira,*Vol. 15, Nº 4, 1995.

SIMONTON, O . C.; SIMONTON, S. M. & CREIGHTON, J. L. *Com a vida de novo.* São Paulo, Summus, 1987.

SLOVIC, P. "Perception of Risk from Radiation". *Paper presented at the NOSEB Conference on Children and Radiation.* Trondheim, Norway. June 10-14, 1993.

Implantação do Serviço de Psicologia do Hospital Aristides Maltez (BA): Processo de Formalização e Legitimação

Aída Gláucia Fonseca Baruch
Maria do Carmo da Silva Mendes

INTRODUÇÃO

O convite para apresentar o Serviço de Psicologia do Hospital Aristides Maltez (Salvador, BA) dentro deste volume, e em tão boa companhia, mais do que uma honra é um profundo prazer. É como mostrar aos amigos o álbum de fotografias de um filho querido: momentos significativos, marcos de desenvolvimento. Esperamos que o leitor/observador possa ter uma visão panorâmica da nossa trajetória, conscientes de que o "álbum" nunca está completo ou pronto. Novos momentos sempre estão por vir, e a história está se construindo.*

E ao selecionar as "fotos" que comporiam este "álbum", nos perguntamos de que forma nosso depoimento poderia acrescer à contribuição que este livro pretende representar para os colegas da psico-oncologia.o que de mais importante compõe nossa experiência, o que a faz merecedora de ser apresentada?

Pensamos que embora a inserção do psicólogo e da psicologia nos hospitais venha se dando de forma acelerada, em benefício dos pacientes, suas famílias e da equipe de saúde, não nos basta atendê-los em serviços bem estruturados. Não nos basta proclamar números ou nos orgulhar de atender a todos os leitos ocupados.Tampouco pretendemos apresentar um modelo de funcionamento ou descrever procedimentos terapêuticos. Afinal, não aspiramos ser um serviço exemplar, mas apenas um exemplo de serviço.

Desejamos partilhar uma experiência, iniciada em 1989, que vem resultando numa mudança (ainda em andamento) da cultura de uma

---

* Desejamos registrar que a história aqui descrita conta com muitas participações.gostaríamos de enaltecer a ação dessas pessoas na construção desta experiência. O espírito de equipe, a dedicação, a disposição e o estudo sempre estiveram presentes.registramos ainda que, embora Aída tenha deixado o Hospital em 1996, se sentiu à vontade como co-autora do presente artigo, em face do tempo que permaneceu na Instituição e do papel que desempenhou no início da implantação do trabalho.

instituição. Hoje, podemos reconhecer que a psicologia dentro do Hospital Aristides Maltez (HAM) tem vez e tem voz. Mais do que isso, e ainda mais significativo, é notarmos a preocupação pela pessoa do doente e sua família tornando-se parte das discussões, projetos, decisões técnicas e administrativas. Essa preocupação vem gerando uma transformação de atitudes, costumes e valores em todos os níveis hierárquicos. Acreditamos que esse é o compromisso de cada um de nós da psico-oncologia: levar definitivamente a assistência ao doente a ser prestada de forma integral. E isso deve estar acima e além das disputas egóicas, das queixas de não reconhecimento do papel do psicólogo, ou das discussões sobre de que parte do doente me cabe cuidar.

Há algo que define e caracteriza um serviço de psicologia; algo que lhe é próprio e intransferível. Mas esse serviço não evolui se não se impõe como parte de toda a estrutura de assistência e apoio ao paciente. É preciso que atuemos de forma complementar, agregando conhecimentos e, ao mesmo tempo, nos inserindo no dia-a-dia da estrutura à qual almejamos pertencer.

E por tudo isso cresce a psico-oncologia. Cresce porque crescemos todos nós, abismados com nossa própria humanidade e com quanto ainda desconhecemos sobre nós mesmos, mas determinados a continuar arriscando...

Arriscar-se

Rir é arriscar-se a parecer doido...
Chorar é arriscar-se a parecer sentimental...
Estender a mão é arriscar-se a comprometer-se...
Mostrar os seus sentimentos é arriscar-se a se expor...
Dar a conhecer suas idéias, os seus sonhos, é arriscar-se a ser rejeitado...
Amar é arriscar-se a não ser retribuído no amor...
Viver é arriscar-se à morte...
Esperar é arriscar-se a desesperar...
Tentar é arriscar-se a falhar...
Mas devemos nos arriscar...
O maior perigo na vida está em não arriscar.
Aquele que não arrisca nada...
não faz nada...
não tem nada...
não é nada!

Rudyard Kipling

CONHECENDO O HAM

O Hospital Aristides Maltez (HAM) é uma instituição filantrópica, com uma média anual de atendimento SUS de 95,26%, especializada em oncologia, que funciona como referência nesta área para todo o estado da Bahia. É mantido pela Liga Baiana Contra o Câncer (LBCC), entidade que também é responsável por cinco núcleos regionais distribuídos pelo interior do Estado e por uma Casa de Apoio em Salvador, tendo como presidente o dr. Aristides Maltez Filho. Possui 200 leitos, sendo 170 em enfermarias e 30 apartamentos, e atende entre 1 300 e 1 600 pessoas diariamente em seus ambulatórios, em 33 especialidades médicas, além dos serviços de apoio terapêutico e administrativos. Conta com seis salas de cirurgia, duas salas de braquiterapia e central de quimioterapia com 15 poltronas e sete macas. Dispõe ainda de centros de radioterapia, radiodiagnóstico e imagem diagnóstico. Seu quadro de pessoal é composto por, aproximadamente, 600 funcionários que receberam pacientes oriundos de 350 municípios de toda a Bahia durante o ano de 1996.[1]

Funcionando ininterruptamente desde 1952, o HAM auferiu grande credibilidade junto à comunidade e sua imagem está completamente associada ao tratamento e prevenção do câncer em nosso estado.

A INSERÇÃO DO PSICÓLOGO

Não, não tenho caminho novo.
O que tenho de novo é o jeito de caminhar.

Thiago De Mello

O convite para a psicologia começar a atuar no HAM não era bem localizado nem delineado. A Instituição sabia que queria um psicólogo embora não soubesse exatamente para quê. Nesta ocasião, por uma estratégia de desenvolvimento adotada, o Hospital decidiu investir na melhoria do seu espaço físico e na ampliação do seu quadro de pessoal. Foram criados novos serviços, desenvolvidas novas ações, realizados investimentos na qualificação dos profissionais. Havia o propósito de estabelecer bases para a expansão tecnológica na área diagnóstica e de

---

1. PERFIL — Documento editado pela Liga Baiana Contra o Câncer, Salvador, BA, junho, 1997.

tratamento, porém levando-se em conta que não há tecnologia que se sobreponha ao trabalho humano.

A inserção da psicologia foi assim acompanhada da fisioterapia, fonoaudiologia, arquitetura e de novas especialidades médicas (clínicas, cirúrgicas e diagnósticas), além da ampliação do quadro de especialidades já existentes e dos serviços administrativos.

Após um período de observação, estudos e entrevistas com o corpo clínico e administrativo, tornou-se possível conhecer a Instituição em seus aspectos técnicos, humanos, operacionais e filosóficos. Obteve-se um diagnóstico organizacional que demonstrava a necessidade de se definir qual seria o cliente prioritário. Uma vez que a Instituição não contava com um departamento de recursos humanos, poderia ela própria ter sido eleita como cliente, assim como poder-se-ia optar por trabalhar com a equipe de saúde.

No entanto, nada parecia mais urgente e desafiador que atender aos próprios pacientes, portadores de uma doença maligna, às voltas com seu estigma, lidando com o fantasma da morte, mutilação, tratamentos desconhecidos, exames invasivos. Ter como clientes os pacientes e suas famílias, assustadas e impotentes, determinou a este Serviço que nascia tomar por base pressupostos da psicologia hospitalar.

A análise de todo esse contexto possibilitou observar-se que o psicólogo estava iniciando um trabalho em uma organização com 37 anos de existência, e que já contava com dez anos quando a psicologia ainda estava sendo reconhecida como profissão no Brasil (1962). Era, portanto, *o encontro entre o novo e o já consolidado*. Adentrava-se em um lugar que possuía história, um percurso, feição própria. Tudo isso precisava ser considerado, de forma que os passos a serem dados para a implantação do trabalho fossem sólidos e não houvesse retrocessos.

Havia ainda a ser considerado o ônus do pioneirismo. Era o início das ações em psico-oncologia, mas também em psicologia hospitalar, em nosso estado. Contudo, era possível identificar fatores facilitadores e, sem dúvida, o maior deles era o interesse e até a curiosidade que a presença do psicólogo suscitava.

O PROCESSO DE IMPLANTAÇÃO E DESENVOLVIMENTO DO SERVIÇO

Durante o período dedicado ao diagnóstico organizacional, nos perguntávamos em que momento e a quem se dirigia o doente ao falar sobre si mesmo e não apenas sobre sua doença. Afinal, suas questões emocio-

134

nais não passaram a existir após a chegada do psicólogo. *Talvez muitos as estivessem ouvindo, mas poucos as estivessem escutando*. A resposta a essas questões nos levariam a encontrar uma porta de acesso, uma via facilitada para a apresentação do projeto de implantação do Serviço. Encontramos nas voluntárias sociais, nos religiosos e também em algumas clínicas pessoas que reconheciam a necessidade da atuação do psicólogo. Destas pessoas foi possível receber apoio e por estes lugares nossas ações se iniciaram. Conseqüentemente, delimitou-se um campo de ação propício para esse começo, e evitou-se o equívoco de apresentarem-se propostas inexeqüíveis.

O passo subseqüente seria criar mecanismos de encaminhamento do paciente ao Serviço. Elaborou-se, então, um instrumento no qual constavam dados de identificação do paciente, algumas informações básicas sobre seu diagnóstico, tratamento proposto e o motivo do encaminhamento. Decidiu-se que competiria ao médico assistente o preenchimento desse instrumento, ainda que a sugestão do encaminhamento partisse de outro membro da equipe de saúde. Como resultado, obtivemos a confiança do médico, uma vez que ficava garantida sua participação no processo, e resguardado seu lugar de "líder" da equipe. Ao mesmo tempo, esta estratégia permitia um princípio de diálogo acerca das questões emocionais do doente entre os diversos membros da equipe.

Parece-nos que esses procedimentos contribuíram de forma significativa para o êxito dos propósitos do Serviço, trazendo ainda a necessidade de reflexão acerca do que seria *motivo* para encaminhamento. Passou-se, então, a discutir a questão da demanda. Nas palavras de uma de nossas estagiárias:

No Serviço de Psicologia do HAM, os pacientes chegam para um atendimento encaminhados pelo médico. Em sua mão, trazem um pedido (e, em seu discurso, muitas vezes outro). Há, então, a demanda do médico e a demanda do paciente; e pacientes que chegam lá sem demanda nenhuma, sem a mínima idéia do que estão fazendo do ali; foram lá porque o médico mandou (estão, portanto, respondendo à demanda do médico).[2]

---

2. COSTA, Paula Rebouças *Relatório de Atividades de Estágio*. Serviço de Psicologia – HAM, Salvador, BA, 1997.

E como e onde discutir sobre o que é *demanda?* Quando encaminhar um doente para o Serviço? Como fazer a equipe saber do Serviço? Como fazer compreender sobre o que nos propúnhamos? E o paciente? Não seria interessante que ele soubesse que poderia requisitar a seu médico encaminhá-lo ao Serviço?

Passamos, então, a dispor de todos os meios que nos possibilitassem uma ampla comunicação. Foram utilizados rádio e jornais, proferidas palestras nas mais variadas instituições e, em particular, buscou-se o espaço do Centro de Estudos do HAM. No ano seguinte ao início das atividades do Serviço, passamos a fazer parte da diretoria desse Centro, o que se revelou profundamente importante como forma de estar propondo temas para discussão e reflexão, relativos à assistência multidisciplinar e aos processos de humanização do atendimento. Utilizou-se ainda o Boletim do HAM, um periódico com ampla circulação tanto dentro do Hospital como fora dele, no qual fazíamos publicar artigos de nossa autoria e notícias referentes ao Serviço. As participações nos eventos científicos relativos à psico-oncologia e psicologia hospitalar também geravam uma comunicação escrita ou oral.

Outro passo significativo foi a participação nas reuniões semanais entre a Presidência da LBCC, Diretorias Técnica e Administrativa, Chefes de Departamentos Médicos e dos Serviços de Apoio. Essas ocasiões se tornaram profícuas não apenas para esclarecer quanto à nossa atuação, mas, também, para que o pensamento da psicologia com relação à Instituição, a doença e aos doentes fosse gradativamente transmitido e considerado.

Um convênio com a Faculdade de Psicologia da Universidade Federal da Bahia abriu as portas para estágio dos estudantes, e, com isto, iniciou-se nossa vocação para o ensino e formação em psicologia hospitalar e psico-oncologia. Estabeleceu-se que a contratação de psicólogos para compor a equipe do Serviço teria como critério prioritário a realização do estágio. Dessa forma, valorizava-se o trabalho desenvolvido pelo estudante e aumentava a nossa responsabilidade quanto à qualidade do estágio oferecido. Verifica-se, atualmente, que grande parte dos estudantes que estagiaram no Serviço tem sido absorvida pela própria área hospitalar, e os resultados dos seus trabalhos já se fazem reconhecer nas Instituições em que atuam.

Com o tempo, passamos também a promover cursos e jornadas de psicologia hospitalar e psico-oncologia, até chegarmos a organizar o II Congresso/IV Encontro Brasileiro de Psico-Oncologia. Esse evento, em particular, constituiu-se num marco na consolidação do trabalho efetivado, divulgando a psico-oncologia entre os profissionais de saúde e a comunidade em geral, e garantindo credibilidade à nossa capacidade de realização.

Os treinamentos, cursos e estágios oferecidos pelo Hospital a profissionais e estudantes de medicina, enfermagem e fisioterapia, passaram a contar com a participação da psicologia. Nestas oportunidades os participantes recebiam esclarecimentos sobre o papel do Serviço e as formas de encaminhamento de pacientes. Procurava-se sensibilizá-los para o cuidado com os aspectos emocionais dos doentes e familiares, enfatizando a importância desta atenção para como o paciente enfrenta a doença e adere ao tratamento, participando deste e do seu próprio processo de reabilitação e cura quando estas são possíveis. Incluem-se, também, reflexões concernentes aos cuidados paliativos.

Todas as oportunidades oferecidas e que colaboram com o processo de *legitimação*, *ordenamento* e *formalização* do Serviço foram utilizadas. Um exemplo são os manuais, distribuídos entre os pacientes, de cuja elaboração participamos: Manual do Paciente Laringectomizado, Manual de Orientação da Central de Quimioterapia, Manual de Prevenção do Câncer de Pênis, Manual de Orientação à Paciente Mastectomizada e Manual de Procedimentos do Programa de Atendimento Domiciliar (PAD).

Dentro dessa mesma filosofia, foi produzido o *Informativo sobre o Serviço de Psicologia*. Posto à disposição de toda a equipe de saúde, e em particular dos seus novos integrantes, constam desse informativo os seguintes tópicos: o que é o Serviço, em que consiste o acompanhamento psicológico, como encaminhar, e quais os critérios para o encaminhamento de pacientes.

Desenvolveu-se, ainda, um formulário específico, próprio para o registro dos atendimentos no prontuário geral do paciente, possibilitando à equipe acompanhar a evolução do caso, familiarizar-se com os procedimentos adotados e conhecer as proposições da psicologia para os cuidados do doente, do ponto de vista emocional.

Por outro lado, dispomos nos arquivos internos do Serviço de um modelo de anamnese que estabelece um roteiro para a condução dos atendimentos e onde ficam registradas informações referentes ao diagnóstico psicológico do paciente, toda a evolução e encaminhamento do caso, promovendo ainda subsídios para pesquisa .

Toda a *filosofia* que fundamenta a atuação dos psicólogos, normas para registro em prontuário, a rotina dos atendimentos e orientações administrativas foram sistematizadas por meio do *Manual Interno do*

Serviço. Os estudantes contam ainda com o *Manual do Estagiário*, o qual complementa as informações citadas com orientações referentes a seu programa de estágio, modelo de supervisão adotado, relatório de conclusão do estágio e sistema de avaliação.

Se, no início do percurso de institucionalização do Serviço, foi preciso encontrar espaço para nossas intervenções, com o decorrer do tempo passamos a ser solicitados a colaborar das mais variadas formas no cotidiano organizacional, evidenciando o reconhecimento da validade de tais contribuições. Estas solicitações incluem desde o suporte ao grupo de voluntárias sociais que presta apoio aos doentes, à participação em uma série de comissões permanentes e temporárias que cuidam do combate ao tabagismo, até a humanização no atendimento, passando pela prevenção de acidentes do trabalho.

Mais recentemente, o Serviço teve um papel expressivo na elaboração dos projetos e na implantação da *Clínica de Dor e do Programa de Atendimento Domiciliar* (*PAD*), tendo nestes programas uma atuação significativa. Acreditamos que o trabalho desenvolvido até então foi, de certa forma, responsável por apontar a necessidade de um atendimento diferenciado e multidisciplinar ao paciente fora dos recursos de cura. A assistência prestada a esse paciente tornou-se, assim, compatível com o que preconiza os princípios do movimento dos cuidados paliativos.

Identificamos a necessidade de incluir no II Congresso/IV Encontro Brasileiro de Psico-Oncologia o Curso para Leigos. O êxito dessa iniciativa levou-nos a repeti-la na II Jornada Baiana de Psico-Oncologia, e a partir de então tal atividade voltou a fazer parte das ações desenvolvidas pelo HAM para a prevenção do câncer. Tendo como propósito prestar informações ao grande público, o programa do curso inclui orientações quanto aos comportamentos de risco, sinais e sintomas e formas de tratamento da doença. Questões relativas aos aspectos emocionais do doente e sua família também fazem parte do programa. Um dos principais objetivos desse evento é minimizar o medo e o estigma que acompanham a doença e não raro comprometem seu diagnóstico precoce. Percebe-se, então, que, acima de tudo, e em qualquer oportunidade, temos lançado mão da mais elementar forma de participação em qualquer contexto: *o diálogo*. A discussão com a equipe dos casos atendidos pela psicologia é parte fundamental dos pressupostos que orientam o trabalho, e se dá de forma regular ainda que assistemática. É nesses encontros que ocorrem nos postos de enfermagem, consultórios e mesmo nos corredores, que nós realmente trocamos, ouvimos, somos ouvidos, enfim, dizemos quem somos. Partilhamos angústias, brindamos sucessos e falamos da gente e de gente. Toda essa trajetória implicou, é claro, dificuldades, incertezas, resistências. Éramos desejados, esperados, mas também ameaçadores... uma vez que desconhecidos. Por outro lado, precisamos lidar com a frustração gerada pela constatação de que não era possível deixar por conta dos psicólogos toda a vida emocional do doente. Afinal, podíamos dividir o peso, mas não podíamos livrar a equipe de conviver e participar da dor física e do sofrimento do paciente por saber-se doente e finito.

CARACTERÍSTICAS DOS ATENDIMENTOS

Apresentamos, a seguir, uma síntese de como o trabalho regular de atendimento se desenvolve:

— os atendimentos são realizados em nível ambulatorial, nos consultórios do Serviço e também nas enfermarias e apartamentos;
— os atendimentos individuais são, preferencialmente, realizados logo após o diagnóstico de câncer procurando, sempre que possível, atuar na psicoprofilaxia cirúrgica;
— havendo demanda, após a alta hospitalar o acompanhamento pode prosseguir por meio de consultas individuais ou nos grupos de ajuda mútua;
— os grupos são homogêneos, formados por ex-pacientes e pacientes de uma mesma patologia, são abertos, e possuem um caráter multidisciplinar, com ênfase na reabilitação;
— além da função terapêutica, os grupos têm por objetivo prestar informações, esclarecer dúvidas e promover integração;
— a primeira entrevista, em geral, inclui, a partir de determinado momento, a família ou acompanhante, quando o paciente assim o consente;
— o contato inicial com a família permite que se obtenha uma avaliação da qualidade do apoio prestado ao paciente, bem como fazê-la saber da possibilidade de consultar o Serviço quando considerar necessário;
— a assistência à família, ou acompanhantes do paciente, também pode ocorrer por indicação do próprio psicólogo, ou por solicitação da equipe;
— podem ser atendidos um ou mais membros do grupo familiar;

— pelas características do tratamento, e pelas limitações impostas pela sintomatologia, na *Clínica de Dor* o trabalho com a família cresce em importância dado o papel fundamental que esta desempenha;

— quando o paciente passa a integrar o Programa de Atendimento Domiciliar (PAD), a assistência à família também ganha novos contornos. Uma vez que a perspectiva da morte torna-se uma realidade mais próxima, e os recursos de cura não mais podem ser utilizados, cabe uma parceria fundamental entre a equipe do PAD e o grupo familiar, de maneira que garanta todo o cuidado de que o paciente necessita;

— em ambos os programas, a equipe de assistência é multidisciplinar e a família também é considerada como paciente, com necessidades próprias, e assistida em suas expressões emocionais.

CONSIDERAÇÕES FINAIS

> Se as coisas são inatingíveis...ora!
> Não há motivo para não querê-las
> Que triste os caminhos se não fôra
> A presença mágica das estrelas.
>
> Mário Quintana

Como foi dito, o álbum nunca está completo, e muitos projetos encontram-se em andamento. Reconhecemos, porém, ser necessária a ampliação do quadro de profissionais, de modo que a consecução de tais projetos possa se dar de forma mais acelerada e com maior amplitude. Atualmente, a equipe do Serviço conta com quatro psicólogas e cinco estagiários. Dispõe ainda do suporte do Serviço de Psiquiatria na discussão de casos e na realização de diagnósticos diferenciais.

Os planos para o futuro envolvem um maior investimento em pesquisas, baseadas principalmente no grande volume de material disponível nas anamneses. Os projetos incluem ainda a ampliação do número de grupos de ajuda mútua. Compreendemos que temos também um papel significativo a desempenhar na implantação da UTI (projeto no qual estamos envolvidos), e na área preventiva, por meio dos Cursos para Leigos. Prevenção e diagnóstico precoce em câncer fazem-se com mudanças de comportamento, transformação de conceitos e crenças. E se é assim, fazem-se no campo de ação do psicólogo. E aprendemos a ocupar todo o espaço que nos cabe.

Gostaríamos de concluir lembrando ainda que quando uma instituição hospitalar requisita o psicólogo esta parece precisar de um longo período para conseguir absorver o novo. É preciso respeitar o *tempo* de que a instituição necessita, porém também é necessário cuidado para que, em contrapartida, não percamos *tempo*. Esse delicado equilíbrio requer dos profissionais da psicologia algumas habilidades, entre as quais se destacam a tolerância com as diferenças e a ausência de arrogância, aliadas à determinação. Desta forma, é possível abrir mão de tentar substituir a onipotência médica pela onipotência psicológica, tomando-se o cuidado para não sair psicologizando todos os sintomas físicos, ressentidos pelo desprezo a que as questões emocionais por longo tempo ficaram relegadas. Outro risco a ser evitado é o de esconder-se atrás de teorias, termos técnicos ou de uma postura excessivamente crítica e não colaborativa.

Como apontado no início, não se trata apenas de procurar estar inserido como profissional em um novo campo de trabalho, ou de estruturar um serviço que parece trabalhar bastante, mas que não se sabe ao certo o que faz. Necessitamos, portanto, de determinação para institucionalizar e legitimar não apenas nossa prática, mas, principalmente, uma nova postura, por parte de toda a instituição, diante da pessoa doente.

O *cuidado* psicológico ao doente compete a todos, ainda que a psicoterapia seja tarefa do psicólogo. É nosso pensamento que a instituição hospitalar é, acima de tudo, um lugar para a *pessoa ser cuidada*. Se, por exemplo, lhe são prestadas informações de forma gentil e respeitosa no portão de acesso ou no balcão de entrada estamos, realmente, *prestando assistência*. Orientação adequada não é capaz de minimizar o estresse? Quem, então, não o pode fazer? Nesse sentido, somos todos "cuidadores", independentemente do que tenhamos escrito no crachá, ou do uniforme que usemos. *Legitimar o Ser é nossa tarefa.*

Esse processo é lento, mas sem retrocessos. E estará tão mais consolidado quanto mais houver um reconhecimento de que sempre há algo a ser realizado, no campo emocional, pelo paciente e por nós mesmos. Quando esse reconhecimento é fato, somos requisitados não apenas para *atuar*, mas para *pensar* junto com a instituição, sobre ela própria e suas funções. Só assim podemos considerar-nos autorizados, participativos e verdadeiramente transformadores.

Capítulo III
Pesquisas

Psico-Oncologia no Brasil: desenvolvimento de um campo de trabalho e pesquisa

Maria Margarida M. J. de Carvalho
Maria Júlia Kovács

Jimmie Holland, chefe do Serviço de psico-oncologia do Memorial Sloan-Kettering Hospital de Nova York e autora e coordenadora do livro *Handbook of Psychooncology* (1990, p.12), define a psico-oncologia como:

> (...) uma subespecialidade da oncologia, que estuda as duas dimensões psicológicas do câncer: 1) o impacto do câncer no funcionamento emocional do paciente, sua família e dos profissionais envolvidos em seu tratamento, 2) o papel das variáveis psicológicas e comportamentais na incidência e na sobrevivência do câncer.

Este livro, com 785 páginas preenchidas principalmente por relatos de pesquisas provenientes de vários países, demonstra a vitalidade e a importância da área, embora esta seja de desenvolvimento recente, tendo surgido há cerca de vinte anos.

No Brasil, desde a década de 1980, são conhecidos esforços isolados de pesquisa, de implantação de serviços de assistência psicossocial a grupos de pacientes, de atendimento psicoterápico a pacientes em hospitais e consultórios e de formação de grupos de auto-ajuda por pacientes e ex-pacientes de câncer.

Como área de atuação, a psico-oncologia em nosso meio ganhou força pelos congressos organizados a partir de 1989, reunindo profissionais da área da Saúde de todo o país. Esses Congressos foram realizados em Curitiba (1989), Brasília (1992), São Paulo (1994) e Salvador (1996), vindo a estabelecer uma tradição de freqüência bienal, e atraindo, a cada vez, um maior número de participantes.

Glória Gimenes, pesquisadora brasileira e presidente do II Encontro Brasileiro de Psico-Oncologia, analisando os conhecimentos teóricos, as experiências práticas e as pesquisas apresentadas no I Encontro, presidido por Luiz Pizzato e no que se seguiu, presidido por ela, chegou a uma proposta de definição que melhor reflete as características desta área no Brasil. Esta definição se encontra no livro *Introdução à psiconcologia* (1994) coordenado por M. Margarida M. J. de Carvalho e publicado por ocasião do III Encontro e agora I Congresso Brasileiro de psico-oncologia, presidido por M. Júlia Kovács, em São Paulo.

Argumentando terem sido os conhecimentos gerados nas duas áreas – psicologia e oncologia – e, em especial, as propostas de trabalho da psicologia da saúde, os principais responsáveis pelo desenvolvimento da psico-oncologia, Gimenes considera esta como uma área de interface entre a psicologia e a oncologia, a qual utiliza o conhecimento educacional, profissional e metodológico da psicologia da saúde, para aplicá-lo:

1. Na assistência ao paciente oncológico, sua família e os profissionais de Saúde envolvidos com a prevenção, o tratamento, a reabilitação e a fase terminal da doença;

2. Na pesquisa e no estudo de variáveis psicológicas e sociais relevantes para a compreensão da incidência, da recuperação e do tempo de sobrevida após o diagnóstico de câncer;

3. Na organização de Serviços Oncológicos que visem ao atendimento integral do paciente (físico e psicológico), enfatizando, de modo especial, a formação e o aprimoramento dos profissionais de Saúde envolvidos nas diferentes etapas do tratamento. (pp.46-7)

Durante o I Congresso em 1994, foi criada a Sociedade Brasileira de Psico-Oncologia e definidos seus estatutos e sócios, bem como a proposta de desenvolvimento de regionais. São seus objetivos principais: congregar todos os profissionais da área da saúde interessados na psico-oncologia, estimular a criação de cursos, a criação e proposição de eventos regionais e a realização e publicação de pesquisas.

Paralelamente aos congressos e à criação da Sociedade, teve início a implantação, no meio acadêmico, da disciplina psico-oncologia dentro dos cursos de psicologia hospitalar, psicossomática e psicologia clínica. Existe um curso de extensão em psico-oncologia e alguns cursos de pós-graduação incluem a psico-oncologia como disciplina e área de pesquisa. Começaram também a surgir dissertações e teses sobre este tema. E temos a informação de cursos oferecidos por profissionais, em consultórios e instituições particulares. Todos esses são esforços isolados, ocorrendo em apenas alguns estados.

A informação sobre a psico-oncologia no Brasil ainda é vaga e imprecisa o que motivou as autoras deste trabalho à busca de um conhecimento mais abrangente e acurado. Utilizamos, com essa finalidade, um levantamento feito com os participantes do II Congresso Brasileiro, realizado em Salvador, em 1996, e presidido por Aída G. Baruch. Acreditamos que os participantes de um evento de abrangência nacional poderiam nos propiciar uma visão do estado da psico-oncologia em nosso país.

Estiveram presentes no II Congresso representantes de 18 estados, a saber: Bahia (196), São Paulo (97), Alagoas (47), Minas Gerais (47), Pernambuco (43), Rio de Janeiro (27), Distrito Federal (21), Goiás (15), Espírito Santo (15), Paraíba (14), Santa Catarina (13), Paraná (10), Sergipe (9), Ceará (7), Rio Grande do Norte (6), Pará (4), Rio Grande do Sul (3), Mato Grosso (2) e Piauí (2). Vieram de outros países: Uruguai (5), Argentina (3) e Espanha (1), perfazendo um total de 587 participantes. Entre esses, 58,2% eram profissionais e 41,8%, estudantes.

Além dos trabalhos apresentados pelos profissionais convidados pela Comissão Organizadora, foram apresentados 130 temas livres, os quais versaram sobre pesquisas, relatos de formas de atendimento e reflexões sobre a prática.

Uma inovação neste II Congresso em Salvador foi a criação de um "Curso Aberto à Comunidade", com o qual teve início o evento. O comparecimento da população superou as expectativas, tendo sido calculado em mais de 600 pessoas. Portanto, entre os elementos da comunidade no primeiro dia e os profissionais e estudantes participantes, estiveram presentes cerca de 1 200 pessoas.

A partir dessas informações preliminares, elaboramos um questionário a ser respondido pelos participantes, durante o próprio Congresso.

OBJETIVOS

Os objetivos deste trabalho foram os seguintes:

— Conhecer a situação da psico-oncologia no Brasil, por meio de informações colhidas por intermédio dos participantes do II Congresso Brasileiro de Psico-Oncologia, realizado em Salvador, Bahia, em 1996.

— Verificar aspectos relativos a:

a. Profissão e área de estudo dos participantes

b. Cursos de especialização e pós-graduação

c. Formação em psico-oncologia

d. Trabalho em psico-oncologia: local de trabalho e tipo de trabalho

e. Interesse pela psico-oncologia

f. Motivos para participação no Congresso

METODOLOGIA

Sujeitos

Os sujeitos deste levantamento de dados foram os participantes (profissionais e estudantes) do II Congresso de Psico-Oncologia, que responderam ao questionário apresentado pelas autoras, com os itens anteriormente mencionados.

Procuramos envolver todos os participantes na busca de um maior e melhor conhecimento da identidade do profissional e do estudante interessado nesta área, no Brasil.

Com essa intenção, nos apresentamos e anunciamos nas sessões plenárias do Congresso a proposta do questionário e enfatizamos a importância das respostas e da sua devolução. Os questionários eram entregues pelas fiscais de salas, ao término de cada sessão.

Apesar da ampla divulgação e distribuição e da insistência das autoras no sentido da devolução dos questionários, apenas 171 participantes (cerca de 30% do total) responderam e devolveram os questionários.

Instrumento

Um questionário com perguntas abertas foi apresentado aos participantes, contendo perguntas referentes aos seguintes itens (questionário anexo):

I Nome e endereço

II Formação: graduação, especialização e pós-graduação

III Formação específica em psico-oncologia
A. Disciplina de graduação
B. Especialização
C. Disciplina optativa
D. Disciplina de pós-graduação
E. Estágio

IV Trabalho em psico-oncologia
A. Local: hospital do câncer, hospital geral, instituição particular, consultório, posto de saúde, universidade, outros.
B. Tipo de trabalho: prevenção, psicoterapia, aconselhamento, cuidados psicológicos, grupos de auto-ajuda, atendimento familiar, cuidados paliativos, clínicas de dor, interconsulta, outros.

V Interesse pela área da psico-oncologia

VI Motivação pelo II Congresso Brasileiro de Psico-Oncologia

Análise dos Dados

Os dados levantados nas respostas dadas ao questionário foram tabulados e obtidas as porcentagens. Na análise das questões abertas foram utilizadas categorias, as quais emergiram das respostas.

Nas tabelas os dados foram tabulados e organizados em dados brutos e porcentagens. Nos gráficos demonstrativos das porcentagens das respostas buscamos clarear as tendências preponderantes dos diferentes itens considerados no questionário.

Resultados e Discussão

Sexo

Sexo	N°	%
Feminino	152	89,0
Masculino	19	11,0
Total	171	100,0

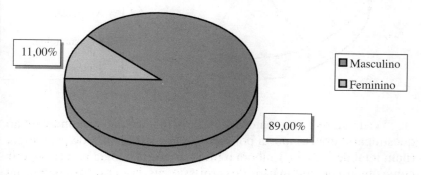

Nos 171 questionários respondidos foi encontrada uma grande maioria de mulheres. Embora não tenhamos o dado exato comparativo na população total no Congresso, podemos dizer que esta amostra correspondeu aproximadamente à realidade do percebido visualmente no Congresso.

Formação

Graduação	Nº	%
Psicologia	98	57,3
Medicina	25	14,6
Estudante-Psicologia	24	14,0
Serviço Social	7	4,1
Enfermagem	6	3,5
Musicoterapia	4	2,3
Fonoaudiologia	2	1,2
Outros	5	3,0
Total	171	100,0

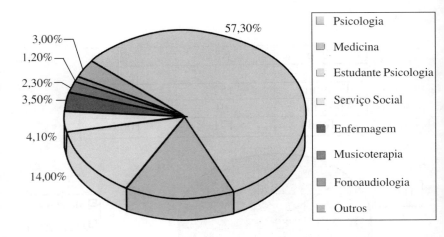

Verificamos que a maioria dos participantes que responderam ao questionário era composta por psicólogos e estudantes de psicologia (num total de 71,3%). Embora o título psico-oncologia pareça sugerir como óbvia a predominância dos profissionais da área de psicologia, na verdade trata-se de um campo de atuação multidisciplinar. Nas publicações, nos trabalhos práticos, nas malas-diretas utilizadas nas chamadas para os congressos, tem sido enfatizado esse aspecto. As Comissões Organizadoras têm convidado profissionais de diferentes setores. Todos estes esforços entabulados para envolver profissionais de diferentes áreas visam garantir a abrangência desse campo de trabalho e pesquisa e o enriquecimento mútuo pela integração e apoio.

Entretanto, a realidade parece não corresponder ao desejado. Tanto neste Congresso como nos anteriores, foi constatado empiricamente o maior número de psicólogos, o que corresponde à situação da prática da psico-oncologia em nosso país. E, uma vez que a maioria dos psicólogos no Brasil é composta por mulheres, este dado corrobora o anterior, relativo ao sexo dos participantes.

Lamentamos também constatar o número reduzido do pessoal da enfermagem. O contato direto com o sofrimento, a depressão, a ansiedade e outros sentimentos e emoções do paciente de câncer leva à suposição do conhecimento da importância das informações da psico-oncologia para seu trabalho. Mas na verdade não sabemos quais as razões de sua ausência.

Especialização

Especialização	Nº	%
Psicologia hospitalar	11	10,8
Terapia familiar	9	8,8
Psicanálise	8	7,8
Psicodrama	8	7,8
Terapia neo-reichiana	7	6,9
Psiquiatria	6	5,8
Psicossomática	5	4,9
Psicoterapia infantil	4	3,9
Oncologia clínica	3	2,9
Gestalt	3	2,9
Psicologia clínica	3	2,9
Psicologia social	3	2,9
Psicopedagogia	3	2,9
Psicologia transpessoal	3	2,9
Outros	26	25,9
Total	102	100,0

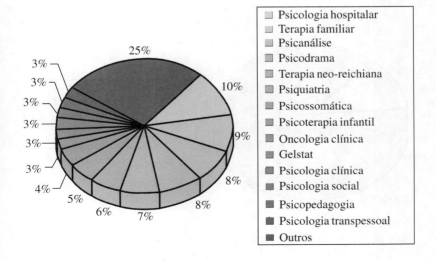

Cento e dois participantes buscaram diversas especializações, o que configura um quadro amplo de interesses quanto a linhas teóricas em psicologia, bem como aprimoramento em prática de atendimento. É interessante notar que todos esses caminhos puderam convergir em direção à psico-oncologia, a qual se constitui não como linha teórica, mas como um campo de atuação.

As respostas mostraram a inexistência de participantes, nesta amostra, com especialização em psico-oncologia. Sabíamos da inexistência de cursos nessa modalidade no Brasil, mas admitíamos a hipótese de profissionais com cursos de especialização feitos no exterior, o que não ocorreu. Possivelmente, mesmo em outros países, estes cursos sejam raros ou mesmo ainda inexistentes.

Pós-Graduação

Pós-Graduação	N⁰	%
Psicologia	21	67,7
Medicina	4	12,9
Administração hospitalar	2	6,5
Outros	4	12,9
Total	31	100,0

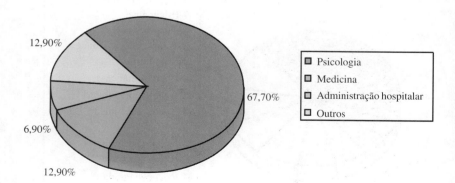

Embora no total da nossa amostra (171 participantes) apenas 18,1% tenham feito uma Pós— Graduação, entre os que fizeram 67,7% são pós-graduados em Psicologia, confirmando a presença dos Psicólogos tanto na população graduada como na pós-graduação.

Formação em psico-oncologia

Neste tópico procuramos conhecer a formação específica em psico-oncologia, para podermos analisar o preparo formal, acadêmico ou por meio de estágios, dos participantes do evento.

Estágio	23	13,5%
Programa de intervenção psicossocial com grupos	18	10,5%
Curso de extensão	8	4,7%
Disciplina na pós-graduação	4	2,3%
Curso no exterior	4	2,3%
Disciplina no curso de psicologia hospitalar	3	1,8%
Disciplina na graduação	3	1,8%
Nenhuma	108	63,1%
Total	171	100,0%

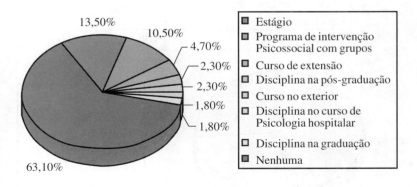

Os participantes que responderam ao questionário demonstraram não possuir uma formação específica em psico-oncologia, assim como não possuem especialização e pós-graduação. Tínhamos conhecimento desta situação, uma vez que são muito poucos os cursos existentes.

O maior foco de aprendizagem nesta área está no atendimento ao paciente de câncer, seja em estágios em hospitais, seja em programas de intervenção psicossocial com grupos de pacientes. Estes programas têm tido um grande desenvolvimento em nosso país, sendo realizados em vários estados, em instituições hospitalares, em instituições particulares e em consultórios.

Sabemos que a participação nestes programas não se configura como uma formação em psico-oncologia, mas compreendemos que ela assim tenha sido considerada pelos participantes. Vários aspectos do atendimento ao paciente e do campo de atuação em geral são transmitidos nos espaços reservados à supervisão do trabalho com os grupos, além da aprendizagem obtida com a própria prática.

Acreditamos que grande parte dos profissionais que trabalham em psico-oncologia no Brasil é autodidata, ou seja, aprendeu a trabalhar no próprio trabalho e se instrumentalizou em leituras, supervisões e participação em congressos de psicologia hospitalar e psico-oncologia.

Trabalho em psico-oncologia

Hospital	53	31,5%
Instituição sem fins lucrativos	23	13,7%
Consultório	20	11,9%
Clínica universitária	2	1,2%
Não trabalham	70	41,7%
Total	168	100,0%

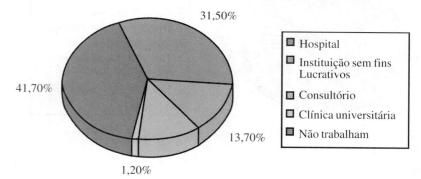

Consideramos nesta tabela apenas as respostas dos profissionais, excluídos aqueles que se declararam estudantes. Entre esses profissionais, 41,6% declararam não trabalhar na área da psico-oncologia. Esses dados revelam que o tema do Congresso atraiu muitos participantes de fora da área ou ainda estudantes, buscando uma possível área de trabalho. Entre os que trabalham com a psico-oncologia um grande número o faz nos hospitais.

Interesse pela psico-oncologia

A pergunta era: "Como você se interessou pela psico-oncologia?" Como se tratava de uma questão aberta procuramos categorizar as respostas. Não foi uma tarefa fácil já que havia uma ampla variedade e gama de respostas. O que apresentamos a seguir é uma tentativa de obtenção das categorias mais significativas, que longe de esgotar o universo trazido pelos depoentes, traz algumas das tendências verificadas.

Leituras	62	23,5%
Cursos	34	12,9%
Pacientes com câncer	26	9,8%
Congressos	25	9,5%
Estágio	19	7,2%
Outros profissionais	18	6,8%
Professores	15	5,7%
Câncer na família	12	4,5%
Trabalho na oncologia	12	4,5%
Vivência pessoal	12	4,5%
Psicologia hospitalar	11	4,2%
Falta de informação	6	2,3%
Curiosidade	4	1,5%
Medo do câncer	2	0,8%
Outros	6	2,3%
Total	264	100,0%

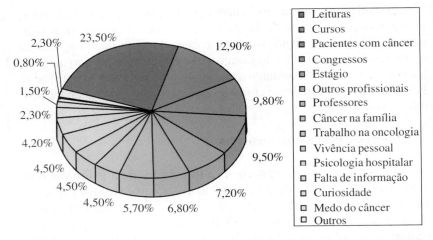

Foram diversos os motivos de interesse pela psico-oncologia. Os principais estão ligados a livros, congressos e cursos. Aqueles que já atendem pacientes estão buscando mais conhecimentos e informações. O câncer na família e a vivência pessoal, em várias respostas explicitada como uma vivência própria de câncer, também despertaram o interesse pela área.

Motivo para a vinda ao Congresso

A pergunta era: "O que você veio buscar neste Congresso?" Esta questão também suscitou uma ampla gama de respostas, que foram agrupadas em categorias, buscando refletir os temas mais significativos.

Ampliar conhecimentos	79	29,0%
Busca de informações	74	27,2%
Troca de experiências	45	16,5%
Apresentação de trabalho	22	8,1%
Conhecer pessoas	15	5,5%
Crescimento como profissional	10	3,7%
Ajudar pacientes com câncer	6	2,2%
Informações sobre eventos e cursos	6	2,2%
Organização do Congresso	5	1,8%
Crescimento como pessoa	4	1,6%
Divulgação do trabalho	3	1,1%
Outros	3	1,1%
Total	272	100,0%

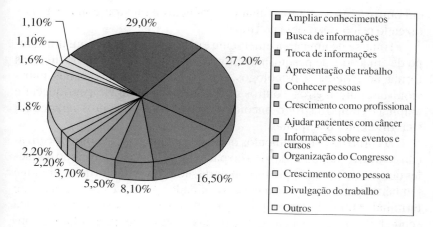

O número maior de respostas (273) do que de questionários respondidos (171) deve-se ao fato de muitos participantes elegerem mais de um motivo para estar no Congresso.

A maioria das respostas está concentrada na possibilidade de ampliar conhecimentos, trocar experiências, buscar informações e conhecer pessoas, o que são motivações comuns a todos Congressos. Um dado interessante nas respostas foi a preocupação de apresentar trabalhos e experiências, o que tem a ver com o grande número de temas, livres e pôsteres apresentados neste Congresso. Muitos participantes, portanto, vieram não só para receber, mas também para dar informações sobre suas pesquisas, suas modalidades profissionais e os resultados de suas experiências.

CONCLUSÕES

Longe de serem conclusivos, estes dados são apenas uma tentativa de compreender quem são e o que fazem os profissionais da psico-oncologia em nosso país.

As respostas aos questionários mostram que há ainda muito por fazer no sentido de melhor capacitar os profissionais que escolhem cuidar do paciente com câncer. Devemos criar espaços na graduação, na pós-graduação e na especialização; desenvolver linhas de pesquisa; abrir espaços para estágios e aprimoramento; estimular publicações, em especial, de autores nacionais. E, quando possível, participar de congressos internacionais; para tomar conhecimento do que está sendo feito em outros países, compartilhar experiências e mostrar como estamos fazendo psico-oncologia no Brasil.

Trata-se de uma área emergente em nosso país, mas com um campo de atuação e de pesquisa amplo e aberto a profissionais de diversas formações. Médicos, psicólogos, educadores, assistentes sociais, nutricionistas, enfermeiros e outros profissionais, podem vir a enriquecer e ampliar o campo da psico-oncologia com os conhecimentos gerados em suas diferentes disciplinas.

O corpo de conhecimentos da psico-oncologia tem como focalização central a qualidade de vida do paciente de câncer, bem como daqueles que o rodeiam e dos profissionais da saúde que cuidam dele. Abrange também a prevenção do câncer e os cuidados paliativos com o paciente terminal. Muito do que se pode fazer pelo paciente oncológico já está sendo feito em nosso meio, em hospitais, instituições particulares e consultórios. Trabalhamos com grupos de assistência psicossocial e com grupos de auto-ajuda. Estamos começando a pesquisar. E estamos começando a atender o paciente terminal.

Segundo Carvalho (1994, p.285), os profissionais "que trabalham na psico-oncologia, no seu pioneirismo, lutando com as ondas contrárias — da descrença, da desconfiança, da falta de apoio — têm levado seu barco à frente".

REFERÊNCIAS BIBLIOGRÁFICAS

CARVALHO, M.M.J. *Introdução à psiconcologia*. Campinas, Editorial Psy, 1994, p. 285.

GIMENES, M. G. "O que é psiconcologia: definição, foco de estudos e intervenção". In CARVALHO, M. M. J. *Introdução à psiconcologia*. Campinas. Editorial Psy, 1994, pp. 46-7.

HOLLAND, J. C. "Historical Overview" In HOLLAND, J.C. e ROWLAND, J.H. *Handbook of Psychooncology*. Nova York. Oxford University Press, 1990, p. 11.

ANEXO

Salvador, 27 de abril de 1996

Queridos colegas:

Como o Brasil é tão grande e é muito difícil nos encontrarmos, queremos aproveitar este II Congresso Brasileiro de Psico-Oncologia para nos conhecermos melhor. Gostaríamos de saber quem é você, por que você veio a este Encontro, qual a sua formação e o que mais quiser nos contar. Estamos planejando fazer um levantamento, por meio das suas respostas, da situação da psico-oncologia em nosso país. Pretendemos divulgar os resultados desta pesquisa em âmbito nacional e internacional. Você também receberá, se quiser, todas as informações coletadas. Acreditamos que você se dê conta da importância da sua colaboração e da importância destes dados para a nossa área de atuação. Desde já muito obrigada pelo seu interesse e pela sua colaboração. Nós somos:

Maria Júlia Kovács
Prof. Dra. do Instituto de Psicologia da USP. Autora do livro *Morte e desenvolvimento humano*. Colaboradora no Programa Simonton no Centro Oncológico de Recuperação e Apoio (CORA).

Maria Margarida M.J. de Carvalho
Prof. Dra. do Instituto de Psicologia da USP. Coordenadora do livro *Introdução à psiconcologia*. Introdutora do Programa Simonton em São Paulo. Conselheira do Centro Oncológico de Recuperação e Apoio (CORA).

PSICO-ONCOLOGIA: QUEM SOMOS E O QUE ESTAMOS FAZENDO?

Por favor complete os seguintes dados:
I. *Nome e endereço* (incluindo CEP, cidade, Estado)
II. *Formação*
a) Graduação: Psicologia ( ) Medicina ( ) Enfermagem ( ) Outros( )
b) Especialização (qual e onde)
c) Pós-Graduação (qual e onde)
III. Formação em psico-oncologia
a) Dentro de disciplina de graduação? Qual e onde?

b) Especialização: Qual, onde, número de horas, com ou sem estágio?
c) Disciplina optativa específica? Onde?
d) Pós-graduação em psico-oncologia? Onde?
e) Você procurou um estágio por sua iniciativa? Qual e onde?
f) Outros
IV. *Trabalho em psico-oncologia*
a) Trabalha em hospital oncológico? Qual? ( )
b) Enfermaria oncológica em hospital geral? Qual?( )
c) Instituição particular, filantrópica e/ou sem fins lucrativos? ( )
d) Consultório? ( )
e) Posto de saúde?( )
f) Faculdade? Qual e onde?
g) Lecionando psico-oncologia ou atendendo em clínica universitária ( )
h) Outros
i) Há quanto tempo existe o serviço onde você trabalha?
V) *Tipo de trabalho*
a) Em qual destas alternativas seu trabalho se enquadra?
Prevenção ( ) Psicoterapia ( ) Aconselhamento ( ) Cuidados psicológicos ( ) Grupos de auto-ajuda ( ) Atendimento familiar ( ) Cuidados paliativos ( ) Clínica de dor ( ) Interconsulta ( )
b) Se você trabalha de outra maneira, como é?
VI) Como você se interessou pela psico-oncologia e como buscou conhecimentos nesta área? (livros, professores, cursos ou outras motivações)
VII) Se você não se encaixa em nenhuma das perguntas até agora, fale um pouco de você. (Sua formação, seus interesses e/ou o que você achar interessante.)
VIII) Por que você está aqui? O que você veio buscar neste Congresso?

Avaliação da qualidade de vida em pacientes oncológicos em estado avançado da doença*

Maria Júlia Kovács
Colaboradores: Dr. Antonio Carlos de Camargo de Andrade Filho
Andrea Cerqueira Leite Sgorlon
(Hospital Amaral Carvalho)

O câncer é uma doença ainda comumente associada a dor, sofrimento, degradação. Receber um diagnóstico de câncer equivale, muitas vezes, a uma "sentença de morte". O dano psicológico do câncer é grande, pacientes se vêem diante da morte próxima, com sintomas aversivos, perda das habilidades funcionais, vocacionais, frustração e incerteza quanto ao futuro. A dor, se presente, é muitas vezes o foco do sofrimento do paciente.

Com o avanço da medicina, muitos cânceres apresentam elevado índice de cura, se detectados precocemente e se os tratamentos adequados forem ministrados. Mesmo não havendo a possibilidade de cura, a sobrevida dos pacientes oncológicos tem aumentado consideravelmente, o que implica a necessidade de se pensar na sua qualidade de vida durante esse período.

Pacientes em estágio avançado da doença, ou gravemente enfermos, sem possibilidade de cura, muitas vezes são chamados de "pacientes terminais". O que significa "terminal"? Será um conceito ligado a tempo, o que atualmente torna a questão complicada, pois muitos tratamentos aumentaram significativamente o tempo de vida destes pacientes. O que se observa é que o rótulo "terminal" estigmatiza o paciente, porque traz em seu significado uma série de expectativas e formas de ação, entre as quais "nada mais há a fazer" pelo paciente. Este é, muitas vezes, encaminhado para casa e, juntamente com a família, fica abandonado à própria sorte, com dor, vários sintomas, sofrimento físico, psíquico e sérios problemas sociais. (Kovács, 1992)

Verificamos que uma das crenças ainda muito arraigada em nossa sociedade é a de que a morte por câncer tem de ser obrigatoriamente acompanhada de dor, sofrimento, sem possibilidade de autonomia dos pacientes, ilustrando a morte do século XX, a morte "interdita, oculta,

---

* Projeto com auxílio financeiro da FAPESP.

vergonhosa", como apontou Ariès (1977). O homem foi roubado do seu processo de morrer, de sua possibilidade de decisão, da autonomia e do controle da própria vida.

A questão de contar ao paciente sobre a sua doença e o estágio em que se encontra ainda se constitui como problema na maior parte das vezes. A equipe de saúde, a família e o próprio paciente se vêem diante de como poder se comunicar de uma forma mais eficaz. Kübler-Ross (1969) e Simonton (1987) apontam para a importância de se acompanhar o paciente, perceber suas necessidades, detectar o sentimento presente, promovendo um processo de escuta ativa. Segundo o relato de pacientes, o pior não é o conteúdo da notícia, e sim a expectativa do que vai acontecer depois; muitas vezes, o abandono, a solidão a que o paciente acometido de doenças graves é submetido. Segundo Saunders (1991), 50% dos pacientes tinham consciência da gravidade do seu caso, e 75% falavam da possibilidade de sua morte.

Pacientes passam por várias fases acompanhadas de sentimentos diferentes, desde o diagnóstico inicial, durante os tratamentos, até a cura, ou morte, envolvendo a esperança da cura ou melhora, os temores da recidiva, da dor, da mutilação, tristeza e perda de situações de vida, como trabalho, família, lazer, degeneração do corpo, mal-estar. Cada um desses estágios apresenta necessidades diferentes como apontaram Kübler-Ross (1969) e Weisman (1972). Temoshok (1992) fez um estudo sobre as formas de ajustamento do paciente oncológico à doença e observou quatro formas básicas de enfrentamento: espírito de luta, estoicismo, negação, desamparo/desesperança, com diversos graus de ajustamento conforme a situação vivida. Segundo Gimenes (1994) é importante o conhecimento de técnicas de enfrentamento psicológico (*coping*) em vários estágios da doença. Na fase final é importante atender às necessidades emocionais, lidar com os medos e ansiedades diante do sofrimento, deterioração física, iminência da morte, problemas financeiros. É fundamental cuidar também da família na questão da morte e separação.

Parkes (1991) verificou que os medos mais freqüentes dos pacientes oncológicos gravemente enfermos são os seguintes: medo da separação das pessoas amadas, medo de se tornar dependente de outros, medo do que acontecerá com os familiares após a sua morte, medo de não conseguir terminar suas tarefas ou cumprir metas, medo da mutilação ou da dor. As fantasias de morte destes pacientes são: estar isolado no momento da morte, ter dor insuportável, ou sufocar.

O diagnóstico de câncer e todo o processo da doença é vivido pelo paciente e pela sua família, que também precisa de cuidados durante todo o período de tratamento, inclusive durante o estágio terminal. Segundo Parkes (1991), a unidade de cuidados é a família. É importante considerar que muitos dos tratamentos serão ministrados com o paciente em casa. Segundo este autor, em seus trabalhos sobre enlutamento, é fundamental também cuidar da família nos seus processos de perda, promovendo uma continuidade dos tratamentos. É preciso realizar uma cuidadosa avaliação da família, dos seus padrões de relacionamento e forma de comunicação, verificar isolamento e confusão de papéis.

A família também passa por vários estágios e convive com o paciente nesses momentos, embora nem sempre com sentimentos e emoções coincidentes. A família sofre com distúrbios na comunicação, isolamento social, confusão dos papéis familiares (Simonton, 1990; Bromberg, 1995).

O paciente com câncer avançado apresenta uma série de sintomas, alguns muito penosos e degradantes, entre os quais podem ser citados os seguintes: anorexia, ansiedade, confusão mental, constipação, convulsões, depressão, diarréia, disfagia, dor, dispnéia, insônia, náusea e vômitos, edema, escaras, tosse, falta de ar e outros, dependendo do câncer, do seu estadiamento e das características físicas e psíquicas dos pacientes. A dor é considerada como o sintoma mais incapacitante pela maioria dos pacientes com câncer. (Twycross e Lack, 1992; Baynes, 1993). Sessenta a 90% destes pacientes apresentarão dor, se esta não for controlada. Segundo Twycross e Lack (1992), a dor pode ter várias causas, desde o próprio câncer, o tratamento, e pode se manifestar das mais variadas formas e intensidades. O limiar de tolerância da dor é muito variável, dependendo de um grande número de aspectos físicos, psíquicos e sociais. Portanto é muito importante proceder a uma cuidadosa avaliação da dor e de vários dos seus aspectos como: sua intensidade; suas qualidades e atributos; início/duração, ritmo; como se expressa; o que alivia a dor; quando ela se intensifica e como interfere na vida, sabendo-se que é o paciente quem melhor pode informar sobre a sua dor. A dor pode ser modulada pelo estado de ânimo do paciente e pelo significado que é atribuído à dor. O conceito de dor total é o que melhor representa esta idéia, pois como se sabe a dor envolve aspectos físicos, psíquicos, sociais e espirituais. A International Association For Study Of Pain advoga a importância da avaliação da dor e do seu impacto na qualidade de vida pelo relato do próprio paciente, sendo muito importante que se crie uma atmosfera propícia para que este relato possa emergir (Rogers, 1975).

Com todos esses sintomas vê-se que há muitas coisas a serem feitas com pacientes nesse estágio, configurando-se uma área importante de trabalho, que é a de cuidados paliativos, em que o foco principal não é mais a cura, e sim o alívio e controle de sintomas e uma busca de qualidade de vida, como aponta a grande pioneira desta área, Cicely Saunders (1991).

Quando falamos em qualidade de vida estamos diante de um termo muito difícil de ser operacionalizado, que envolve aspectos como a satisfação com a vida, além da diminuição do sofrimento e da dor tanto física como psíquica, social e espiritual. É importante considerar que qualidade de vida envolve questões altamente subjetivas. O que é valorado por uma pessoa pode não ser por outra, e isso está relacionado com a sua história de vida, características de personalidade e a situação atual. Certamente não cabe ao profissional decidir o que é importante para cada paciente. Como afirmam Rogers e Rosenberg (1977), a própria pessoa é quem tem os melhores recursos para falar de sua história e de suas necessidades.

O tratamento do câncer nem sempre resulta em cura, a sua continuidade muitas vezes serve para promover alívio e controle de sintomas. Infelizmente ainda hoje muitos tratamentos para o câncer são dolorosos, invasivos e mutiladores, causando uma interferência no bem-estar do paciente. Atualmente existe uma grande preocupação para que os tratamentos, além de combater a doença, não prejudiquem demais a qualidade de vida do paciente.

Com o desenvolvimento da área de cuidados paliativos, já se tem a possibilidade de que o próprio paciente administre sua medicação, adquirindo maior controle e autonomia em sua vida. Procura-se lidar com crenças fortemente arraigadas de que a morfina provoca adicção, e de que as drogas perderão o seu efeito se forem empregadas com regularidade, e que cada vez quantidades maiores da droga terão de ser usadas para se conseguir o alívio da dor. Tais crenças têm sido combatidas com a experiência dos profissionais e pelo relato dos próprios pacientes. Outros sintomas também devem merecer cuidados da equipe de saúde, e o que se observa é que pacientes com sintomas controlados retomam a sua dignidade como seres humanos, mesmo quando próximos à morte.

O sistema *hospice* está plenamente integrado nesta filosofia de oferecer cuidados para uma boa qualidade de vida ao paciente de câncer em estágio avançado da doença. Trata-se de uma forma de atendimento a pacientes fora de possibilidades terapêuticas de cura, em que o foco principal é a qualidade de vida destes pacientes. Além do controle de sintomas físicos, os *hospices* oferecem cuidados psicossociais, tais como: melhora das condições do lar, benefícios, atendimentos às dificuldades familiares no ajustamento à doença e ajudam na preparação da infra-estrutura, caso o paciente volte ao lar. Procuram expandir a rede de apoio na comunidade em que o paciente vive. É importante também a preparação de voluntários, que podem ajudar em várias funções, durante o período de internação do paciente, e na permanência no domicílio.

Fazem parte da equipe de cuidados paliativos dos *hospices*: médicos treinados no tratamento da dor e cuidados paliativos, enfermeiras especializadas, assistentes sociais, psicólogos, fisioterapeutas, terapeutas ocupacionais, nutricionistas e teólogos, com enfoque numa proposta multidisciplinar.

Existem várias modalidades de programas *hospice*. Gotay (1993) apresenta uma relação das principais formas desses programas.

Atendimento centrado em hospitais

a. Equipe de consultoria: É oferecida consultoria a hospitais gerais por uma equipe treinada em cuidados paliativos, de forma que garanta alguns dos princípios da filosofia *hospice* a pacientes moribundos.

b. Área de cuidados paliativos: Uma ala do hospital oferece tratamento baseado nos princípios de cuidados paliativos, com equipe altamente treinada. Podem agregar-se outros recursos da comunidade a este atendimento.

c. Unidades hospitalares separadas para cuidados paliativos: Trata-se de uma unidade de atendimento independente agregada a um hospital.

Esta modalidade já se encontra em alguns dos hospitais brasileiros, com profissionais que já abraçaram os princípios do movimento *hospice* e procuram implantá-los em seu local de trabalho. Vários hospitais têm equipes de cuidados paliativos e grupos de estudo sobre dor. O Centro de Tratamento da Dor e Cuidados Paliativos onde será realizado este projeto é um exemplo desta modalidade, um empreendimento pioneiro em nosso meio.

II *Hospices* independentes

São as unidades de internamento cujo exemplo principal é o St. Christopher's Hospice, em Londres, fundado por Cicely Saunders em 1967. Apresenta características de construção nas quais o alojamento dos pacientes garante conforto, procura se aproximar da idéia de lar, e oferece a possibilidade da presença famíliar. A grande diferença, como já vimos apontando, é o treinamento da equipe em cuidados paliativos, garantindo-se qualidade de vida ao paciente. Houve uma alteração na filosofia de atendimento destes serviços; atualmente as internações são mais breves, e têm como objetivo proporcionar alívio e controle de sintomas ao paciente, e um possível descanso à família.

A internação e volta ao lar são decididas entre o paciente, a família e a equipe de saúde, procurando-se garantir uma continuidade de atendimento no lar.

Esse tipo de programa está em projeto no Brasil, mas ainda não se concretizou de forma mais ampla. Infelizmente, dadas as precárias condições do sistema de saúde público em nosso país, vemos que esse tipo de atendimento ainda não é considerado prioritário. Esperamos que a iniciativa privada, ou eventualmente alguma entidade filantrópica, dê início a esta proposta de atendimento.

Programas domiciliares

Os programas domiciliares tornaram-se a grande opção do programa *hospice*. Trata-se de uma opção altamente valorada por vários pacientes e familiares, relembrando as formas como se morria na Antiguidade, denominadas por Ariès (1977) de morte "familiar ou domada", a morte em casa, com os familiares presentes.

Equipes especializadas de médicos, enfermeiros, assistentes sociais e psicólogos, em conexão com unidades de internação ou com hospitais, fazem visitas domiciliares regulares, proporcionando continuidade de tratamento e atendimento às necessidades do paciente e da família. Orientam o paciente e a família quanto ao uso das drogas e utilização dos benefícios da comunidade. Este serviço, se bem administrado, proporciona cuidado 24 horas, já que um plantão telefônico se encontra à disposição do paciente.

Esta modalidade começa a se desenvolver no Brasil como continuidade de cuidados hospitalares. São ainda iniciativas isoladas, mas prevê-se um desenvolvimento bastante grande desta modalidade, principalmente nas grandes metrópoles, como é o caso de São Paulo.

Centros de Vivência

Os centros de vivência, muitas vezes, estão acoplados às unidades de internação ou hospitais, e proporcionam espaços de convivência, atividades de socialização, bem como tratamentos e atendimentos, que podem ser ministrados em regime de ambulatório.

Os centros de vivência podem ser desenvolvidos no Brasil, nos ambientes hospitalares, centros de saúde e recursos da comunidade, que disponham de um lugar físico conveniente, e muitas das atividades propostas podem ser conduzidas por voluntários.

Segundo Saunders (1991), os pacientes oncológicos em estágio avançado, atendidos no sistema *hospice*, apresentavam-se mais calmos, dispostos e com uma qualidade de vida melhor.

Medidas de qualidade de vida em pacientes oncológicos em estado avançado

A cuidadosa avaliação da qualidade de vida de pacientes oncológicos em estado avançado da doença é um dos elementos fundamentais para o bom funcionamento de programas de cuidados paliativos. Segundo Moinpour e Chapman (1990) é importante considerar, numa avaliação compreensiva de qualidade de vida, os aspectos físicos e sensoriais, os estados afetivos e emocionais, e as conseqüências da experiência dos sintomas na vida do paciente. Segundo Hawthorn (1993) é muito importante o desenvolvimento de escalas para medir a qualidade de vida, de forma que oriente a escolha de tratamentos e cuidados a pacientes gravemente enfermos. Essas escalas permitem identificar sintomas que causem sofrimento físico e psíquico, e os efeitos secundários associados ao tratamento, que possam ser corrigidos.

Segundo Saunders e Baum (1992) os critérios para a escolha de uma boa medida de qualidade de vida deve contemplar os seguintes pontos:

- Definição clara do que está sendo medido.
- Ter itens específicos para a doença em questão.
- As questões devem ser relevantes e precisamente enunciadas.

- As escalas devem contemplar aspectos imediatos e efeitos a longo prazo dos tratamentos.
- As escalas devem permitir auto-aplicação ou serem aplicadas por profissionais.
- As escalas devem ter índices de precisão e estudos de validade que garantam que se está medindo a qualidade de vida.

As escalas devem contemplar uma gama variada de aspectos entre os quais: apetite, cansaço, dor, náusea/vômitos, problemas abdominais, diarréia/constipação, falta de energia, irritabilidade, inquietude, dificuldade de concentração, insônia, isolamento, tensão, ansiedade, choro, desespero diante do futuro, incluindo sintomas físicos, psíquicos, sociais. Uma boa escala de qualidade de vida para pacientes com câncer deve ser específica para a doença em questão, contendo os seus principais sintomas. A Roterdam Symptom Checklist (Escala Roterdã de Sintomas) desenvolvida por De Haes (1990) é um instrumento válido e preciso, utilizado em pesquisas internacionais, fácil de ser aplicado e avaliado. É auto-administrável e passível de tradução em diversos idiomas. Possui trinta itens abrangendo aspectos físicos, psíquicos e sociais.

Em debate com pesquisadores de outros países, discutimos a possibilidade de formas mais qualitativas de avaliação de qualidade de vida como depoimentos, relatos, histórias de vida, entrevistas abertas com o paciente trazendo aquelas informações que este considera mais relevantes, considerando-se o fato de que o paciente é quem tem melhor possibilidade de saber sobre si, sua doença e a interferência desta em sua vida.

OBJETIVOS

1. Definir aspectos essenciais na qualidade de vida de pacientes oncológicos em estado avançado da doença.
2. Avaliar a qualidade de vida destes pacientes por meio de:

   a. depoimento e entrevista sobre qualidade de vida;

   b. Escala de avaliação de qualidade de vida — Escala Roterdã de Sintomas.

METODOLOGIA

Sujeitos

Foram selecionados cinqüenta pacientes oncológicos em estado avançado da doença, internados no Hospital Amaral Carvalho, hospital especializado em câncer na cidade de Jaú, estado de São Paulo. A escolha deste hospital deveu-se ao fato de possuir um centro de cuidados paliativos e tratamento da dor, com possibilidade de internação, proporcionando alívio e controle de sintomas que, como vimos, é essencial para a qualidade de vida destes pacientes.

Os sujeitos para participar do projeto deverão estar definidos como:

- paciente oncológico, em estágio avançado da doença, sem possibilidade de cura;
- ter dor intensa como sintoma importante, a ponto de incapacitar a vida cotidiana.

Os cinqüenta pacientes estarão divididos em dois grupos:

- pacientes internados em enfermaria para atendimento a pacientes oncológicos;
- pacientes internados no Centro de Tratamento da Dor e Cuidados Paliativos.

Em ambos casos, os pacientes recebem o tratamento específico para o câncer, como medicamentos para alívio da dor e controle dos sintomas; o que difere nos dois tipos de tratamento é a filosofia que embasa os dois tipos de atendimento.

O Centro de Tratamento da Dor e Cuidados Paliativos (CTDCP) do Hospital Amaral Carvalho — Jaú, foi fundado em 27 de agosto de 1992, e é considerado uma enfermaria *hospice* (como definido na introdução) dentro de um hospital oncológico, tendo como uma das finalidades treinar pessoal de area médica e paramédica em cuidados paliativos. A equipe conta com médico e equipe de enfermagem especialmente treinados em cuidados paliativos e controle da dor. Os pacientes internados nessa unidade apresentam como sintoma principal dor intensa e altamente incapacitante. A maioria apresenta câncer em estágio avançado.

Os pacientes das outras enfermarias do hospital recebem os tratamentos convencionais ministrados a pacientes com câncer, como quimio ou radioterapia paliativas, bem como tratamento dos sintomas manifestos.

INSTRUMENTOS DE AVALIAÇÃO

Foi utilizada a Escala de Sintomas Roterdã (Roterdam Symptom Checklist — De Haes, 1990).[2] A escala traduzida foi usada nesta pesquisa para experimentar a sua adequação à população pesquisada. Trata-se de instrumento padronizado, tipo escala com gradações em relação a vários sintomas presentes em pacientes com câncer avançado.

Optamos, também, por uma forma mais qualitativa de avaliação e mensuração de qualidade de vida, que é feita por intermédio da própria história do sujeito, a qual nos apontará quais os aspectos de sua vida que foram mais alterados pelo câncer e pelo avanço da doença. Esta forma nos parece importante, já que na área de cuidados paliativos é essencial que possamos escutar o que o paciente tem a dizer sobre seus sintomas e suas necessidades, porque acreditamos que o ser humano tem capacidade de se conhecer e se compreender, e a partir disto buscar formas de ajudar e participar na resolução de seus problemas. Uma cuidadosa monitoração destes aspectos sem dúvida facilitará uma melhor atenção àquilo que o paciente considera como sofrimento. Foi pedido então ao paciente que falasse sobre sua vida, desse que recebeu o diagnóstico de câncer, deixando que se expressasse à vontade. À guisa de orientação, apresentamos as seguintes questões:

- O que você acha importante para se sentir bem?
- Como você se sente fisicamente?
- O que você aprecia na sua vida?
- O que mais o incomoda?
- Como gostaria de receber ajuda?
- Como você se sente psicologicamente?
- O que mais o incomoda?
- No que gostaria de receber ajuda?

Procuramos facilitar a comunicação das informações que os pacientes nos traziam, e garantir a compreensão dos termos que utilizamos, já que se tratava, em muitos casos, de uma população com nível socioeducacional muito simples. Facilitando aos pacientes que utilizassem seus próprios termos descritivos, talvez pudéssemos acessar melhor como eles definiam e significavam sua própria vida.

---

2. Ver Anexo 1.

Como mencionamos, essas questões podem funcionar como um fio condutor; entretanto nos interessa a maneira como o sujeito se expressa, podendo perceber a sua subjetividade ou forma de compreender a vida, e, o que é importante neste estágio de sua vida, sendo portador de uma doença com prognóstico reservado e em estágio avançado.

PROCEDIMENTO

Os pacientes foram selecionados quanto aos critérios mencionados, e se procurou saber se desejavam participar desta pesquisa falando sobre sua vida, tratamento e posteriormente respondendo a um questionário. Como a pesquisadora teve de viajar a Jaú todas as vezes, foram incluídos na amostra aqueles pacientes que estiveram internados naqueles dias, até se completar 25 em cada grupo.

Tendo o consentimento do paciente, explicamos a razão do projeto e dissemos que seria mantido o cuidado com suas informações, de forma que se apresentadas não permitissem a identificação pessoal do paciente. Os relatos foram gravados, de modo que tivemos a informação na íntegra, com as palavras dos pacientes. Entretanto, alguns pacientes já entrevistados não quiseram que a sua fala fosse gravada, mesmo com a confirmação de que os dados seriam sigilosos. Nestes casos procuramos escrever na hora. Por outro lado, tivemos alguns pacientes com tumores de cabeça e pescoço, laringectomizados, ou com problemas nas cordas vocais, cuja gravação ficou ininteligível.

Após a coleta do relato aplicamos a Escala Roterdã de Sintomas, que podia ser preenchida pelo próprio paciente, ou por meio de entrevista. A escala favoreceu também que o paciente pudesse acrescentar alguma informação, que não foi expressa espontaneamente. Foi verificada, também, a compreensão pelo paciente dos termos usados na escala. O fato de aplicarmos a escala após a coleta do depoimento foi para não influenciar o relato espontâneo do paciente, com aqueles pontos que ele considera como relevantes.

Os dados obtidos no relato foram transcritos e foi feita uma análise buscando-se os temas fundamentais que os pacientes nos trazem sobre a sua própria vida, sobre o tratamento, e o que gostariam que fosse diferente. Foram utilizadas categorias, trabalhando-se com análise de conteúdo (Bardin, 1977).

Os dados obtidos na Escala Roterdã foram tabulados e atribuídos escores, verificando-se os sintomas que aparecem mencionados de forma significativa, e os que mais se modificaram durante o tratamento.

Caracterização da amostra pesquisada

A amostra dos pacientes teve a seguinte configuração: 65% dos pacientes é do sexo masculino e 35%, do sexo feminino.

Quanto ao estado civil: 55% são casados, 22%, divorciados, 13%, viúvos e 10%, solteiros.

Quanto à escolaridade: 63% dos pacientes eram analfabetos ou tinham o primeiro grau incompleto, 30% dos pacientes tinham primeiro grau completo e 7% o segundo grau.

A maioria dos pacientes (79%) tinha mais de quarenta anos.

Os pacientes apresentavam os mais diversos tipos de câncer, sendo o mais comum o de cabeça e pescoço (28%) e o de pulmão (16%), útero (8%) ósseo (8%); os outros se apresentavam em porcentagens menores.

DESCRIÇÃO DA COLETA DOS DADOS

Uma parte importante deste projeto, e que consta de seus objetivos, é refletir sobre duas formas de avaliação de qualidade de vida em pacientes com câncer avançado.

Optamos por introduzir uma forma qualitativa de avaliação de qualidade de vida, que inclui os depoimentos e as histórias de vida destes pacientes. Aqui já deparamos com algumas limitações, que não tínhamos como prever anteriormente. Uma delas até deveria ser óbvia, tratando-se de pacientes em estágio avançado da doença, que muitas vezes não estavam se sentindo bem fisicamente, ou poderiam não querer dar o depoimento. Tentamos contornar esta situação da seguinte forma. Telefonávamos para Jaú um dia antes de nossa viagem e pedíamos que a enfermeira consultasse os pacientes no dia anterior ao de nossa chegada. Os pacientes que participaram deste projeto tinham de obedecer aos critérios de elegibilidade, ter câncer avançado, sem possibilidade de cura, e ter a dor como sintoma principal. O que pudemos observar é que na sua quase totalidade os pacientes consultados aceitaram participar da pesquisa, mesmo que não estivessem se sentindo bem. Alguns pacientes, embora elegíveis para nossa amostra, estavam impossibilitados de participar, em decorrência de uma rápida deterioração de sua condição física e psíquica de um dia para o outro.

Este é um dado importante de reflexão sobre cuidados, ao se realizar pesquisas com pessoas que estão em sofrimento físico e psíquico, como é o caso da maioria dos pacientes nestas condições. Por outro lado, consideramos que é também o paciente, se está em condições de falar, quem melhor pode falar sobre sua vida, a dor, sofrimento e necessidades. Procuramos sempre nos certificar do estado físico e psíquico do paciente no decorrer da entrevista, e se percebíamos cansaço ou mal-estar procurávamos dar-lhe algum tempo para descansar.

Um outro ponto importante a ser considerado neste tipo de projeto envolve realizar pesquisas em situação hospitalar. Como apontado em nossos objetivos tínhamos pacientes de uma unidade de cuidados paliativos e outros das enfermarias convencionais do Hospital Amaral Carvalho, de Jaú. Sabemos que os hospitais têm as suas rotinas, seus horários precisos, e muitas vezes estes colidiam com os nossos horários. Na unidade de cuidados paliativos havia uma pequena sala de espera, e sempre que o paciente tinha possibilidade de locomoção, usávamos este recurso, que nos permitia bastante privacidade. Mesmo no caso em que tivemos de usar os quartos desta unidade, eles têm no máximo dois leitos, e podíamos pedir ao outro paciente que fosse à sala de espera. Algumas vezes, tínhamos de realizar a coleta com o outro paciente presente. Na enfermaria convencional estes problemas se agravavam, pois se tratava de quartos com 4-6 leitos, às vezes, com todos os pacientes presentes. Não contávamos com uma sala de espera próxima, e se o paciente podia se locomover, íamos para os jardins, sala de espera da unidade de cuidados paliativos ou para os corredores. Quando o paciente tinha de estar no leito, tivemos de colher estes depoimentos, às vezes, com outros pacientes em outros leitos, com as interrupções constantes das rotinas hospitalares. Longe de serem condições ideais para uma boa coleta de dados, por outro lado refletem a verdadeira situação destes pacientes, muitas vezes desrespeitados em sua individualidade, com sua privacidade invadida. Também se não fosse assim, não teríamos acesso a estas informações tão importantes para uma melhor avaliação sobre sua qualidade de vida.

Um outro ponto que consideramos importante ponderar refere-se à escolaridade e possibilidade de verbalização destes pacientes, e os depoimentos puderam trazer uma forma de expressão não tão conhecida para nós, reflexo de sua forma de considerar a própria vida, suas dores, sua doença e suas necessidades. A transcrição da maioria destes depoimentos traz a possibilidade de estudá-los com mais cuidado, possibilitando perceber aspectos importantes que possam subsidiar uma melhora no seu tratamento.

Cabe também ressaltar que, para muitos pacientes, estas entrevistas representaram a possibilidade de falar de si, e muitos agradeceram pela ajuda prestada, que em muitos casos se limitou simplesmente a uma tentativa de escuta atenta. Em alguns casos, após a coleta, não pudemos nos conter, e procuramos orientar os pacientes em algumas de suas dificuldades.

COMPREENSÃO DOS DADOS

Depoimentos

Como apontamos em nosso projeto, pretendemos aprofundar a reflexão destes dados de forma que possamos ter uma visão mais clara da qualidade de vida de pacientes em estágio avançado da doença, dos principais sintomas, dos aspectos que se encontram mais alterados pela doença, quais são as principais incapacitações, quais são os aspectos de prazer e lazer nestas vidas, quais são as suas necessidades, de que tipo de ajuda precisam e como consideram o seu tratamento.

Os depoimentos que puderam ser gravados (apenas um paciente se recusou a ter a sua entrevista gravada, por declarar temor de que os dados fossem mostrados ao cônjuge; mesmo tendo sido assegurada do contrário, não gravamos) foram transcritos. Infelizmente nem todas as gravações ficaram compreensíveis, seja por ruído local, por erro de gravação ou por se tratar de pacientes com câncer de cabeça e pescoço, cujos tumores por vezes alteravam a articulação das palavras.

Fazíamos anotações durante a entrevista e, logo após o seu término, escrevíamos nossas impressões, compondo um pequeno resumo de cada paciente. Essas anotações já nos permitiam fazer uma primeira aproximação dos dados coletados, que apresentaremos a seguir. Quanto aos depoimentos transcritos, passaram por leitura flutuante para captar as primeiras impressões, configurando o que Bardin (1977) denominou como "leitura flutuante". Outras leituras foram realizadas com o objetivo de então configurar alguns dos temas significativos trazidos por estes pacientes, em sua própria forma de expressão, seguindo ainda a proposta metodológica apresentada por esta autora.

A leitura dos resumos e dos depoimentos permitiu-nos uma organização e uma tentativa de categorização dos dados:

1. Início e descoberta da doença

A maioria dos pacientes referiu-se a uma peregrinação a várias cidades, até o tratamento definitivo, com grau de sofrimento crescente. Muitos não nomeiam o câncer, referindo-se à doença como: "infecção, caroço, o mal, problema de coluna", não ficando claro se conhecem ou não o diagnóstico.

Perguntamos aos pacientes o que causava sua doença, e entre as respostas mais freqüentes encontramos as seguintes: excesso de trabalho, sofrimento físico ou psíquico, problemas familiares, separação. Encontramos algumas respostas bizarras tais como: "picada de abelha", "saco que cai na cabeça e nervo que sai do lugar" e "pincel atômico que caiu no café", entre outras.

2. Qualidade de vida depois da doença, aspectos físicos

A totalidade dos pacientes refere-se a uma intensa piora da qualidade de vida após o surgimento da doença. O sintoma mais incapacitante é a dor, que interfere em vários aspectos da vida como: não conseguir se mexer, andar, respirar, comer, interferência nos hábitos de sono, impossibilidade de trabalhar. Os pacientes relatam sofrimentos decorrentes da radio e quimioterapia, principalmente entre os pacientes das enfermarias, muitos ainda submetidos a esses tratamentos. Entre esses sintomas estão: dor, mal-estar gástrico, distúrbios de mobilidade, cansaço, queimação e ardência em certas partes do corpo.

Muitos pacientes relatam que chegaram em estado de intenso sofrimento quando da internação, e que se sentem muito melhor, após algumas intervenções, principalmente no que se refere à dor.

3. Aspectos psicológicos

Houve uma diversidade de emoções apresentadas pelos pacientes. Muitos relataram que ficaram nervosos com a doença, pelo seu impedimento, tristeza por estarem internados e separados da família, preocupação principalmente com filhos pequenos. Muitos não sabem o que lhes vai acontecer.

Alguns pacientes relataram profunda alteração na vida familiar por causa da doença, resultando em separação por causa da internação, com intenso grau de sofrimento.

Observamos em poucos pacientes a menção mais explícita à morte, como seria esperado pela sua proximidade, e os que o fizeram, queriam morrer por não agüentar o sofrimento físico, principalmente a dor, ou para não sobrecarregar a família.

Do ponto de vista social, uma queixa praticamente unânime foi quanto a problemas financeiros, aparecendo a doença como prejuízo, tanto pela interrupção da vida profissional como pelo gasto com remédios. Observamos que a maioria dos pacientes se mostra resignada com a sua situação. Esta é possivelmente uma das razões principais pelas quais os pacientes não conseguem dar continuidade ao tratamento em casa.

4. Rede de apoio

A maioria dos pacientes tem família grande; entretanto, a distância e os gastos impedem um contato mais freqüente. Alguns pacientes deixam de informar a família sobre a sua situação para não sobrecarregá-los financeiramente e com preocupações. Pudemos perceber que muitos eram arrimo de família, e responsáveis pelo sustento desta, e a doença os impede de trabalhar deixando a família com sérios problemas de sobrevivência financeira.

5. Lazer/prazer

Quase a totalidade dos pacientes teve muita dificuldade em mencionar atividades de lazer ou prazer. Cabe ressaltar que perguntamos o que gostam de fazer quando não trabalham, ou para se divertir, e muitos pacientes não entenderam e disseram que só trabalham. Com insistência, alguns pacientes falaram de divertimentos domésticos: rádio, televisão. Poucos referiram-se a atividades esportivas ou sociais como namorar, dançar. Tivemos a impressão de que é uma população com opções muito restritas de lazer, talvez por ter de trabalhar muito durante a sua vida, e agora, doente, não consegue imaginar atividades de lazer nesta situação, aumentando a sensação de impotência e sofrimento.

Mesmo durante a internação hospitalar, muitos pacientes ficam restritos ao leito, e alguns poderiam aproveitar atividades terapêuticas na terapia ocupacional, jogos, ou contato com outros pacientes.

6. Avaliação sobre o tratamento

Quanto à avaliação do tratamento, a totalidade dos pacientes da Unidade de Cuidados Paliativos está muito satisfeita pela atenção da equipe de saúde, pelo tempo disponível, gentileza, organização da medicação, comida e limpeza. Houve uma diminuição dos sintomas mais incapacitantes, com evidente melhora na qualidade de vida.

Nas outras enfermarias muitos pacientes referem-se à satisfação quanto à qualidade do tratamento, principalmente em relação ao alívio da dor, mas em alguns casos outros sintomas persistiam, sem que houvesse informação à equipe de atendimento. Em quatro destes pacientes foi observado um grau de sofrimento muito intenso, com dor não controlada.

Alguns pacientes e familiares se referem à intensa preocupação com a volta ao lar, de como darão continuidade ao tratamento, como comprarão os medicamentos e como providenciarão o seu sustento. Infelizmente, muitos pacientes têm de ser reinternados por não conseguirem continuar o tratamento em casa, por falta de infra-estrutura.

7. Formas de pedir ajuda

Quase de forma unânime, pudemos observar que os pacientes têm dificuldade de identificar suas necessidades. Muitos referem-se ao fato de nunca terem pedido ajuda, sempre tiveram de fazer tudo sozinhos, e agora com a impotência e limitações da doença ficam perdidos. Com muita insistência, alguns pacientes se referem a necessidades financeiras. Alguns pacientes, após a coleta dos depoimentos, disseram que uma forma de ajuda poderia ser ter pessoas para conversar mais com eles. Poucos pacientes referiram-se de forma clara a um pedido de alteração quanto ao tratamento.

A maioria dos pacientes acha que nada pode fazer por si. Também com insistência, referem-se, então, a aspectos religiosos, como ter fé, confiar em Deus, esperar ajuda divina. Alguns dizem que ter esperança é uma forma de ajuda. Poucos pacientes referem-se à sua possibilidade de ajuda como participação e adesão ao tratamento.

8. *Follow up*

Relatos indicam que pacientes da Unidade de Cuidados Paliativos puderam morrer em casa junto aos familiares de forma mais tranqüila, enquanto alguns morreram na Unidade. Infelizmente não tivemos acesso aos dados de seguimento na Enfermaria.

Escala Roterdã de sintomas

Como mencionamos anteriormente esta escala foi escolhida por se tratar de escala considerada válida e precisa por pesquisadores ingleses, quando lá estivemos para discutir pesquisa em cuidados paliativos. Procedemos à tradução e juízes avaliaram a equivalência da compreensão nas duas línguas. Pretendíamos que os pacientes respondessem à escala por escrito, entretanto, devido ao seu grau de escolaridade, tivemos de aplicá-la oralmente, após a coleta do depoimento. A utilização dos instrumentos nesta seqüência teve como objetivo permitir que o depoimento realmente tivesse a configuração dada pelo paciente, com suas palavras e com aquilo que considerava importante. Acreditamos que os termos da escala poderiam influenciar o seu relato.

Infelizmente não pudemos aplicar o questionário em uma pessoa por causa do seu estado geral. Em outro paciente interrompemos a aplicação, porque percebemos que o paciente não entendia nada do que estávamos perguntando. Verificamos também que alguns termos causaram dúvidas sobre o que significavam aos pacientes. Apresentamos a seguir estes termos com as respectivas porcentagens de dúvida:

- "tenso" (8 pacientes) — 16%
- "ansioso" (4 pacientes) — 4%
- "deprimido" (3 pacientes) — 6%

Tabulamos os escores das escalas calculando as porcentagens de cada um dos graus atribuídos aos sintomas: muito, mais ou menos, pouco, nunca. E consideramos como **mais incapacitantes** aqueles sintomas que foram valorados como **muito e mais ou menos** por **mais de 60%** pacientes, os **medianamente incapacitantes** aqueles que tiveram de **40-60%** pacientes valorando como **mais ou menos e pouco**, e os **pouco incapacitantes** naqueles que tiveram a porcentagem de **60%** **entre pouco e nunca.**

Sintomas muito incapacitantes: (60% ou mais dos escores entre muito e mais ou menos)

- Tem sentido alguma dor (72%)
- Tem se sentido doente (72%)
- Tem se sentido preocupado (68%)
- Tem perdido energia (64%)
- Tem se sentido nervoso (64%)
- Tem se sentido ansioso (62%)
- Tem se sentido sem apetite (60%)

Sintomas medianamente incapacitantes: (40-60% dos escores entre mais ou menos e pouco)

- Tem se sentido tenso (56%)
- Tem se sentido deprimido (50%)
- Tem se sentido cansado (48%)
- Tem dificuldade para dormir (44%)

Sintomas pouco incapacitantes (60% ou mais dos escores entre pouco e nunca)

- Tem tido diarréia (94%)
- Tem tido azia ou arrotado (90%)
- Tem sentido ardor nos olhos (86%)
- Tem vomitado (84%)
- Tem sentido formigamento nos pés ou mãos (80%)
- Tem dificuldade para respirar (78%)
- Tem se sentido trêmulo (78%)
- Tem sentido dor na boca quando engole (78%)
- Tem acordado assustado (sobressaltado) (76%)
- Tem sentido dor de cabeça (76%)
- Tem se sentido tonto (76%)
- Tem se sentido desesperado em relação ao futuro (66%)
- Você se sente sozinho (66%)
- Tem perdido cabelo (64%)
- Tem sentido dor muscular (62%)
- Tem se sentido irritado (60%)
- Perdeu interesse por sexo (60%)

Itens que tiveram os seus escores nos 4 níveis:

- Tem sentido a boca seca (muito — 28%), (mais ou menos — 22%), (pouco — 16%), (nunca — 34%);
- Tem prisão de ventre (muito — 32%), (mais ou menos — 20%), (pouco — 8%), (nunca — 40%).

Pudemos perceber pelos dados que, entre os sintomas apontados como mais incapacitantes, a dor aparece com o índice mais alto.

Merece uma análise mais cuidadosa o grande número de sintomas que foram considerados como pouco incapacitantes pelos pacientes desta amostra, e que na literatura especializada em cuidados paliativos se referem a estes sintomas como estando freqüentemente presentes em pacientes com câncer avançado. Entre estes podemos citar os seguintes: diarréia, vômito, dificuldade para respirar, tontura, perda de cabelo, perda de interesse por sexo. Uma das hipóteses possíveis é que estes pacientes da amostra já estão sendo cuidados, e não apresentam mais esses sintomas. Outra hipótese que pode ser levantada é que, nesta população, outros pontos podem ser mais incapacitantes, e não constam desta escala, como problemas financeiros, medo, problemas familiares, interrupção do trabalho, só para citar alguns.

CONCLUINDO

Parece-nos, num primeiro momento, que esta conjugação de uma forma mais qualitativa de coleta de dados, que se aproxima da subjetividade do paciente, e de uma forma mais padronizada por meio de uma escala consagrada para medida de qualidade de vida, pode permitir maior abrangência para uma cuidadosa avaliação deste aspecto em pacientes com câncer avançado.

Estes dados, tanto dos depoimentos como da escala, foram apresentados à equipe do Centro de Terapia da Dor e Cuidados Paliativos. Procuramos discutir alguns dos pontos no sentido de dar subsídios para aprofundar a busca de um melhor cuidado a pacientes que como vimos estão submetidos a uma carga de sofrimento muito grande.

Algumas coisas infelizmente não podem ser alteradas, como a peregrinação por ocasião da descoberta da doença. Entretanto, além dos sintomas físicos e psíquicos que já são cuidados, saber como o paciente os percebe, sua forma de expressão, a manifestação da intensidade, nos estimula a criar espaços de escuta tão importantes para uma clientela tão pouco acostumada a falar de si.

Percebemos como os pacientes, quando é dado o espaço, falam de seus sentimentos, formas de encarar a doença, suas dúvidas, e o que a morte significa. Esta possibilidade de comunicação mais eficaz está, sem dúvida, ligada à busca de uma boa qualidade de vida.

Percebemos que os pacientes falam muito bem do tratamento, no que se refere à atenção da equipe de saúde, remédios, alimentação e limpeza. Relatam uma melhora significativa dos sintomas incapacitantes presentes na ocasião da internação. Esta avaliação positiva esteve mais relacionada com a Unidade de Cuidados Paliativos. Entretanto, chamanos a atenção o fato de alguns pacientes se referirem de forma bastante enfática a não saber o que se passa com eles, quais os tratamentos a que serão submetidos, o que provoca uma grande incerteza, certamente não compatível com uma boa qualidade de vida.

Outro ponto que deve ser ressaltado é que estes pacientes parecem ter dificuldade de entrar em contato com suas necessidades, como se não devessem pedir ajuda, e esperar que as coisas aconteçam; como já afirmamos esta atitude é compatível com o modo de enfrentamento do estoicismo. Reconhecer as necessidades e pedir ajuda é um elemento importante a ser incentivado nesta população usualmente tão carente.

Por outro lado, como há uma ênfase muito grande na referência da ajuda divina e da fé, pensamos que para esta população um atendimento espiritual possa ser de grande valia.

REFERÊNCIAS BIBLIOGRÁFICAS

ÁRIES, P. *História da morte no Ocidente*. São Paulo, Francisco Alves, 1977.

BARDIN, L. *Análise de conteúdo*. Lisboa, Edição Setenta, 1977.

BAYNES, M. *Symptoms in advanced cancer*. (Folheto do St. Christopher's Hospice) 1993.

BROMBERG, M.H. *Psicoterapia em situações de perda e luto*. Campinas, Editorial Psy, 1995.

DE HAES. Measuring psychological and physical distress in cancer patients: structure and application of the Roterdan Symptom Checklist. *British Journal of Cancer*. Vol 6 : 1990, pp 1034-038.

GIMENES, M.G.G. "O que é psiconcologia. Definições, foco de estudo e intervenção". In: CARVALHO, M.M.J *Introdução à psiconcologia*. Campinas, Editorial Psy, 1994 ,pp. 35-63.

GOTAY,C.C "Models of terminal care. Review of the research literature". *Journal of Integrative Medicine*, Vol 6 (3) 1993, pp.131-41.

HAWTHORN, J. Determinacion de la qualidad de vida. *European Journal of Cancer Care*, 2: 1993, pp.77-81.

KOVÁCS, M.J. *Morte e desenvolvimento humano*. São Paulo, Casa do Psicólogo, 1992.

KÜBLER-ROSS, E. *Sobre a morte e o morrer*. São Paulo, Martins Fontes, 1969.

MOINPOUR, C.M.; CHAPMAN, C.R. Pain management and quality of life in cancer patients. *Oncology. Special issue*, vol 4 (5), 1990.

PARKES, C.M. *Bereavement: studies of grief in adult life*. Londres, Penguin Books, 1986.

_____ "Psychological aspects". In: SAUNDERS, C. *Hospice care. An interdisciplinary approach*. Londres, Edward Arnold, 1991.

ROGERS, C. *Psicoterapia e relações humanas*. Belo Horizonte, Interlivros, 1975.

ROGERS. C.; ROSENBERG, R. *A pessoa como centro*. São Paulo, EPU, 1977.

SAUNDERS, C. *Hospice and palliative care. An interdisciplinary approach*. London, Edward Arnold, 1991.

SAUNDERS, C.; BAUM, M. "Quality of life during the treatment for cancer". *British Journal of Hospital Medicine*, 48 (2), 1992, pp.119-23.

SIMONTON, O.C.; SIMONTON, S.M.; CREIGHTON, J. *Com a vida de novo*. São Paulo, Summus, 1987.

SIMONTON, S. M. *A família e a cura*. São Paulo, Summus, 1990.

TEMOSHOK, L. *The type C connection. The behavioral links to cancer and your health*. Nova York, Random House, 1992.

TWYCROSS, R.; LACK, S. *Therapeutics in terminal cancer*. Londres, Churchill, Livingstone, 1992.

WEISMAN, A.D. "Psychossocial considerations in terminal care". In: SCHOENBERG, B.; CARR, A.; PERETZ, D. *Psychossocial aspects of terminal care*. Nova York, Columbia University Press, 1972.

ANEXOS

ESCALA ROTERDÃ DE SINTOMAS (ROTTERDAM SYMPTOM CHECKLIST)

Por favor, leia cada questão e coloque um x na alternativa que indica como você tem se sentido nos últimos dias.

1.Você tem se sentido sem apetite?
Nunca
Um pouco
Mais ou menos
Muito

2. Você tem se sentido irritado (a)?
Nunca
Um pouco
Mais ou menos
Muito

3. Você tem se sentido cansado(a)?
Nunca
Um pouco
Mais ou menos
Muito

4. Você tem estado preocupado(a)?
Nunca
Um pouco
Mais ou menos
Muito

5. Você tem sentido dor muscular (seus músculos doloridos)?
Nunca
Um pouco
Mais ou menos
Muito

6. Você tem se sentido deprimido(a)?
Nunca
Um pouco
Mais ou menos
Muito

7. Você tem perdido energia?
Nada
Pouco
Mais ou menos
Muito

8 . Você tem sentido alguma dor?
Nunca
Um pouco
Mais ou menos
Muito

9. Você tem se sentido nervoso(a)?
Nunca
Um pouco
Mais ou menos
Muito

10. Você tem se sentido doente?
Nunca
Um pouco
Mais ou menos
Muito

11.Você tem se sentido desesperado(a) em relação ao futuro?
Nunca
Um pouco
Mais ou menos
Muito

12.Você tem sentido dificuldade para dormir?
Nunca
Um pouco
Mais ou menos
Muito

13. Você tem sentido dores de cabeça?
Nunca
Um pouco
Mais ou menos
Muito

14. Você tem vomitado?
Nunca
Um pouco

Mais ou menos
Muito

15. Você tem se sentido tonto(a)? (com vertigem)
Nunca
Um pouco
Mais ou menos
Muito

16. Você perdeu interesse por sexo?
Nada
Um pouco
Mais ou menos
Muito

17. Você tem se sentido sozinho(a)?
Nunca
Um pouco
Mais ou menos
Muito

18. Você tem se sentido tenso(a)?
Nunca
Um pouco
Mais ou menos
Muito

19. Você tem se sentido ansioso(a)? Angustiado(a)?
Nunca
Um pouco
Mais ou menos
Muito

20. Você tem tido prisão de ventre?
Nunca
Um pouco
Mais ou menos
Muito

21.Você tem tido diarréia?
Nunca
Um pouco
Mais ou menos
Muito

22.Você tem tido azia e tem arrotado?
Nunca
Um pouco
Mais ou menos
Muito

23. Você tem se sentido trêmulo?
Nunca
Um pouco
Mais ou menos
Muito

24. Você tem sentido formigamento nos pés ou mãos?
Nunca
Um pouco
Mais ou menos
Muito

25. Você tem acordado assustado(a)? Sobressaltado (a)?
Nunca
Um pouco
Mais ou menos
Muito

26. Você tem sentido dor na boca quando engole?
Nunca
Um pouco
Mais ou menos
Muito

27. Você tem perdido cabelo?
Nunca
Um pouco
Mais ou menos
Muito

28. Você tem sentido ardor nos olhos?
Nunca
Um pouco
Mais ou menos
Muito

29. Você tem sentido dificuldade de respirar?
Nunca
Um pouco

Mais ou menos
Muito

30. Você tem sentido a boca seca?
Nunca
Um pouco
Mais ou menos
Muito

DADOS DO PACIENTE

Nome:

Data de nascimento:

Estado civil: **Filhos:**

Escolaridade:

Profissão:

Diagnóstico:

Tratamentos:

O que supõe que causa a doença?

Como espera receber ajuda?

Como sente que pode ajudar?

Cuidados paliativos para o paciente com câncer: uma proposta integrativa para equipe, pacientes e famílias

Maria Helena Pereira Franco Bromberg 1

INTRODUÇÃO

Esta pesquisa teve origem em um período de estudos[2] no Departamento Acadêmico de Psiquiatria, quando simultaneamente realizei estágio na London School of Hygiene and Tropical Medicine, Unidade de Pesquisas em Saúde, ambos da Universidade de Londres. No Departamento de Psiquiatria, conheci métodos de pesquisa que possibilitavam estudar pacientes em situação de alto risco, independentemente da espécie de risco, sem prejudicá-los a partir dos procedimentos utilizados. Na LSHTM, conheci o STAS — *Support Team Assessment Schedule* (Esquema de Avaliação para Equipe de Apoio), instrumento desenvolvido pela dra. Irene Higginson, para avaliar as condições gerais do paciente considerado fora de possibilidades terapêuticas, bem como de seus familiares e da equipe que o assiste, no enfrentamento desse período final. Nos dois locais, pude identificar os recursos de que necessitava na busca de resposta para algumas questões que vinham me inquietando já havia algum tempo. Percebia que a pessoa, quando não mais respondia ao tratamento, não mais acenava com alguma possibilidade de cura, era abandonada, deixada à própria sorte, e morria em um estado de sofrimento que se estendia à família e, por que não dizer, à mesma equipe profissional que havia desenvolvido técnicas e habilida-

---

1. Esta pesquisa foi realizada com apoio do CNPq e contou com a inestimável participação de Ana Laura Schielmann de Luca, Maria Inês Imperatriz Fonseca, Beatriz Sampaio Leite Saliés, Fernanda R. di Lione, Daniela Efeiche, Fabiana Bandeira Maia, Silvia Cristina Taglianetti, Juliana Leão, Karen Harari, Lilian Biazoto. Elas participaram da adaptação do instrumento, coleta e análise dos dados, apresentação em congressos. Às "Leletes", muito obrigada! Também agradeço a participação de Maria Cristina P. de Souza e Ana Claudia Nunes de Souza, de Curitiba-PR, pelo trabalho de coleta de dados junto aos pacientes de AIDS e câncer.

2. Com apoio da FAPESP, de janeiro a março de 1991.

des para curar, mas que tinha extrema dificuldade em aceitar a morte de seu paciente. Todos os envolvidos tinham uma vivência de luto agravada pela dificuldade em promover um nível de qualidade de vida compatível com as experiências já vividas e de acordo com as possibilidades e desejos da pessoa que morria. A partir desses aspectos, dei início à revisão da literatura e o objeto deste estudo foi ganhando maior clareza, ao mesmo tempo que o método para investigá-lo começou a passar por todas as fases próprias de um delineamento de método: às vezes parecia estar adequado, em outras parecia necessitar de total reformulação, até que chegou à forma como é aqui apresentado. Na sua execução, muitas dificuldades foram enfrentadas, mais especificamente relacionadas à própria condição do sujeito do estudo: o paciente terminal, sua família e a equipe que o assiste. Havia considerações éticas seríssimas que, em nenhum momento, foram deixadas de lado. Abordar uma pessoa até o momento mais próximo de sua morte, quando suas funções cognitivas, emocionais e fisiológicas estão comprometidas, requereu de todos os participantes do estudo cuidados importantes, com o paciente-sujeito, seus familiares e consigo próprios. Para alguns dos auxiliares de pesquisa, estava sendo a primeira vez que se viam face a face com uma pessoa à morte. Perceber-se importante na vida de alguém que tinha apenas mais alguns dias para dar alguma importância a uma outra pessoa foi também uma experiência marcante. Percebíamos o poder que tinha nossa abordagem básica: "Como passou da semana passada para hoje?" Era uma simples pergunta, deliberadamente padronizada em sua simplicidade, para satisfazer requisitos metodológicos, porém abria para essa pessoa (e também para seu familiar) a valiosa possibilidade de ser ouvida. E como aquelas pessoas queriam ser ouvidas!

Dessa forma, os resultados estão sendo aqui apresentados a partir da análise quantitativa que foi feita, com algum destaque para situações emblemáticas do que está sendo descrito e analisado. Tentarei, porém, ir além e trazer um pouco do que foi essa experiência, do ponto de vista do pesquisador que se coloca diante de questões como qualidade de vida, morte e morrer e luto. Talvez a frieza de um relatório de pesquisa não permita que essas nuances sejam apreendidas e neste capítulo tentarei, então, deixá-las mais claras e expostas.

Este estudo teve, portanto, algumas faces distinta, mas que estiveram o tempo todo em permanente interação. Tratou-se do paciente, com sua experiência de estar morrendo. Tratou-se de sua família, constatando ou não a proximidade da morte, mas que, ao longo do tempo, tinha de ter-se adaptado às mudanças que o curso da doença havia trazido. E tratou-se também do profissional da equipe que atendia o paciente, que tinha a oferecer seu conhecimento, sua experiência e que muitas vezes deparava com dificuldades pessoais no exercício profissional. Sabemos que hoje a ciência permitiu avanços significativos no tratamento de doenças que, até há poucos anos, eram consideradas como fatais. Sabemos também que muito é feito na formação profissional para permitir ao iniciante maior exposição às situações que deverá enfrentar em seu cotidiano, mas nada é feito para que ele se fortaleça pessoalmente, no enfrentamento da morte de seus pacientes. Novos dilemas são colocados ao médico. Como conseqüência, um outro tema se coloca entre as preocupações desses profissionais. Trata-se da qualidade de vida do paciente fora de possibilidades terapêuticas, questão controversa e complexa, que exige ainda estudos aprofundados, tanto para sua avaliação quanto para sua implementação. De que maneira, então, é possível detectar as necessidades desses pacientes e transformá-las em objetivos de trabalho para os profissionais que lhes oferecem cuidados?

A par com estas dificuldades, constata-se uma condição que não mais pode ser negligenciada: o paciente pertence a um grupo social — a família — de uma maneira ou de outra, mesmo que esse grupo seja determinado pelas relações sociais e não de consanguinidade. Conseqüentemente, a família também sofre o impacto da terminalidade e busca formas de apoio nesse enfrentamento. Sabe-se que o luto não começa com a morte e, sim, com as relações existentes antes da morte, que serão o determinante crucial na qualidade do processo de luto. As vicissitudes da terminalidade colocam a unidade de cuidados (paciente e família) diante de decisões, lembranças, revivências que poderão trazer aspectos dificultadores ao processo em si, merecendo, portanto, atenção por parte dos profissionais envolvidos.

Quando são consideradas as múltiplas necessidades da unidade de cuidados, fica mais claro o motivo da constante referência à exigência de uma ação multiprofissional nos cuidados paliativos que são oferecidos. Em países como Inglaterra, Estados Unidos ou Canadá, com uma tradição em cuidados paliativos para o paciente em fase final de vida, a composição das equipes é, de fato, multiprofissional, mas isso pode ser entendido ainda como atendendo a uma necessidade dessas culturas. Como deveriam, então, ser as equipes multiprofissionais que atuam junto ao paciente terminal no Brasil?

As questões que ocupam o pensamento do profissional de saúde interessado em oferecer serviços eficazes a este tipo de população são muitas, como se vê nesta breve introdução. Desenha-se, então, o *objetivo* desta pesquisa:

Identificar as condições da terminalidade para pacientes com câncer ou doenças relacionadas à AIDS para, a partir daí, identificar as condições de atendimento que possam ser consideradas necessárias e adequadas.

REVISÃO DA LITERATURA

Profissionais que trabalham com pacientes terminais (Saunders e Sykes, 1993; Green e Green, 1992; Hockley, Dunlop e Davies, 1988; Parkes, 1979; Parkes, Relf e Couldrick, 1996; Clench, 1986; Whittam, 1993; Yancey, Greger e Coburn, 1992) consideram a família — ou a pessoa com quem o paciente tem um relacionamento mais próximo e estável — parte do sistema chamado "unidade de cuidados", incluindo também o paciente. Mesmo assim, há ainda poucos estudos sobre cuidados paliativos que focalizem a família como uma unidade (Davies, Reimer e Martens, 1990). Apesar disso, neste estudo as questões da família estarão sendo detalhadas em separado, e nesta primeira parte estarão sendo abordados aspectos unicamente relacionados à experiência do paciente, sem ignorar que, em muitas circunstâncias, a família — seja a biológica ou a social — estará inegavelmente envolvida também.

1 — O PACIENTE

a) Necessidades e preferências

As necessidades especiais daqueles que estão fora de possibilidade de tratamento, porque não mais respondem a essas tentativas, devem ser identificadas, para que possam ser atendidas por meio de uma ação apropriada e econômica. Essa é a ação das equipes de cuidados paliativos. Avaliação de necessidades leva à tradução dessas necessidades em objetivos de trabalho (Dunlop e Hockley, 1990).

Em um estudo clássico, Hinton (1963) entrevistou 121 pacientes portadores de uma doença fatal e os pareou com 121 pacientes portadores de doença não-fatal; ambos os grupos haviam sido admitidos no mesmo hospital, na mesma época. Os objetivos da pesquisa eram três:

- avaliar o grau de sofrimento físico e mental vivido pelo paciente em estado terminal;

- buscar associações entre o sofrimento vivido e questões da doença ou da vida pessoal do paciente, particularmente quanto aos aspectos que o tratamento pudesse intensificar;
- observar possíveis alterações no sofrimento, à medida que a morte se aproximasse.

Sofrimento físico foi definido como desconforto físico em um tal grau que incomode o paciente e seja intenso o suficiente para mobilizá-lo a buscar tratamento para seu alívio. Como exemplo foram citados: dor, dispnéia, náusea ou vômito. A condição mental foi considerada a partir de questões como depressão, ansiedade, distúrbio de consciência, consciência da morte. Embora o autor não tenha considerado a amostra como plenamente representativa dos pacientes terminais, pois era formada por pacientes hospitalares e, na época da pesquisa, 1960, apenas três quintos da população morriam em hospitais, os resultados levaram a questões referentes ao tratamento oferecido aos pacientes terminais. A consciência da proximidade da morte era associada à depressão e ansiedade e os pacientes terminais eram freqüentemente mais ansiosos e deprimidos do que os não-terminais. Na primeira entrevista, metade deles revelou consciência da fatalidade da doença, 25% consideravam-na provavelmente fatal e 6% tinham certeza a esse respeito.

Em um dos primeiros estudos que se preocuparam com o tema da qualidade de vida no período terminal, Cartwright, Hockley e Anderson (1973) pesquisaram as necessidades de cuidados dos pacientes em seu último ano de vida, por meio de um estudo retrospectivo, com parentes de adultos falecidos um ano antes. Foram entrevistadas pessoas que preenchessem um dos seguintes critérios: quantidade de contato com o falecido; quantidade de cuidado dado; disponibilidade para ser entrevistado e participar da pesquisa. A necessidade de cuidados foi avaliada a partir dos seguintes itens: restrições (estar ou não preso ao leito e por quanto tempo) e sintomas (dor, insônia, incontinência, odor desagradável, náusea e/ou vômito, inapetência, prisão de ventre, suores noturnos, confusão mental, dispnéia e depressão, entre outros). As respostas foram avaliadas por meio de contraste de dados, como: duração da doença *versus* sintomas; sintomas *versus* causa da doença; sintoma *versus* idade à morte; variações na composição familiar (idade e sexo). Os resultados finais indicaram que as principais necessidades no último ano de vida estão relacionadas ao controle de sintomas, sendo dor o principal, e a uma melhor comunicação e orientação para o cuidador.

Posteriormente, Cartwright (1991) atualizou alguns aspectos da pesquisa comparando amostras randômicas de adultos mortos em 1969 e 1987. Os parentes dos pacientes foram entrevistados um ano após a morte e os resultados mostraram uma semelhança notável entre os sintomas mencionados em ambas as amostras. No que se refere à comunicação e consciência, os pacientes com câncer da amostra de 1987 estavam muito mais conscientes sobre diagnóstico e prognóstico do que aqueles da amostra de 1969. Pacientes com câncer, quando comparados com pacientes portadores de outras doenças, também tinham mais informação e eram mais conscientes de sua condição. Apesar dos avanços nas habilidades técnicas que levaram ao prolongamento da vida e das atividades dos *hospices* que contribuíram para oferecer melhores serviços aos pacientes terminais, os resultados indicaram que as necessidades básicas permaneceram as mesmas encontradas no estudo anterior de Cartwright, Hockey e Anderson (1973).

Hockley, Dunlop e Davies (1988) tiveram como objetivo olhar detalhadamente os sintomas e os aspectos psicossociais dos cuidados providos tanto ao paciente terminal quanto à família em um hospital onde não houvesse condições especiais para cuidados paliativos. Foram detectados dezesseis sintomas físicos, ao lado de queixas emocionais como raiva, ansiedade e depressão. Os resultados indicam que a maior parte dos parentes temia cuidar dos pacientes em casa, necessitava de apoio para fazer isso e que estafa foi a queixa emocional mais freqüente. Depressão e ansiedade aumentaram quando informações confusas eram dadas a respeito do prognóstico e quando havia falta de abertura na comunicação entre paciente e familiar. Comunicação foi um aspecto muito importante nesta pesquisa e, como recomendação, os autores sugerem que seja dada aos familiares a oportunidade de conversar com o médico por ocasião da internação e de receber informações atualizadas, para reduzir os temores e o risco de crises emocionais durante o período de luto.

Recentemente, vários pesquisadores (Higginson, 1990; Butters, Higginson, Wade e McCarthy, 1991; Butters, Higginson, George, Smits, McCarthy, 1992; Butters, Higginson, George, McCarthy, 1993; Higginson, Priest, McCarthy, 1994), estudaram questões relacionadas às necessidades dos pacientes que recebem cuidados paliativos, de maneira que permita uma avaliação mais acurada da qualidade de vida dessas pessoas.

Higginson (1990) desenvolveu o STAS — *Support Team Assessment Schedule* como um instrumento de medida para avaliar os problemas dos pacientes terminais e suas famílias, a partir da internação e durante todo o período em que recebem cuidados de equipes de cuidados paliativos. Os problemas mais sérios encontrados na internação foram: controle de sintomas e ansiedade familiar. Butters, Higginson, Wade e McCarthy (1991), utilizando o STAS, descreveram as características de pacientes com HIV positivo ou doenças relacionadas à AIDS, que estiveram sob os cuidados de duas equipes de apoio durante um ano. Identificaram as necessidades deste grupo de pacientes, que, em alguns aspectos, diferem dos pacientes com câncer. Tendem a ser mais jovens, despender mais tempo sob cuidados, ter uma rede familiar ou de cuidadores mais complicada, apresentar uma gama mais variada de problemas médicos. Em ordem decrescente, os problemas mais graves encontrados fo-ram: controle de sintoma, ansiedade do paciente, controle de dor e ajuda prática. Em uma pesquisa mais ampla, Butters, Higginson, George e McCarthy (1993) compararam as visões sobre cuidados paliativos fornecidas por pacientes, cuidadores informais e membros de uma equipe de suporte comunitário. Também neste estudo foram encontrados os mesmos problemas identificados no anterior, acrescidos de problemas de comunicação com os profissionais. Destes estudos, ficou a recomendação de que equipes de cuidados paliativos sejam usadas como recurso confiável para avaliar a experiência do paciente e do cuidador.

Charlton (1992) inclui as necessidades espirituais entre aquelas do paciente terminal, juntamente com as físicas, psicológicas e emocionais. Chama atenção para o fato de que, embora os problemas médicos apresentem sintomas que permitem ao médico identificá-los, não há necessidades espirituais que possam ser identificadas em termos médicos. Como conseqüência, não podem ser satisfeitas por alguém com formação médica. É importante que seja dada ao paciente terminal a oportunidade de estar com uma pessoa religiosa, se for esse seu desejo. Por essas razões, fica evidenciada a necessidade de se dar ao religioso um papel na equipe multidisciplinar que trabalha com pacientes terminais, como já ressaltado por Dunlop e Hockley (1990).

Keizer, Kozac e Scott (1992) verificaram que para o paciente a unidade de cuidados paliativos é a primeira escolha (45%) quanto ao lugar para morrer e o lar é a segunda (33%). Estes resultados foram obtidos em um estudo retrospectivo com sessenta cuidadores selecionados randomicamente. Estes também indicaram como necessidades importantes dos pacientes terminais: quartos privativos; informação atualizada sobre mudanças em seu estado; disponibilidade da equipe para fornecer os cuidados; presença de um membro da família junto ao paciente.

Todos esses itens garantiriam o que ficou, então, definido como uma "boa morte": tranqüila, natural, sem prolongar o processo de morrer, rodeado pela família, se possível. Peruselli *et al.* (1992) recomendam que seja feito grande esforço para melhorar nossa compreensão das necessidades, subjetivas e objetivas, dos pacientes que recebem cuidados domiciliares. Com essa finalidade, devem ser feitas revisões contínuas e periódicas dos dados do paciente. Os sintomas psicológicos enquadram-se freqüentemente na categoria de problemas percebidos pelos pacientes como os mais importantes. No entanto, parece ser mais fácil para um membro da enfermagem avaliar corretamente a tendência da dor ou a incidência de sintomas somáticos do que as necessidades psicológicas. Isso é explicado como resultado do treino profissional que habilita o enfermeiro a descrever o sintoma, mas não o paciente como um todo.

A consciência que o paciente tem sobre o prognóstico e conseqüentemente a tentativa que faz para dar um sentido ao que lhe resta de vida é um aspecto de inegável importância. Os familiares e amigos terão de encarar a perda após a morte do paciente, mas perda também é uma das preocupações deste. A ansiedade da morte não pode ser subestimada, pois faz com que o paciente tenha de encarar as ameaças da imprevisibilidade. As reações psicológicas à ansiedade trazem conseqüências ao relacionamento com a equipe e com a família: distorções na comunicação e não comprimento das recomendações médicas. George (1992) afirma que esta condição traz a necessidade de apoio psicológico ou espiritual, mas esta necessidade precisa ser melhor estudada, pois pode até mesmo incluir a possibilidade que esse apoio venha da família do paciente, seja ela biológica ou social.

Na situação de terminalidade, é muito importante que a unidade paciente-família seja sempre reconhecida, mesmo que as necessidades sejam específicas e, ao mesmo tempo, presentes em ambos os grupos. É possível pensar que, por exemplo, controle de sintomas dá alívio ao paciente e permite à família estar menos ansiosa sobre suas limitações e expectativas no desempenho do papel de cuidador. Se houver comunicação aberta entre eles, parece haver redução no risco de sofrimento, assim alcançando níveis melhores de qualidade de vida. As questões do enlutamento também estão relacionadas às necessidades do paciente terminal, assim como da família.

b) Qualidade de vida e controle de sintoma

Para definir qualidade de vida, seus dois componentes básicos precisam ser considerados, de acordo com Cella (1992). São eles: subjetividade e multidimensionalidade.

A subjetividade é definida como a capacidade de o paciente avaliar suas próprias condições e expectativas, utilizando os processos cognitivos subjacentes para a percepção da qualidade de vida, tais como: percepção da doença, percepção do tratamento, expectativas pessoais e avaliação de risco e danos.

A multidimensionalidade é dividida em quatro áreas correlatas, porém distintas: física, funcional, emocional e social. Além desta visão multidimensional, Olweny (1992) também considera o impacto da influência cultural, principalmente se forem analisadas as diferenças entre países desenvolvidos e em desenvolvimento. Nesse sentido, é absolutamente necessário que sejam evitados transplantes de conceitos de um mundo cultural para outro, sem uma consideração em profundidade da especificidade de cada um.

Objetiva-se avaliar qualidade de vida a partir do seguinte tripé: necessidades de reabilitação + avaliação dos resultados do tratamento + predição de resposta para futuros tratamentos. Com isso em mente, Cella (idem) afirma que qualidade de vida é a preocupação central em cuidados paliativos e a explicitação direta de seus objetivos.

Para Bullinger (1992), a importância da qualidade de vida em cuidados paliativos coloca-se de acordo com os seguintes aspectos: uma descrição de como o paciente se sente com a doença e o tratamento; uma avaliação das estratégias terapêuticas para a estabilização da doença e obtenção de controle de sintoma, a partir de uma perspectiva de qualidade de vida; uma identificação do potencial para melhora da qualidade de vida do paciente, com novas intervenções, sejam elas médicas ou não-médicas.

O uso de instrumentos de avaliação de qualidade de vida como indicadores de prognóstico foi analisado por Coates (1992), que concluiu que todos os resultados de base, exceto os de dor, eram preditores significativos da sobrevida como um todo. Dessa forma, este é um argumento poderoso para que tais instrumentos sejam incluídos não somente em pesquisas clínicas, mas na prática rotineira em oncologia. A avaliação da qualidade de vida é útil não apenas como um prognosticador, mas também como um item importante na tomada de decisão do tratamento, podendo ser considerada uma parte integrante da avaliação dos resultados (Towlson e Rubens, 1992).

Mesmo com sua importância incontestável, a avaliação de qualidade de vida em pacientes sob cuidados paliativos ainda está em seus estágios iniciais de desenvolvimento. Há ainda a necessidade de um instrumento que seja conceitualmente sólido (que avalie aspectos físicos, psicológicos, sociais e espirituais, com alternativas que reflitam mudanças positivas e negativas na qualidade de vida), que seja confiável e validado, baseado em dados gerados pelos pacientes e aceito por estes, pelos cuidadores e pelos pesquisadores (Cohen e Mount, 1992). Para os pacientes terminais, o controle de sintomas é aspecto crucial e por essa razão os profissionais têm dirigido seus esforços para avaliar as necessidades de cada ação específica, bem como a eficácia de seu resultado. O aspecto mais importante está na antecipação e, portanto, prevenção de sintomas para melhorar a qualidade de vida, como afirmam Green e Green (1992). No que se refere à dor, pode-se dizer que 70% dos pacientes com câncer dela se queixam. No entanto, desse total 95% beneficiam-se de sistemas para controle. Outros sintomas também podem ser controlados, como parte de objetivos gerais dos cuidados terminais, que trazem em seu âmago a preocupação com a qualidade de vida (Cella, 1992).

Saunders (1993) definiu a "dor total", como a experiência daquele que sofre por sintomas físicos, mas que também tem o sofrimento pela proximidade da morte. Por esse motivo, é visto por Levy (1993) como algo que requer apoio físico, psicológico, espiritual e social, levando à necessidade de uma equipe multidisciplinar, com objetivos amplos. A eficácia dos resultados precisa ser cuidadosamente avaliada pois está relacionada de perto com a qualidade de vida, e o julgamento feito por pacientes e familiares é diferente daquele feito pelos profissionais (Hancock, 1992). Se o objetivo aceito por todos os envolvidos no processo for paliação, uma boa qualidade de vida torna-se necessariamente a prioridade.

O sintoma mais freqüente na terminalidade é dor (Green e Green, 1992; Higginson e McCarthy,1987,1989; Hinton, 1963; Lubin, 1992; O'Brian, 1993; Parkes, 1985) e a melhor definição é dada pela Associação Internacional para o Estudo da Dor (1986):

Dor é uma experiência sensorial e emocional associada com dano real ou potencial ao tecido ou descrita em termos desse dano. A dor é sempre subjetiva. Cada indivíduo aprende o uso da palavra por meio de experiências relacionadas a danos no início da vida. É, sem dúvida, uma sensação em parte ou partes do corpo mas é sempre desagradável e, portanto, uma experiência emocional.

Tendo aceito essa definição, é ainda difícil acreditar que mesmo em países desenvolvidos mais da metade dos pacientes que se queixam de dor ainda não recebem um tratamento adequado (O'Brien, 1993). Os motivos estão em uma compreensão limitada sobre a natureza da dor em câncer e em uma falha ao considerar que não é apenas uma simples sensação física. Também está presente entre pacientes, médicos e enfermeiros a crença que a dor em câncer é inevitável e intratável. O que não pode ser subestimado é que a dor é sempre subjetiva, de forma que os fatores emocionais têm um papel muito importante em qualquer avaliação da dor.

Para fazer esta avaliação, quatro grupos de causas devem ser considerados:

- dor causada por câncer, que é encontrada em 2/3 dos casos;
- dor causada pelo tratamento: cirurgia, quimioterapia e radioterapia;
- dor causada por debilidade genérica;
- dor não relacionada ao câncer ou ao tratamento.

Os *hospices* são instituições de apoio para pacientes terminais. Não há preocupação com a cura, uma vez que os pacientes são considerados fora de possibilidades terapêuticas. A preocupação maior está na qualidade de vida durante o período da terminalidade e, portanto, há muita preocupação quanto ao controle da dor, de maneira que não seja obtido à custa de sedação e estado alterado de consciência do paciente. De acordo com Parkes (1985), no St. Christopher's Hospice o número de pacientes considerados muito confusos caiu de 56% para 30% no período de dois anos, de 1977 a 1979, mesmo após ter-se verificado que esses pacientes sofreram menos dor do que aqueles que morreram em outros hospitais da região. Na mesma pesquisa, Parkes afirma que não é possível obter uma medida do cuidado psicossocial independentemente dos efeitos sobre controle da dor, porque a dor do paciente tende a fazer aumentar a ansiedade no cônjuge e, dessa forma, a ansiedade é reflexo dos dois lados do cuidado, o prestado ao sintoma e o psicossocial.

Apesar de muito esforço ter sido feito no desenvolvimento dos serviços de cuidados domésticos (Clench, 1986; Peruselli *et al*, 1992; Lubin, 1992; Brown, Davies e Mertens, 1992; Spilling, 1986) para pacientes terminais, o alívio da dor é ainda uma das principais razões para internação hospitalar, porque algumas das técnicas mais usadas (radioterapia local ou bloqueio neurocirúrgico) estão disponíveis apenas em hospitais (Spilling, idem).

Higginson e McCarthy (1987,1989) pesquisaram controle de sintoma oferecido por uma equipe de cuidados terminais a pacientes fora de condições de tratamento. Suas conclusões indicam que além de ser a dor o sintoma mais grave para internação, como já mencionado, o controle da dor podia ser obtido no período de uma semana, para que o paciente não morresse sofrendo de fortes dores. Concluíram também que o controle de dor é a principal razão para indicação e o maior objetivo das equipes de apoio para terminais.

Para garantir qualidade de vida a pacientes terminais, é necessário um sistema adequado de avaliação. Butters, Higginson, George e McCarthy (1993) compararam dois instrumentos de medida de qualidade de vida (*Hebrew Rehabilitation Centre for Quality of Life Index* — HRCA-QL e o STAS — *Support Team Assessment Schedule*), aplicados a pacientes com HIV+ e doenças relacionadas a AIDS, que recebiam cuidados paliativos. Os autores chegaram à conclusão que o HRCA-QL não é sensível às mudanças nesses pacientes quando estão próximos da morte e que o STAS é uma medida mais sensível durante as últimas semanas de cuidados paliativos para esse grupo de pacientes.

O uso de cuidados paliativos não requer apenas habilidades especiais. Como diz Levy (1993), não deve ser entendido como a antítese, e sim como o complemento de cuidados totais para o paciente com câncer. Naturalmente, é necessária uma mudança na filosofia e na prática atuais, para enfrentar a negação que a sociedade apresenta em relação à morte, ressaltando apenas o objetivo de cura da medicina.

A FAMÍLIA

Todos os cuidados oferecidos à família do paciente que se encontra próximo à morte serão inócuos se essa família não for considerada a partir de uma experiência de perda que não terá início apenas no momento da morte. Esse processo de perda teve início no momento do diagnóstico, pois embora se saiba que há possibilidade de cura, o câncer traz consigo uma ameaça, que se confirma à medida que há mudança de prognóstico e piora nas condições do paciente. Também ao longo desse processo, a família passou por necessidades de adaptação que fizeram com que tivesse adquirido uma nova identidade, e sofrerá mais uma alteração importante, quando a morte ocorrer. É disso que falamos, quando consideramos a família dentro da necessidade de cuidados integrados.

A necessidade de intimidade é freqüentemente subestimada, se não de todo ignorada, nos cuidados terminais. No entanto, ainda é um importante canal de comunicação entre o paciente e seu parceiro. Gilley (1988) chama atenção para este aspecto particular no relacionamento, que pode refletir como foi no passado e também dar indicações do que pode ser esperado e oferecido como apoio à medida que o paciente se aproxima da morte. Também são importantes as necessidades práticas da família que tem um membro em estado terminal. Estas necessidades incluem licença do trabalho, sofrimento emocional, luto e os aspectos práticos de cuidar de um paciente em casa ou de visitá-lo no hospital (Higginson, 1993). Em muitas circunstâncias, as necessidades da família excedem as do paciente, como foi detectado por Higginson, Wade e McCarthy (1990), quando compararam avaliações feitas por pacientes e familiares. Para o membro da família, o item "ansiedade da família" foi considerado um problema importante, tanto quanto "controle de sintoma" o foi para o paciente. Mesmo com a intervenção da equipe de cuidados paliativos, nos casos de morte no hospital a ansiedade familiar permaneceu sendo um dos aspectos de mais difícil manejo (Higginson, 1993).

Davies, Reimer e Martens (1990) estudaram a maneira pela qual as famílias, como uma unidade, são afetadas quando um dos membros necessita de cuidados paliativos, seja em casa ou no hospital. Seus resultados indicam que as famílias vivem uma experiência que pode ser conceituada como uma transição para o desaparecimento. Isso significa que a transição vai de "viver com câncer " para "morrer com câncer" e divide-se em três fases: um final, caracterizado pelo processo de redefinição para a convivência com o ônus; uma zona neutra, caracterizada por um período de caos, confusão, medo e incerteza; um novo recomeço, no qual as famílias se dedicam a viver o cotidiano e em se preparar para a morte. Obviamente, para passar por esta transição há a necessidade básica de consciência, o que traz consigo necessidades relacionadas ao enlutamento.

É sabido que o cuidador, quando é um membro da família, está sob estresse durante todo o período da doença e principalmente na fase terminal. O que não fica claro são os aspectos de cuidar que podem ser entendidos como os mais estressantes. De acordo com Berardo (1992), as pesquisas indicam que o nível de estresse mais elevado é encontrado quando o cuidador é o cônjuge. A grande carga de responsabilidade traz uma dificuldade enorme, a da sobreposição de papéis. Na pesquisa feita por Schachter (1992), os resultados indicam que há sete domínios de estresse que podem ser antecipados em familiares que cuidam dos pacientes em casa: mudança de papel; habilidades necessárias para o cuidado; privacidade; efeitos sobre os filhos; estressores físicos; estressores psicológicos; ônus financeiro.

Dunlop e Hockley (1990) dividiram as necessidades familiares em três categorias:

• sintomas físicos: estafa é o mais freqüentemente apresentado pelos familiares. Em 20% dos casos, os familiares desenvolveram uma doença física em conseqüência do estresse de cuidar do paciente;
• necessidades psicológicas: depressão e ansiedade, como resultado da ameaça de perda do paciente; necessidade de informação adequada; medo de que o paciente morra em casa; sentimento de culpa por não ser capaz de cuidar do paciente em casa; sofrimento surgido após a morte;
• necessidades sociais: isolamento social, problemas nas relações familiares e maritais como resultado da sobreposição de papéis e de mudanças na sexualidade do paciente.

Como se vê, as necessidades das famílias que têm um de seus membros em condição de terminalidade são enormes e têm efeitos que vão além do período de doença em si. Requerem uma avaliação cuidadosa, específica para essa condição de estresse e sofrimento e não se prestam a uma avaliação a partir de outros parâmetros de funcionamento familiar.

Em um estudo recente, acerca do acompanhamento oferecido às famílias enlutadas pelas equipes de cuidados paliativos, para o enfrentamento do luto, Bromberg e Higginson (1996) identificaram pouco cuidado nesse sentido, mesmo em famílias que apresentavam claramente essa necessidade. Tal resultado contraria a proposta da Organização Mundial de Saúde (1990), em sua caracterização de cuidados paliativos, que incluem um sistema de apoio que ajude a família a enfrentar a doença do paciente e também em seu luto.

3 — CUIDADOS PALIATIVOS E SUAS POSSIBILIDADES

A experiência de trabalhar com pacientes em fase terminal coloca os profissionais envolvidos diante de sérios problemas de ordem clínica, ética, social e psicológica. Na mesma medida em que a questão é multifacetada, as demandas sobre os profissionais são de caráter amplo e diversificado. Atualmente, tem-se verificado um interesse por oferecer atendimentos mais eficazes aos pacientes fora de possibilidade de tratamento. Algumas iniciativas têm sido encontradas, tanto por parte de entidades particulares quanto oficiais, o que reflete a preocupação em propiciar uma melhor qualidade de vida a esses pacientes. Esta é, sem dúvida, uma mudança importante na atitude dos profissionais da saúde, tradicionalmente envolvidos com a tarefa de curar e pouco afeitos às demandas das situações nas quais curar não é mais a expectativa realista.

A avaliação de necessidades do paciente terminal permite a tradução dessas necessidades em objetivos da equipe de cuidados, para oferecer-lhes um cuidado mais adequado. Dunlop e Hockley (1990) apresentam esses objetivos como a seguir: alívio de sintomas de sofrimento e oferta de apoio social, emocional e espiritual aos pacientes que têm uma doença terminal; aconselhamento e apoio aos parentes e demais pessoas enlutadas; aconselhamento e apoio à equipe que cuida desses pacientes; programas educativos, com base multidisciplinar.

Muitas pesquisas têm lidado com o problema de avaliar o melhor tipo de cuidado a ser oferecido ao paciente terminal (Parkes, 1985; Chambers, Cornish e Curnick, 1989; Higginson e McCarthy, 1987; Copperman, 1988; Dunlop e Hockley, 1990). Fica claro que este é um tema muito controvertido. A experiência britânica, e também a de outros países, como Estados Unidos e Canadá, apresenta muitas possibilidades de ação e de avaliação de resultados. O movimento *hospice* já tem tradição suficiente para ser avaliado e o mesmo pode ser dito das equipes de cuidados paliativos que trabalham junto à comunidade, fora do contexto hospitalar. Os diferentes tipos de cuidados podem ser avaliados, em sua evolução e experiência, segundo Higginson (1994) no que se refere a: eficácia (obtenção dos benefícios esperados para a população); aceitação e humanidade (para quem recebe e quem oferece); eqüidade e acessibilidade (a provisão de serviços para todos); eficiência.

Os cuidados paliativos surgiram como uma resposta às necessidades dos pacientes terminais que não mais se beneficiavam com as ofertas terapêuticas. Sua importância é devida à rápida queda nas taxas de mortalidade na primeira parte do século, permitindo assim uma melhora nos serviços de saúde, para que obtivessem melhores condições de saúde e qualidade de vida, bem como a cura (Higginson, 1993). Cuidados paliativos significam a preocupação com a melhora da qualidade de vida do paciente terminal e com a melhora da qualidade da morte. Ou, como definido por Weisman (1977):

A morte adequada é a ausência de sofrimento, a preservação de relações importantes, um período para o luto antecipatório, alívio de conflitos remanescentes, crença no infinito, exercício de opções e atividades viáveis, consistência com as limitações físicas, tudo dentro dos objetivos do ego ideal de cada um.

Os cuidados paliativos não se aplicam exclusivamente aos pacientes terminais (Higginson, 1993). Dirigem-se essencialmente à qualidade de vida, principalmente devido à sua definição e aos objetivos quanto ao controle de sintomas e apoio psicossocial. De acordo com Bullinger (1992), esta posição abre campo para pesquisas relacionadas a: descrições da maneira como os pacientes se sentem na trajetória da doença e durante os procedimentos terapêuticos; identificação das estratégias terapêuticas para estabilização da doença e controle de sintomas que são mais benéficos para a qualidade de vida dos pacientes; identificação do potencial para melhora da qualidade de vida do paciente com novas formas de intervenção médica.

Mesmo assim, há poucos estudos sobre os efeitos dos cuidados paliativos na qualidade de vida, possivelmente devido à não existência de instrumentos que, verdadeiramente, reflitam questões mais importantes em cuidados paliativos. Em um desses estudos (Anderson, Downing, Hill, Casorso e Lerch, 1996), a condição física dos pacientes foi avaliada durante o período em que receberam cuidados paliativos, com o uso da *Palliative Performance Scale*, que se mostrou um instrumento confiável na predição da *performance* do paciente. Em outro estudo (Sterkenburg, King e Woodward, 1996), uma escala — *Escala McCaster para Qualidade de Vida* — foi desenvolvida para medir a qualidade de vida em uma população de pacientes sob cuidados paliativos. Seus resultados indicam que os graus de fidedignidade diminuem quando quem responde é um familiar ou membro da equipe e não propriamente o paciente. Mesmo assim, é considerada um instrumento adequado para o objetivo a que se propõe.

4 — A EXPERIÊNCIA DOS *HOSPICES*

Nos últimos trinta anos, tem-se visto um firme desenvolvimento de procedimentos voltados para cuidados paliativos, com o crescimento do número de *hospices* (principalmente nos países de língua inglesa), equipes de cuidados comunitários, unidades de cuidados paliativos baseadas em hospitais. Embora estes cuidados não sejam, portanto, encontrados apenas nos *hospices*, a atitude básica para que sejam oferecidos teve início nesse tipo de instituição. Apesar de Saunders e Sykes (1993) recomendarem abertamente que não se use a expressão "paciente terminal", pela impressão negativa e impessoal dela advinda, esta ainda é muito usada, sendo gradualmente substituída pela expressão "paciente fora de possibilidades terapêuticas". A razão para essa objeção está na postulação básica do movimento *hospice* que busca oferecer ao paciente possibilidades criativas que ocorrem mesmo no fim da vida. Essas possibilidades, por sua vez, têm como base os princípios estabelecidos pela Organização Mundial da Saúde (1990) sobre cuidados paliativos, como se vê a seguir:

- afirmar a vida e considerar a morte como um processo normal;
- não apressar ou adiar a morte;
- oferecer alívio da dor e de outros sintomas que causem sofrimento;
- integrar os aspectos psicológicos e espirituais dos cuidados ao paciente;
- oferecer um sistema de apoio para ajudar o paciente a viver tão ativamente quanto possível até a morte;
- oferecer um sistema de apoio para ajudar a família no enfrentamento da doença do paciente e em seu próprio processo de luto.

Como afirmam Saunders e Sykes (1993), cuidados paliativos são oferecidos para:

- o corpo: com o crescimento da experiência e das habilidades para controle dos sintomas, surgem também as considerações a respeito da aparência e da auto-estima, enquanto são mantidas a atividade e a independência e tudo o mais que mantém uma vida normal. Dentro das possibilidades, em casa para garantir a integridade de si próprio, o senso de valor pessoal e algum controle sobre a situação;
- a família: trabalhando-se com todo o grupo familiar, dessa forma compreendendo e apoiando a necessidade de usar os próprios recursos, permite-se uma comunicação aberta, que ajuda a compartilhar decisões, fazer as despedidas. A família precisa adaptar-se ao diagnóstico do câncer e, na fase final, numerosos problemas têm de ser enfrentados, tais como a estafa e o luto. O cuidado com

a família não termina com a morte do paciente; é contínuo durante o período de luto;

• para a pessoa em si: o trabalho, os compromissos, interesses e realizações fazem a identidade de muitas pessoas e, por esse motivo, devem ser levados em consideração. Além disso, preocupações e valores devem ser trazidos à tona, para que a busca de significado — que com freqüência se dá nesta fase da vida — possa ser uma tarefa não excessivamente penosa e, sim, auto-gratificante. Sofrimentos maiores, como depressão ou ansiedade, freqüentemente ocorrem em pontos específicos do processo da doença, como no diagnóstico e durante o período terminal, e não devem ser subestimados. A filosofia de cuidados paliativos é que o paciente deve viver até o momento de sua morte e não meramente existir.

5 — RISCOS NA AVALIAÇÃO DE NECESSIDADES

Estes riscos estão sendo levados em consideração, tais como a gravidade do estado do paciente e os possíveis viéses na avaliação feita pelo membro da família (Parkes, 1979) ou mesmo pelos próprios pacientes. Este pode querer participar da pesquisa por razões altruístas, se for informado de que os resultados podem beneficiar outros pacientes no futuro, mas há restrições quanto à possibilidade de participar se estiver em estado muito avançado da doença.

Quanto às famílias, há também problemas a serem levados em conta no que se refere à avaliação de necessidades de cuidados. Parkes (1985) considerou os possíveis viéses de cônjuges que foram entrevistados após a morte do paciente e que talvez tivessem tido maior consciência dos sintomas quando o paciente estava em casa do que quando estava no hospital ou *hospice*. Higginson, Priest e McCarthy (1994) concluíram que avaliações retrospectivas feitas por familiares enlutados podem não ser válidas para aspectos como dor do paciente e sintomas de ansiedade. Esses autores sugerem a necessidade de mais informação sobre o estado de ânimo e de enlutamento do membro da família e completam dizendo que estudos retrospectivos devem sempre avaliar a validade das respostas. Higginson (1993) considera que mesmo que o membro da família fale de sua própria ansiedade e dor, quando perguntado a respeito deste aspecto para o paciente, ainda assim a resposta será válida, se considerarmos que os cuidados paliativos são dirigidos para a família como um todo, como a unidade de cuidados. Concluindo, afirma que atualmente podemos dizer pouco sobre o que o membro da família pensa a respeito da condição do paciente. Até mesmo os viéses encontrados nessa avaliação de necessidades do membro da família têm de ser cuidadosamente considerados.

Quanto aos profissionais, também há problemas na avaliação que podem fazer das necessidades do paciente, pois tendem a considerar mais uma avaliação de seu trabalho. Há, portanto, o risco de viéses devido à expectativa de um resultado positivo (Higginson, 1993).

O PROBLEMAS INVESTIGADO

Dadas as limitações de toda ordem no sistema de saúde brasileiro, qualquer medida a ser proposta que tenha como objetivo oferecer melhores condições de qualidade de vida deverá ser cuidadosamente estudada e avaliada. Com tal preocupação em mente, esta pesquisa visou aprofundar o conhecimento existente sobre o paciente terminal, juntamente com sua inserção familiar, dentro do sistema mais amplo de saúde, abrangendo a equipe profissional que lhe dispensa cuidados. A partir desse aprofundamento, seguem-se recomendações acerca de um modelo brasileiro de cuidados paliativos, ou seja: voltado para as reais necessidades dos pacientes terminais brasileiros e que considere as possibilidades de oferta de serviços eficazes. No âmbito do conhecimento pretendido, encontram-se aspectos relacionados ao sistema de crença do paciente e sua família, experiências relacionadas à doença e seu impacto no sistema familiar.

Assim sendo, vendo-se de maneira desdobrada, os *objetivos* deste estudo foram:

- descrever e analisar as necessidades do paciente terminal e sua família, dentro do sistema identificado como "unidade de cuidados";
- a partir dos resultados obtidos nessa análise, estabelecer princípios adequados para o funcionamento de uma unidade de cuidados paliativos para a terminalidade que integre paciente, família e equipe, propondo sistemas de avaliação dessa unidade.

Por se tratar de um estudo inicialmente descritivo, suas proposições não foram formuladas por meio de hipóteses. Isso, no entanto, pode ser retomado, à medida que, em um momento futuro, as questões do funcionamento da unidade de cuidados paliativos forem sendo avaliadas.

PLANOS DE INVESTIGAÇÃO

Esta pesquisa considerou as necessidades de cuidados paliativos do ponto de vista do paciente e da família. Essas, uma vez identificadas e avaliadas, foram então consideradas básicas para as recomendações do que é mais apropriado para esses pacientes, de forma que os três sistemas envolvidos — equipe, paciente e família — fossem levados em consideração.

Para cobrir os campos que estão presentes na experiência da terminalidade — sistema de crenças, necessidades e preferências, qualidade de vida, comunicação, luto — um instrumento de avaliação foi adaptado. Além dos aspectos mencionados, um dos objetivos identificados foi o sistema de crenças da família e o impacto sofrido pela doença, desde o diagnóstico.

1) DESENHO DA INVESTIGAÇÃO

Esta pesquisa foi dividida em duas fases.

- Fase 1: identificação das condições da fase de terminalidade para a unidade de cuidados (paciente e família) e sua relação com o sistema prestador de cuidados (equipe profissional).
- Fase 2: a partir da análise dos resultados da Fase 1, desenhar uma proposta de unidade de cuidados paliativos.

2) MÉTODO

Tratou-se de um estudo longitudinal, à medida que acompanhou as unidades de cuidados, na Fase 1. O instrumento utilizado foi o *Support Team Assessment Schedule* — STAS (Higginson, Wade e McCarthy, 1990), apresentado no Anexo 1, com o modelo utilizado pelas equipes de cuidados paliativos comunitários em Londres, traduzido por esta autora e adaptado às condições brasileiras. O mesmo registro serve para acompanhamento do paciente durante todo o período em que se encontrar sob cuidados. Detalhes demográficos, sociais e clínicos de todos os pacientes foram registrados no início da pesquisa, de acordo com o

Anexo 2. Para pacientes com AIDS, houve um acompanhamento específico, apresentado no Anexo 3. O modelo completo do STAS inclui:

- características demográficas, sociais e clínicas do paciente;
- características do cuidador (membro da família);
- tempo sob cuidados (histórico);
- profissional (ou equipe responsável);
- avaliação das necessidades de enlutamento;
- outros detalhes.

a) Procedimentos para coleta de dados

Semanalmente, a partir do momento que o paciente foi considerado pelo médico que o acompanhava como estando clinicamente em estado terminal (de acordo com o critério de elegibilidade) e até a semana de sua morte, o pesquisador o avaliou utilizando o STAS, por meio da ficha de registro cumulativo (Anexo 4) e de registro gravado das entrevistas, após consentimento do paciente e de seu familiar. Os pesquisadores foram treinados por meio de simulações e na situação *in loco* com utilização de roteiro resumido de procedimentos (Anexo 5). Para fins de treinamento, as cinco primeiras entrevistas de cada entrevistador foram feitas com acompanhamento da coordenadora da pesquisa. Na primeira semana, era explicado ao paciente e seu acompanhante que estava sendo feita uma pesquisa para acompanhar o estado dele a cada vez que se encontrasse no ambulatório (ou a intervalos regulares), da qual poderia participar ou não. Com o consentimento dado, as primeiras informações, para finalidade de registro, eram coletadas. O paciente era abordado, a partir da segunda semana de participação, com a pergunta padronizada: "Como passou desde que nos vimos pela última vez (ou "desde a semana passada")?

O paciente e a família (ou membro da família) foram entrevistados para verificação das condições de ambos os segmentos, vistos porém como um sistema unitário. Os aspectos vistos nessas entrevistas foram:

- existência e controle da dor;
- existência e controle de outros sintomas;
- ansiedade do paciente;
- ansiedade familiar;
- *insight* do paciente;
- *insight* familiar;

- planejamento;
- questões práticas;
- questões financeiras;
- necessidades espirituais;
- comunicação entre paciente e família;
- comunicação entre profissional e família;
- necessidade de algum tipo de acompanhamento profissional;
- aspectos da qualidade de vida.

Também os médicos foram entrevistados, na busca de informações que caracterizassem seu exercício profissional nesse tipo de atividade, sua formação e motivações pessoais.

b) Procedimento para análise dos dados

A partir das respostas às entrevistas foi realizada uma análise de freqüência, utilizando-se a média dos resultados obtidos na pontuação do STAS. Para permitir uma análise detalhada e específica do período de terminalidade, apenas as três últimas semanas do acompanhamento foram analisadas. Dessa forma, o paciente que tivesse morrido antes de ter sido entrevistado por três semanas não era considerado sujeito desta pesquisa.

Os resultados estão sendo apresentados em gráficos de freqüência e correlação, de maneira que evidencie aspectos relevantes no que se refere à relação paciente-família e paciente-família-equipe. Dessa forma, os resultados deram oportunidade para a obtenção de conclusões referentes a:

- percepção de necessidades pelo paciente e pela família;
- comparações entre os diferentes sistemas de crenças (da unidade de cuidados e do profissional) ;
- comunicação paciente-família-equipe;
- mudanças possíveis (realistas) que melhorem a condição do paciente terminal e da família;
- semelhanças e diferenças nas necessidades psicossociais na unidade de cuidados;
- a experiência de lidar com os sintomas, do ponto de vista dos segmentos envolvidos;
- necessidades referentes ao processo de enlutamento.

3 — SUJEITOS

Os pacientes e suas famílias foram divididos em duas amostras, cada uma com aqueles que foram considerados, por meio de avaliação médica, fora de possibilidades terapêuticas ou em estado terminal, mas ainda com possibilidades de participar da pesquisa, ao menos inicialmente. Os dois grupos eram:

• pacientes com doenças relacionadas à AIDS;
• pacientes com câncer.

No entanto, em razão da enorme dificuldade encontrada para acompanhar os pacientes com AIDS, a análise não foi feita pela divisão das duas amostras e, sim, globalmente.

É aceito neste trabalho que a definição de estado terminal é controversa, pois requer um julgamento médico que considere não mais apropriado qualquer tratamento para cura ou prolongamento da vida. Como diz Baines (1987), é difícil fazer esse julgamento em casos de doenças respiratórias ou cardiovasculares, mas é mais fácil em casos de câncer. Nos casos de AIDS, é ainda mais difícil uma definição clara desse estado, mas, no presente estudo, o critério de elegibilidade para pacientes com doenças relacionadas à AIDS foi que estivessem internados, com manifestação de infecções oportunistas ou outras típicas de instalação da AIDS. Não consideramos contagem de CD4 e CD8, pelas dificuldades em obtermos esses dados junto a pacientes das casas de apoio.

Variáveis como idade, sexo, estado civil, classe social, religião, duração da doença foram consideradas para compor a descrição demográfica da amostra e não para excluir sujeitos dela. Foram utilizadas também para permitir o cruzamento de resultados. O número total de unidades de cuidados consideradas para este estudo, como sujeitos, foi 60; as exclusões deveram-se, entre outros, a: ocorrência da morte antes de termos coletado informações de três semanas; perda de contato com o paciente, que deixou de ir ao ambulatório. Nenhum dos pacientes se recusou a participar da pesquisa, bem como seus familiares. Tivemos, porém, alguma dificuldade em entrevistar os médicos participantes da pesquisa.

Todos os esforços foram despendidos no sentido de preservar a confidencialidade das informações referentes aos pacientes e seus familiares e também para não permitir que o procedimento de coleta de dados causasse algum malefício aos pacientes. Como, a partir do desenho desta pesquisa, os pacientes-sujeitos não seriam os beneficiários diretos de seus resultados, procuramos garantir que não fossem afetados por ela, de alguma maneira que lhes pudesse comprometer a condição de saúde, já tão fragilizada. Aos familiares, oferecemos acompanhamento de luto, não somente como parte da pesquisa, como também para oferecer um serviço que fosse coerente com a proposta de cuidados paliativos da OMS.

4 — LOCAIS DE COLETA

Vários locais foram tentados para a coleta, embora a ênfase maior tivesse recaído sobre o Ambulatório de Oncologia Clínica da Faculdade de Medicina da PUC-SP, *campus* Sorocaba. Essa tentativa se justificou pela necessidade de incluir pacientes com AIDS, que não eram atendidos naquele ambulatório, e de ampliar a amostra total. Mesmo no Ambulatório de Oncologia Clínica de Sorocaba, muitas dificuldades foram encontradas, as quais levaram à perda de contato com pacientes que não puderam, então, ser considerados sujeitos da pesquisa. Uma destas dificuldades está relacionada à distância em que os pacientes moravam, em relação ao Ambulatório, o que dificultava sua ida até este, principalmente nas últimas semanas de vida. Muitos passaram a ir quinzenalmente, em vez de semanalmente. Outros não podiam mais ir e seu familiar é que comparecia ao Ambulatório, para pegar a medicação. Pelas características do STAS, era possível coletar os dados unicamente com o familiar, mas tínhamos muito interesse em acompanhar o paciente mais de perto, o que não foi possível.

Foram feitas também tentativas para coletar dados nos seguintes locais: casa de apoio a pacientes com AIDS, no estado de São Paulo; hospitais públicos, em seus ambulatórios e enfermarias de infectologia e oncologia, dos estados de São Paulo e do Paraná. Nas casas de apoio, a coleta de dados tornou-se difícil, uma vez que foi se exigindo do entrevistador um empenho intenso, pois os coordenadores responsáveis apresentavam uma demanda muito maior do que a nossa proposta poderia satisfazer, como, atender, em psicoterapia, todos os moradores. Em outras instituições, a coleta pode ser feita, passando, porém, por enormes dificuldades, como, um hospital público de São Paulo, que, após demorado processo burocrático para aprovação do projeto (mais de nove meses, sem que isso tivesse sido motivado por qualquer condição do projeto, uma vez que jamais foi solicitada sua reformulação) permitiu que iniciássemos a coleta de dados, mas exigiu que os entrevistadores fossem formados, pois não seria permitida a entrada de estudantes, ou seja, de bolsistas de iniciação científica, por considerarem o tema difícil para estudantes. Como, porém, só nos havia sido concedida uma bolsa de aperfeiçoamento, o processo de coleta tornou-se praticamente inviável e não foi possível convencê-los de que os bolsistas de iniciação científica já estavam suficientemente treinados e habituados com as características dessa população. Um outro aspecto a ser considerado em relação a esse mesmo hospital foi o fato de este não ter permitido que os dados lá coletados fossem publicados, o que os levou a serem excluídos da análise, pois não concebemos que uma pesquisa científica deva ser guardada na gaveta. Assim sendo, os poucos casos lá coletados não estão sendo apresentados nesta análise.

A dificuldade encontrada em um outro hospital, na enfermaria de infectologia, foi o estado de saúde debilitado em que os pacientes com AIDS se encontravam, o que impediu sua comunicação com os entrevistadores. Além disso, eram pacientes internados e, como precisávamos ter também os dados fornecidos pela família, estes só poderiam ser obtidos em horários de visita muito restritos, de maneira que as pesquisadoras tinham dificuldade em se locomover de São Paulo para o interior do estado, a 80 km, muitas vezes em uma viagem que levava ao todo quatro horas para que fosse entrevistada apenas uma pessoa.

Os dados recolhidos no estado do Paraná foram contribuições voluntárias de psicólogas que trabalhavam nesses locais, e que foram treinadas à semelhança dos demais participantes da equipe. Foram analisados no cômputo geral, mas pelo seu reduzido número não receberam análise específica.

RESULTADOS E ANÁLISES

1 — FASE 1

a) Pacientes e famílias

Um grupo de sessenta pacientes e familiares (unidade de cuidados) foram acompanhados por no mínimo três semanas até a data da morte, a partir do momento em que foram considerados fora de possibilidades terapêuticas, pelo médico que os assistia. Destes, 51,7% eram mulheres, 48,3%, homens. A idade variava de 24 a 91 anos, 40% eram casados,

21,7%, viúvos, e 23,3%, solteiros. A maioria dessas pessoas era composta de brancos (70%), católicos (66,7%), e moravam na região urbana (73,3%).

No que diz respeito ao cuidador principal, em 20% dos casos era a filha, em 18,3% era a irmã, seguido de 15% de esposas, enquanto 6,7% dos pacientes não tinham cuidadores. Em relação ao Karnofsky do cuidador, 48,3% atingiram escore 100.

Apesar da média da renda mensal de cada paciente ser de um salário mínimo, 60% possuíam casa própria, e a maioria deles morava com mais duas pessoas.

Desses pacientes, 68,3% morreram em decorrência do câncer, 28,3% da AIDS, 1,7% tiveram a causa da morte desconhecida, e 1,7% em decorrência de outras causas. Quanto ao local da morte, esta se deu em hospital em 38,3%, em casa em 28,3%, em casa de apoio em 6,7% e em local desconhecido em 26,7% dos casos.

Especificamente em relação aos pacientes do Ambulatório de Oncologia Clínica de Sorocaba, os atendimentos foram registrados como se segue:

- pacientes não-sujeitos atendidos uma única vez: 29; número de sessões de atendimento: 29;
- pacientes não-sujeitos com os quais perdemos contato: 45; número de sessões de atendimento: 254;
- total de pacientes entrevistados: 134; sessões de atendimento: 575.

Os resultados são aqui apresentados e discutidos de maneira que permitam uma análise específica e também global.

No que se refere aos índices do STAS para dor e sintomas, verifica-se que na semana da morte do paciente a dor mostrou-se contínua e muito intensa, incapacitando o sujeito para pensar em outra coisa. Na penúltima semana, o sofrimento era moderado, ou seja: houve agravamento do estado do paciente quanto à dor. Quanto aos sintomas, os resultados foram iguais, o que significa extremo sofrimento na última semana de vida.

Quanto à ansiedade do paciente, verificou-se que esta se apresentou mais elevada na primeira e na terceira semanas que antecedem a morte, estando rebaixada na intermediária. Isso mostra a possibilidade de uma interação entre os resultados de ansiedade e demais sintomas que, se agravados, levam a um aumento da ansiedade. Em paralelo, a ansiedade da família mostrou-se generalizada e freqüente, afetando a concentração. Diminui ligeiramente de intensidade, caracterizando-se por estar no limite quanto à capacidade de esperar alterações ou problemas. Ocasionalmente, poderia apresentar sintomas físicos ou comportamentais de ansiedade.

O *insight* do paciente tornou-se evidente quanto a ter consciência do prognóstico nas três últimas semanas de vida. O mesmo se deu com os familiares. Com esses dados, é possível afirmar que saber o prognóstico não acarreta automaticamente uma elaboração da ansiedade; ao contrário, eleva-a e está relacionado ao controle de sintomas e à presença de dor incontrolável. A consciência da morte próxima é fator desencadeante de ansiedade, tanto no paciente quanto da família, e leva à constatação de uma outra dificuldade, de grande impacto no quadro familiar. Trata-se da comunicação entre paciente e família. Na última semana de vida, as conversas sobre a doença são evitadas, e são substituídas também as conversas superficiais que, mesmo assim, ainda existiam nas semanas anteriores.

Em relação à comunicação entre profissionais, e destes com o paciente e a família, percebeu-se que esta praticamente não existe, há clara evitação por parte dos profissionais, em especial quando o estado de saúde do paciente se agrava e a morte se aproxima. Isso acontece como um mecanismo de defesa contra as angústias, medos e ansiedades que são despertados ao discutir sobre o andamento dos casos dos pacientes. Fica também evidente a dificuldade, por parte da unidade de cuidados, em se aproximar da equipe médica e inquirir com assertividade sobre mudanças na direção do tratamento e do prognóstico. Parecia haver uma timidez, relacionada à posição ocupada pelo médico nas fantasias do paciente e de sua família, de maneira a colocá-lo em posição quase inatingível. Esta mesma interpretação se aplica à maneira pela qual a equipe médica se posiciona, em contrapartida.

Com a proximidade da morte, os pacientes e suas famílias relataram a dificuldade que sentiam por parte do médico em entender suas necessidades, como obter atenção e aumentar o tempo de presença do médico e colocam a sensação de afastamento do profissional em relação ao paciente.

Os pacientes demonstram dificuldade em entender o diagnóstico, como, por exemplo, alguns respondiam: "O médico disse que é tumor, não é câncer", "Não entendo o que ele fala, o que eu tenho?" As orientações dadas também, algumas vezes, não eram entendidas. Outra situação típica dessa dificuldade era a solicitação da intervenção das pesquisadoras para "traduzir" a fala do médico para o paciente ou os sentimentos do paciente e sua família para o médico. Houve pouca discussão entre pesquisadoras e médicos sobre os pacientes durante a coleta de dados, o que se justificou pela preocupação em manter uma postura de neutralidade diante do funcionamento do ambulatório e do fenômeno que estava sendo estudado. Mesmo assim, em diversos momentos, algumas questões se colocaram para reflexão, como a interface entre pesquisador e psicólogo hospitalar.

Portanto concluímos que os dados apontam uma dificuldade na comunicação entre paciente, família e profissional, que se reflete em aspectos como: dificuldade de aderir ao tratamento, não observância de cuidados prescritos, distanciamento e isolamento.

Não foram percebidas necessidades adicionais do paciente, como desejado por ele, para reorganizar sua vida e nem para ajuda prática em casa, o que reflete que tanto o paciente quanto a família estavam dando conta das demandas do cotidiano. É importante ressaltar um fenômeno identificado especialmente na população de Sorocaba—SP. Trata-se do apoio da comunidade religiosa, não apenas para suprir necessidades espirituais, mas também as de ordem prática, como levar para ter consultas médicas, fazer companhia, fazer compras. No que diz respeito ao aspecto financeiro, apesar das limitações próprias de uma população que se utiliza de serviços públicos para cuidados com a saúde, todos os benefícios aos quais tinham direito estavam sendo recebidos. Além disso, era possível a eles pegar remédios gratuitos em instituições com objetivos beneficentes. Não houve tempo perdido no que diz respeito ao tempo que o paciente despendeu em exames ou consultas.

Os pacientes geralmente pareciam estar satisfeitos consigo próprios ou com a visão de mundo, não apresentando sentimentos de culpa ou castigo a respeito da doença. No entanto, era possível ouvir questões referentes a preocupações com o futuro, com o cuidado dos filhos e com questões não resolvidas.

O Índice Karnofsky, utilizado para medir condições gerais de saúde do paciente, indicou, para a última semana de vida, que nesta amostra os sujeitos encontravam-se em sua esmagadora maioria com escore 30, indicador de séria incapacitação. O decréscimo desse índice foi evidente ao longo das três últimas semanas de vida.

Comparando-se a freqüência de hospitalização com permanência em casa ou em casa de apoio, verificou-se que a maioria dos pacientes permaneceu ou em casa ou em hospital nas últimas semanas, havendo poucos dias passados em casa de apoio, o que se explica pelas características da amostra.

Um aspecto que merece ser melhor considerado diz respeito à ansiedade dos profissionais e da equipe médica diretamente encarregada de oferecer cuidados paliativos à amostra. Seus índices de ansiedade permaneceram baixos, mesmo quando se aproximava a morte do paciente. Isso pode ser explicado a partir do comportamento de distanciamento, já apontado no que se refere à comunicação com a unidade de cuidados. Dessa forma, a equipe estaria protegida das angústias decorrentes dos tão freqüentes sentimentos de impotência, quando o paciente morre.

Abrangendo aspectos específicos relacionados à *qualidade de vida* nas três últimas semanas de vida, verifica-se que quanto à *mobilidade*, esta vai piorando gradativamente, assim como *aspectos de vida diária*, perdendo as condições de realizar cuidados pessoais e algumas tarefas leves e se locomover sem ajuda, mesmo que para distâncias pequenas. Quanto à *saúde*, a piora foi também gradativa, levando à condição de se sentir mal, fraco e até mesmo inconsciente. *Apoio* é o índice que se mantém em elevação ao longo do período, significando que o paciente relacionou-se bem com as pessoas, recebeu apoio significativo de familiares e/ou amigos, na forma de cuidados pessoais, ajuda para solução de problemas práticos e apoio social. *De modo geral*, os pacientes apresentavam evidentes períodos de ansiedade ou depressão. Considerando-se os índices de qualidade de vida como um todo, verifica-se que a maioria está situada em escores médios, com predomínio do apoio. Este aspecto foi particularmente estudado, a partir de observações feitas sobre as interações dos pacientes com seus familiares, na situação de entrevista, e também pelos relatos de ambos. Ficou evidenciado que esse apoio por parte do familiar tem um caráter de infantilização, tanto na maneira de ver o paciente como na de tratá-lo. Questões levantadas pelo paciente que dissessem respeito à sua necessidade de falar na morte que se aproximava, ou em questões não resolvidas, eram evitadas, na tentativa, por parte do familiar, de protegê-lo, e a si próprio, do enfrentamento desse confronto. Se considerarmos que a abertura da comunicação é um facilitador no processo de luto, uma atitude como esta terá impacto negativo sobre a elaboração.

Resumindo, a partir da proposta inicial de considerar determinados aspectos da análise e identificação de condições de terminalidade, esta pesquisa apontou o que se segue:

1. *Percepção de necessidades pelo paciente e pela família*: a piora nas condições do paciente era percebida, porém timidamente eram feitos apelos por uma solução ou por medidas paliativas. A ida ao ambulatório para buscar remédios era motivada pela dor, como sintoma principal, enquanto outros sintomas eram entendidos e tratados isoladamente. Era freqüente a posição dos familiares de negar-se a constatar a piora como um todo e identificar a piora em alguns sintomas isoladamente, como se não fizessem parte do quadro próximo da morte.

2. *Comparação entre os diferentes sistemas de crença (da unidade de cuidados e da equipe profissional)*: as famílias atribuíam com freqüência a causas comportamentais a ocorrência da doença e, em conseqüência, culpavam o doente pelo seu estado. Em alguns casos, havia uma visão semelhante encontrada na equipe médica, que assim explicava a incidência da doença a partir de dados populacionais. Por exemplo: alcoolista que apresenta câncer de cabeça e pescoço; paciente feminina que teve muitos parceiros sexuais e apresenta câncer uterino. Desta forma, esta visão acerca da doença leva o paciente a se culpabilizar por ela e, a partir de sua experiência vivencial, a desenvolver uma aderência ao tratamento em graus diversos de intensidade e adequação. Não raro ouvia-se de paciente e família que a doença era um castigo. Conseqüentemente, a morte era vista como o castigo pelo castigo, o que levava a um distanciamento por parte dos familiares. Não seria uma razão semelhante que provocaria o afastamento da equipe, do qual o paciente e sua família tanto se queixam? Se a doença era um castigo, o sofrimento era a forma de purgar esse castigo. Daí as medidas tímidas de busca de solução para o sofrimento causado pelos sintomas.

3. *Comunicação paciente-família-equipe*: esta foi uma área delicadíssima apontada por esta pesquisa. A comunicação, entendida como a forma pela qual é possível haver compreensão a partir de um referencial comum, mostrou-se falha e prejudicada. Supunha-se a existência de um referencial comum ao menos entre paciente e família, mas pontos como os levantados no item anterior mostram que nem sempre isso era encontrado. No que se refere à comunicação com a equipe profissional, vários fatores podem ter colaborado para as dificuldades encontradas. Grande número de pacientes não permitia o prolongamento das consultas, de maneira que garantisse ao médico que o que estava sendo

falado estava sendo compreendido. Além do mais, pouco cuidado era dado à linguagem corporal, ao que não era dito verbalmente e, sim, corporal, gestualmente. Essa atitude reflete uma outra, tradicional, que é mantida a cada dia, apesar de tímidas tentativas de reformulação. Trata-se de uma relação de poder, na qual se coloca, em um extremo, o médico, com o poder que o conhecimento lhe dá e, no outro, o paciente, com a impotência que a doença lhe dá. Intermediando, fica a família que, por não estar doente, pode tentar ser a interlocutora de seu doente, mas que muitas vezes não recebe atenção, exatamente porque seu pedido não é entendido como legítimo e, sim, como um incômodo.

4. *Semelhanças e diferenças nas necessidades psicossociais na unidade de cuidados:* na população estudada, foi encontrado um apoio suficiente e adequado da comunidade de referência da unidade de cuidados. Ter companhia, receber visitas de amigos ou membros da mesma comunidade religiosa, cuidados básicos com alimentação, necessidades práticas atendidas, todos esses aspectos foram satisfatórios e a comunidade mostrou-se adequada para supri-los. No entanto, fica claro que há uma lacuna no que se refere à possibilidade de se adaptar ao processo de morte, a partir do momento que ela é vista como irreversível. As pessoas demonstraram dificuldade em falar a respeito e em encarar a morte como decorrência do processo de adoecimento. Os familiares percebiam a situação com as diferenças esperadas a partir da posição de cada um, ou seja: a maneira como cada um se vinculava à pessoa doente, com o significado atribuído a essa relação já no período anterior à doença. Como o cuidador tendia a ser uma figura feminina, via-se a situação bastante comum nesses casos: a mulher fica sobrecarregada com múltiplas funções e ainda é forçada a dar conta do luto próprio e do dos demais membros da família. Neste aspecto, alguma atenção especial deve ser oferecida ao cuidador.

5. *A experiência de lidar com os sintomas, do ponto de vista dos segmentos envolvidos:* o sintoma, para o paciente e sua família, é, antes de tudo, uma experiência subjetiva, que não existe isoladamente e, sim, por meio de seu significado, do significado que lhe é atribuído pelo paciente e família, e também por aquilo que a cultura entende como atributo do sintoma. Dessa forma, falar sobre lidar com sintomas é falar sobre realidades totalmente distintas, a partir de cada um dos pontos de vista. Havia pacientes

que viam no sintoma seu castigo por terem praticado determinados comportamentos julgados reprováveis, enquanto outros viam no sintoma um desafio a ser vencido, como se dependesse exclusivamente de sua boa vontade ou empenho. Para os familiares, o sintoma podia ter também esses significados mas, de maneira unânime, era o sinalizador de sua capacidade de dar apoio ao doente. O sintoma, para o familiar, era o campo no qual eram colocadas à prova suas aptidões para cuidar, suas habilidades para desempenhar novos papéis. Com freqüência, encontrávamos também familiares de pacientes que se assustavam muito com os sintomas, principalmente por não saber interpretá-los objetivamente, ou seja, o que eles representavam quanto ao estado do paciente, se era um sinal de piora, de morte próxima. Dada essa multiplicidade de interpretações e as demandas colocadas para o familiar, um comportamento habitual para lidar com os sintomas era o de buscar outros recursos, além daqueles da medicina ortodoxa. Era comum recorrer a benzedeiras, grupos de oração, medicamentos não receitados pelos médicos, mas indicados por conhecidos. As comparações com outros casos eram também freqüentes, na tentativa de encontrar um sentido, uma resposta. Ouviam-se na sala de espera exemplos de outras pessoas que tiveram soluções com esta ou aquela medida, que eram prontamente recomendadas e, aparentemente, seguidas. Com isso, muitas vezes não era dada à equipe médica uma descrição fiel dos sintomas, pois as famílias temiam se indispor com os médicos, se tivessem utilizado outros recursos. Chama a atenção, portanto, que a comunicação novamente neste aspecto apresenta problemas, também devidos à relação de poder estabelecida: se o paciente ou seu familiar diz ao médico que usa outros recursos simultaneamente com os recomendados, pode dar margem à interpretação de falta de confiança (o que não deixa de ser também) nos cuidados e pode correr o risco de ficar até sem esses cuidados. Dessa forma, o médico fica sem uma informação importante e anda às cegas, muitas vezes sem o saber. A interpretação que o médico faz a respeito do sintoma tem significados opostos aos do paciente. Embora reconhecendo que o sintoma é uma experiência subjetiva, o médico o interpreta dentro de um quadro total de evolução da doença. A partir daí, escolherá sua conduta. No entanto, na comunicação desse procedimento, parece que o aspecto da subjetividade da experiência do paciente é desconsiderado e o sintoma volta a ser visto apenas como algo que deverá ser domado, subjugado, controlado, bastando que se faça o recomendado. É exatamente nesta lacuna que se coloca a grande dificuldade para lidar com o paciente terminal.

6. *Necessidades referentes ao processo de enlutamento*: aos familiares de pacientes do ambulatório era oferecido acompanhamento de luto, durante o período de terminalidade e após a morte do paciente. Ao paciente era oferecida uma escuta atenta toda vez que quisesse falar sobre sua percepção de agravamento de estado e de morte próxima. Foram identificadas diferenças significativas que devem ser analisadas mais detalhadamente. Os pacientes, com poucas exceções, queriam falar a esse respeito, sinalizavam que tinham essa necessidade e deixavam claro que não percebiam como fazer isso com seus familiares, ou por querer poupá-los ou porque estes mesmos evitavam o assunto. Os pacientes falavam de suas inquietações, de preocupações com este ou aquele familiar, ou porque sofreria muito com sua morte ou porque não tinha conseguido se adaptar às novas demandas que já estava enfrentando. Os pacientes eram mais corajosos para falar de sua morte do que seus familiares, isto era evidente. O luto da pessoa que estava à morte também era mais claro: ela lamentava não ter mais a companhia dos entes queridos e também deixar de fazer as atividades que lhe davam prazer. A religião tinha um papel preponderante, e era vista por meio de falas alusivas a encontrar-se com outros entes queridos já falecidos, encontrar-se com Deus, ir para a vida eterna. Surgia como um alívio para as angústias relacionadas ao sofrimento pelos sintomas exacerbados. Quanto aos familiares, constatou-se uma resposta muito intrigante. Apesar da oferta de acompanhamento para o período do luto, houve pouca procura. Havia dificuldades práticas que poderiam explicar isso, como a dificuldade em ir ao ambulatório, a perda de contato com as famílias ou porque o endereço no prontuário não estava completo ou porque podiam ir apenas quando contavam com o recurso de condução oferecida pela prefeitura, mas somente para o paciente, e não para o familiar, depois de o paciente haver falecido. Mesmo assim, dos poucos que foram foi possível destacar alguns aspectos interessantes: o membro da família precisava se assegurar de que tinha feito tudo que lhe era possível para garantir algum conforto àquele que havia morrido, mas confirmando a literatura, havia sempre a sensação de haver falhado, de ter deixa-

do passar alguma chance de salvar aquela pessoa, sensação essa que era vivida também em relação à equipe médica, como se fosse necessário encontrar culpados pela morte; a aceitação da perda estava condicionada à possibilidade de ter estado presente durante as fases do adoecimento, além da qualidade da relação prévia à doença. O que parece ter ficado claro foi que os familiares não queriam voltar ao lugar onde tinham ido com esperança, em busca de cura, mesmo que fosse para receber conforto.

Alguns exemplos são aqui apresentados, na tentativa de oferecer um conhecimento mais amplo acerca da realidade abordada nesta pesquisa. Na escolha destes casos para exemplo, buscou-se uma amostra diversificada, para permitir maiores discussões sobre os temas levantados.

— Paciente de sexo masculino, com câncer primário de pulmão, trinta e seis anos, casado, com três filhos. Era caseiro de um sítio, mas nos últimos tempos não lhe era mais possível exercer suas funções, pois cansava-se facilmente e mal podia sair de casa. Deprimido por essa limitação, mostrava-se irritado com a esposa, que não sabia o que fazer para ajudá-lo. Em entrevista com ambos, fica clara a percepção que ele tinha de sua condição, do agravamento e da não-resposta aos tratamentos curativos. Perguntado sobre o que poderia ser feito, afirma que gostaria de ainda poder decidir sobre as atividades do sítio, mesmo com o impedimento de se locomover. Foi, então, sugerido que fizessem uma parceria, ele e a esposa, para que ela o informasse do que acontecia no sítio e ele pudesse tomar as decisões, que ela implementaria e reportaria a ele. Ao mesmo tempo, foi-lhe sugerido que tivesse uma atividade manual, que o mantivesse se sentindo útil. Ele se lembrou de que gostava de fazer artesanato com pregadores de roupa, como cadeiras e mesas pequenas. Obteve na ABOS os pregadores de que necessitava, trabalhou no artesanato e até mesmo conseguiu vender algumas das peças que produziu.

— Paciente de sexo feminino, com câncer de cólon, cinqüenta anos, uma filha adulta e uma adolescente. Falava com muita naturalidade de seu estado, percebia com clareza o agravamento e já havia informado às filhas detalhes sobre como queria que fosse feito seu funeral. Havia até mesmo comprado a roupa que queria usar no enterro. Esta paciente tinha uma grande preocupação com a filha adulta, que, segundo afirmava, iria sofrer muito pois era imatura e incapaz de cuidar adequadamente de sua própria vida, bem como da irmã menor. Foi possível procurar obter delas que conversassem mais acerca das preocupações, por mais difícil que lhes parecesse, e a filha adulta voltou ao ambulatório após a morte da mãe, para agradecer pelo apoio recebido.

— Paciente de sexo masculino, cinqüenta e dois anos, com câncer de cabeça e pescoço, solteiro. Vivia com as irmãs e a mãe. Havia um pacto de silêncio entre eles, pois não era permitido falar sobre sua real condição de saúde. A questão do alcoolismo sempre havia sido um problema naquela família e as irmãs eram muito severas com esse irmão, por ter sido alcoolista e ter desenvolvido a doença. As necessidades dele eram vistas como capricho e a lacuna na comunicação era preenchida com cuidados exagerados ou recriminações. Houve uma semana em que ele bebeu e sentiu mais dores do que normalmente. No encontro com a equipe da pesquisa na semana seguinte, a irmã que o acompanhava estava muito brava, pois creditava à equipe o incentivo a que ele bebesse e, conseqüentemente, a que ele não se curasse, o que parecia ainda ser sua expectativa. Foi necessário conversar muito com ela, e com ele também, para que pudessem ver com mais clareza, e aceitar, embora com dificuldade, o estado de coisas em que se encontravam.

b) Equipe profissional; médicos

Complementando a identificação das condições da terminalidade e visando integrar com a experiência da equipe profissional que cuida desse paciente, demos início às entrevistas com os médicos do Ambulatório de Oncologia Clínica, que participaram desta pesquisa. Esta necessidade surgiu a partir da análise dos dados obtidos com os pacientes e sua família, dados esses que apontavam, como já mencionado neste capítulo, um sério problema de comunicação com a equipe médica, o que dificultava sobremaneira sua adesão ao tratamento. Acreditamos que essa dificuldade também pôde ser percebida pelo médico como um entrave à boa realização de seu trabalho e, por esse motivo, resolvemos ouvi-lo. Esperávamos também obter dados que permitissem uma proposta de elaboração desta dificuldade com eles.

Foram entrevistados seis médicos, em uma entrevista cada. Esta amostra foi, portanto, composta por seis profissionais, de ambos os sexos, com idade variando de 29 a 48 anos, com especialidade em oncologia clínica ou hematologia. Todos os médicos do ambulatório foram procurados para participar desta atividade, mas dois deles não foram entrevistados, pois alegaram que não dispunham de tempo. As entrevistas não tinham limite prévio de duração, mas tiveram uma duração média de 40 minutos cada. Foram gravadas em áudio, com consentimento dos entrevistados, e depois transcritas para permitir sua análise, de acordo com Bardin (1977). Foram utilizados os seguintes critérios básicos para análise de conteúdo dessas entrevistas:

* atividade que desenvolve;
* formação acadêmica;
* expectativas com relação à medicina durante a formação;
* expectativas com relação à oncologia;
* como define a morte (três palavras);
* como define a oncologia (três palavras);
* comunicação médico-paciente;
* comunicação médico-família;
* importância de dizer ao paciente que ele é terminal;
* dificuldade de dizer ao paciente que ele é terminal;
* reação do paciente/família ao saber que é terminal;
* importância da presença do médico na hora da morte;
* reações mediante a morte do outro;
* como percebe a equipe de trabalho no contato com a terminalidade;
* importância da qualidade de vida ante a morte;
* como propiciar qualidade de vida no momento da terminalidade;
* importância de um acompanhamento de luto para a família após a morte;
* significado de *hospice*;
* importância da equipe multidisciplinar;
* como a própria formação abordou a questão da morte;
* como o profissional trabalha com isto;
* importância de trabalhar o futuro profissional para lidar com a terminalidade.

A seguir, é apresentada uma entrevista analisada, de acordo com esses critérios. Esta entrevista foi escolhida em especial pois apresenta-se como emblemática do posicionamento dos demais membros da equipe. A identidade do entrevistado foi preservada, pois o interesse está não em identificá-lo e, sim, em tomar suas palavras como representativas de outros profissionais envolvidos em atividades semelhantes à sua.

Análise de uma entrevista

O dr. X desenvolve suas atividades profissionais em hospitais e como docente de uma faculdade de medicina. Caracteriza seu trabalho como "assistencial". Atende prioritariamente pacientes adultos. Graduou-se em medicina na mesma faculdade onde leciona e também onde fez a residência médica especializando-se em clínica médica e oncologia clínica.

As expectativas que tinha da medicina durante a formação eram no sentido de ajudar as pessoas, sendo terapêutico e não somente prescrevendo terapias. Com relação à oncologia, sua expectativa era de poder acompanhar o desenvolvimento tecnológico — que considera significativo neste campo específico da medicina nas últimas décadas. Percebe-se que o fato de a presença do médico ser o centro do tratamento é importante para ele.

O dr. X sente a morte como perda, sofrimento e luto, sendo mais difícil para ele lidar com a morte de pacientes infantis. Já com relação à oncologia, descreve-a como medo, tabu e gratificação.

Ele afirma que a comunicação médico-paciente é fundamental e que o papel do médico é reduzir a ansiedade do paciente. Para os pacientes de seu consultório particular, dispõe de mais tempo para trabalhar o medo, a desesperança e a ansiedade, que os pacientes trazem na primeira consulta, principalmente. No entanto, por mais que afirme privilegiar a relação médico-paciente, observa-se que quando menciona sua prática como docente, bem como no seu pensar sobre a terminalidade, há uma dissociação evidente da sua conduta como técnico da medicina e dos aspectos mais humanizantes do tratamento que atribui aos outros profissionais: psicólogos, assistentes sociais e religiosos.

Parece ter um pouco mais de dificuldade que permanece inespecífica quanto à comunicação médico-família, sentindo-se como um eterno aprendiz.

Afirma ser difícil ter de contar ao paciente que ele é terminal, tendo sua ação dirigida sempre para a verdade do diagnóstico e do prognóstico. Acredita ser importante que o paciente saiba da sua condição terminal, havendo uma forma mais adequada para cada paciente sabê-lo, e que o médico deve buscar esta forma. Porém, pacientes crianças, doentes mentais ou com senilidade patológica devem ser informados parcial e homeopaticamente. Já os familiares devem ser informados do quadro total e realístico do paciente. O processo de tratamento fica dificultado quando ocorre de o paciente ou seus familiares negarem o diagnóstico e o prognóstico até o fim, ou seja até a morte do paciente. É sua opinião que na fase terminal os pacientes parecem conseguir perceber certas coisas que antes tinham dificuldade.

No entanto, sua linha de conduta como médico, durante o tratamento, não muda nem mesmo quando chega a fase terminal. Sua postura ante o paciente terminal não muda, apenas parece ficar mais intensa.

O dr. X relata que já esteve em todos os papéis com relação à oncologia: já foi paciente, familiar de paciente, sendo médico oncologista em todos os momentos. Acredita ser um "trunfo" que lhe confere mais segurança ao relacionar-se com os pacientes e seus familiares, facilitando a adesão ao tratamento, principalmente quando o paciente tende a abandonar o tratamento ou reage agressiva e negativamente ao diagnóstico. Constata que reagem mais favoravelmente quando relata sua vivência pessoal com o câncer, que acaba influenciando "de forma mágica no tratamento" (sic).

Quanto à presença do médico na hora da morte, pensa que é mais importante para os familiares do que para o paciente que muitas vezes se encontra num estado alterado de consciência. Acredita que por esta razão o paciente não reconhece quem está ou não está com ele neste momento. Afirma que tem como rotina chamar os familiares para uma entrevista com ele após o *"exitus"* (sic). Quando necessário, faz mais entrevistas, procurando assim trabalhar o luto destes familiares.

Percebe que morre um pouco com a morte do outro, e generaliza esta sensação afirmando que por mais que o profissional tenha *preparo*, (que define como análise ou discussão aberta em grupo) e *experiência*, ainda não é suficiente e reconhece que, para ele particularmente, a sensação de perda é mais intensa quanto mais jovem é o paciente.

Quanto à equipe de trabalho, sente dificuldade com o fato de os colegas literalmente fugirem da situação de discussão em grupo, porém justifica ser compreensível esta fuga pois reconhece ser difícil e desagradável ter de enfrentar a situação de sofrimento. Portanto, conclui-se, a partir desta fala, que o próprio dr. X se inclui neste grupo que foge do momento de discussão.

Esboça um pensamento que, se uma equipe discutisse as decisões a serem tomadas quanto a cada tratamento, aliviar-se-ia da carga emocional e do estresse de profissional que decide sozinho quanto ao caminho do tratamento. Porém não especifica se esta equipe seria interdisciplinar ou somente de médicos.

Ao ser questionado sobre a importância de uma equipe interdisciplinar para favorecer a qualidade de vida do paciente terminal, ele cita espontaneamente o exemplo dos *hospices* da Inglaterra e do Canadá. Introduz seu conceito de *hospice* que funciona como uma equipe voltada para os aspectos humanísticos e não médicos. Caracteriza como profissionais responsáveis para proporcionar tais aspectos humanísticos: psicólogos, religiosos, assistentes sociais, enfermeiros. O que deve ser assegurado, segundo ele, é uma presença muito mais humana do que técnica. Por essa razão é que o médico é simplesmente mais um profissional da equipe e não aquele que a chefia. Desta maneira, dr. X parece dividir o tratamento em duas possibilidades: enquanto há possibilidade terapêutica, o tratamento é estritamente técnico e, portanto, compete aos médicos, quando o paciente se encontra fora de possibilidades terapêuticas o tratamento assume um caráter humano não cabendo mais aos médicos-técnicos intervir.

Reflete sobre o conceito da formação médica que postula ser papel do médico prolongar a vida a qualquer custo. Propõe que o conceito pode ser transformado para que o papel do médico seja o de preservar a vida, mantendo-a numa situação digna e positiva para o indivíduo. Aponta também, no tocante à formação médica, que a falta de uma formação mais humanística ocasiona a grande onipotência que o médico recém-formado expressa. Parece considerar como formação mais humanística o ensino e a prática religiosos. Acredita que a própria formação religiosa foi o que proporcionou suporte no momento em que era paciente de câncer, considerando a religiosidade como aspecto fundamental no tratamento oncológico, para todas as partes implicadas nesse tratamento.

2 — FASE 2

A partir da análise desses dados, foram feitas reuniões com o médico-chefe do Ambulatório de Oncologia Clínica, para exposição e discussão dos resultados. Ele se mostrou muito preocupado com a constatação do aspecto da dor e da dificuldade de comunicação entre os profissionais e a unidade de cuidados. Na tentativa de promover uma melhora nesse quadro, uma vez que a maioria dos pacientes era desse ambulatório e qualquer possibilidade de intervenção tornar-se-ia viável ali, levantamos a necessidade de treinar as pessoas que trabalham com pacientes fora de possibilidades terapêuticas, quer como profissionais, quer como voluntários.

Foi realizada, então, uma oficina com as voluntárias da ABOS,[3] viabilizada devido ao contato com o médico chefe do ambulatório que também é o coordenador técnico dessa instituição e do grupo de voluntárias. Além disso, é à ABOS que esses pacientes recorrem quando passam por dificuldades financeiras e necessitam de outros tipos de apoio, pois a instituição funciona nos moldes de uma casa de apoio. Os pacientes que se submetem à quimioterapia lá permanecem durante o período de tratamento, e além da medicação são oferecidas fraldas, cadeiras de rodas e outros itens necessários. Tudo é obtido graças a doações ou é adquirido com dinheiro arrecadado em promoções como o "Baile do Quilo", no qual se pede que as pessoas levem alimento como entrada.

A atividade com os voluntários foi realizada num sábado, de maneira que todos eles pudessem estar presentes. Como se dividem em diferentes atividades, tinham também diferentes expectativas sobre sua participação.

Durante a atividade, percebeu-se que apesar da vontade e do empenho que as voluntárias possuem, falta-lhes treinamento para que possam estar percebendo, discutindo, compartilhando e elaborando as ansiedades, angústias, medos e dor que surgem ao cuidar de pacientes terminais. Foi possível verificar que o convívio com esses pacientes faz com que as pessoas que estão ao seu redor (familiares e profissionais) deparem com diversas situações ligadas a perdas, não só perdas físicas e psíquicas, mas também à morte real. Como conseqüência, o trabalho voluntário é bombardeado por demandas que não são adequadamente atendidas por falta de treinamento.

Durante a oficina, tendo esses cuidados em mente, realizamos atividades de sensibilização, empatia e relaxamento com os seguintes objetivos:

- levar os participantes a ampliar seu grau de percepção para as questões envolvidas no processo de terminalidade;
- facilitar a comunicação entre a equipe de voluntários e, por extensão, desta com os pacientes e sua família;
- ampliar a possibilidade de conhecer e entender o processo de terminalidade, com as implicações do luto familiar.

---

3. Associação Beneficente Oncológica de Sorocaba.

A oficina foi totalmente filmada em videocassete e o material foi posteriormente transcrito, para permitir sua análise. Dos objetivos propostos, verificou-se que foram atingidos com excelente grau de realização. Fica, no entanto, a necessidade de um processo continuado de reciclagem, pois esta é uma população que muda muito, tanto em sua composição humana como em suas atividades e demandas. A possibilidade de reciclagem foi também uma solicitação do grupo e deveria ser mantida como uma constante. Com isto, objetivamos obter uma maior integração daqueles que estão envolvidos com a experiência do paciente terminal, capacitando-os para um desempenho mais eficaz e menos oneroso, no sentido de seu dispêndio emocional.

CONSIDERAÇÕES FINAIS

Como proposta de instalação de uma unidade de cuidados paliativos que desse conta de atender o paciente terminal, sua família e oferecesse esses cuidados por uma equipe profissional integrada e atenta às necessidades dessa unidade de cuidados, ficam algumas recomendações, como fruto desta pesquisa.

No que se refere ao paciente: nunca será demais dizer que ele precisa ser visto em sua integralidade e em sua subjetividade. Não é um doente que morre, é uma pessoa que deixa de existir, que não é mais. Ao fazer isso, ele está nos lembrando a todos de nossa condição humana, da finitude que nos caracteriza e por isso pode ser evitado ou ignorado por aqueles que não se aceitaram dentro dessa mesma condição. Morrer é uma atividade muito solitária, pelo que os pacientes nos mostraram. São cercados de cuidados, que podem não ser aqueles de que necessitam. São impedidos de falar sobre seus medos e de fazer perguntas para as quais os outros não têm resposta. A impessoalidade no tratamento colabora para que a solidão do morrer se acentue. A proposta de cuidados paliativos, como desenvolvida nos *hospices*, preenche essa lacuna, à medida que leva o paciente a uma possibilidade de viver tanto quanto lhe for possível, mas levando em conta suas próprias possibilidades e desejos.

No que se refere à família: enquanto a família não for vista como realmente parte indissolúvel da unidade de cuidados, sua ação estará representando um gasto errático de energia e talento. Na população estudada, vimos o quanto a família pode se organizar e equilibrar quando isto lhe é permitido, quando seus recursos são levados em conta e não quando ela é vista como um empecilho à ação da equipe profissional. Parece que enquanto não for possível estabelecer uma aliança de cuidados com a família e ela for um estorvo, teremos segmentos incompatíveis tentando enfrentar o mesmo problema.

No que se refere à equipe: temos neste aspecto uma dificuldade grande que, felizmente, parece estar sendo vista de frente por quem se sensibiliza com o problema. Trata-se da formação do profissional, e a grande ênfase colocada no curar, como se promover morte digna fosse algo em si indigno para o profissional. Trabalhar com cuidados paliativos é uma especialização que requer formação específica mas, acima de tudo, a adoção de uma filosofia de vida que leve em conta as condições inerentes do ser humano. Trata-se também de usar operacionalmente a oferta de voluntários. O objetivo é capacitar essas pessoas, tanto profissionais como voluntários, para que atuem junto a unidade de cuidados após uma reflexão profunda sobre o significado da terminalidade, sem que precisem passar empiricamente pela experiência de ser um paciente de câncer, como vimos que foi um diferencial na vida do médico cuja entrevista foi aqui apresentada e analisada como modelo, ou de ter paciente de câncer entre seus familiares mais próximos, como ouvimos no relato dos voluntários.

Compor a equipe multiprofissional não precisa ser uma atividade onerosa, se as habilidades forem operacionalmente utilizadas. A equipe tem necessidade de médicos, enfermeiros, psicólogos, assistentes sociais, farmacêuticos, fisioterapeutas, massagistas, assim como de voluntários que ofereçam seu tempo para estar com o paciente ou seu familiar quando não for importante estar tratando de algum aspecto físico, se for possível fazer essa divisão tão artificial. A delimitação das áreas de competência, simultaneamente à flexibilidade para circular entre essas mesmas áreas pode ser um recurso importante para assegurar ao paciente que disputas territoriais não irão privá-lo de receber os cuidados necessários. Oferecer cuidados paliativos requer uma equipe especializada, afinada com a proposta. Requer, mais do que um local, uma disponibilidade. Pode ser feito na residência do paciente, desde que sejam oferecidas condições de treinamento e segurança para os cuidadores, membros da família, que permanecerão com o paciente por períodos mais longos. A inserção da equipe no funcionamento familiar requer conhecimentos profundos sobre esse mesmo funcionamento, que se dá de uma maneira no ambulatório e de outra em seu hábitat, a casa. Enfim, as equipes profissionais para trabalhar com cuidados paliativos não podem ser nem improvisadas, nem uma colagem de habilidades vindas de campos diversos. Há uma unidade esperada nesse funcionamento, há a necessidade de uma constante avaliação e modificações e, acima de tudo, há a necessidade de um enorme respeito por aquela pessoa que está à morte e por aqueles que ficam enlutados a partir dessa morte.

Restam muitos aspectos a serem ainda aprofundados. Esta pesquisa abriu possibilidades ou apontou caminhos a serem percorridos no que se refere aos cuidados paliativos oferecidos aos pacientes terminais e às suas famílias. Trata-se de uma situação com necessidades muito peculiares, que precisam ser cuidadosamente identificadas para que uma ação produtiva possa ser proposta.

Como *conclusão final*, é importante destacar o quanto este trabalho permitiu aos pesquisadores dele participantes o aprofundamento de reflexões sobre as questões da terminalidade. Houve momentos difíceis, nos quais o contato com o paciente terminal não se deu unicamente pela via do instrumento, que poderia servir de escudo, para proteger de sentimentos dolorosos. O contato foi direto, em toda a sua intensidade. Do ponto de vista da análise do material colhido com uso do STAS, ficou claro que se trata de um instrumento extremamente rico para esse objetivo, que requer, porém, algumas adaptações para seu uso em nossa realidade. Mesmo assim, muitos dados colhidos por meio das entrevistas com os pacientes e seus familiares tiveram também força na análise final.

REFERÊNCIAS BIBLIOGRÁFICAS

ANDERSON, F.; DOWNING, G.M., HILL, J.; CASORSO, L. e NORREN, L. "Palliative Performance Scale (PPS), a new tool", *Journal of Palliative Care*, 12:1, 1996, pp.5-11.

BAINES, M. "Terminal Ilness". In: GIRWOOD, R.H. e PETRIE, J.C. (eds.) *Textbook of Medical Treatment*, Londres, Churchill Livingstone, 1987, pp.1-16.

BERARDO, D.H. "Quality of life across age and family stage". *Journal of Palliative Care* 8:3,1992, pp.52-5.

BROMBERG, M.H.P.F e HIGGINSON, I. "Bereavement Follow-up: What do Palliative Care Teams Actually Do?" In: *Journal of Palliative Care*, 12:1, 1996, pp.12-7.

BROWN, P.; DAVIES, B. & MARTENS, N. "Families in supportive care". Part II: Palliative care at home: a viable care setting. *Journal of Palliative Care*, 6:3, 1992, pp.21-7.

BULLINGER, M. "Quality of life assessment in palliative care". *Journal of Palliative Care* 8:3, 1992, pp.34-9.

BUTTERS, E.; HIGGINSON, I.; WADE, A. & MCCARTHY, M. "Community HIV/AIDS Teams". *Health Trends*, Vol. 23, Nº 2, 1991, pp.59-61.

_____ HIGGINSON, I.; GEORGE, R.; SMITS, A. & MCCARTHY, M. "Assessing the symptoms, anxiety and practical needs of HIV/AIDS patients receiving palliative care". *Quality of Life Research*, vol. 1, 1992, pp.47-51.

_____ HIGGINSON, I.; GEORGE, R. & MCCARTHY, M. "Palliative care for people with HIV/AIDS: views of patients, carers and providers". *Aids Care*, vol. 5, Nº 1, 1993, pp.105-116.

CARTWRIGHT, A.; HOCKEY, L. & ANDERSON, J.L. *Life before death*. Londres & Boston, Routledge & Kegan Paul, 1973.

_____ "Changes in life and care in the year before death 1969-1987". *Journal of Public Health Medicine*, Vol. 13, Nº 2, 1991 pp.81-87.

CELLA, D.F. "Quality of life: the concept". *Journal of Palliative Care* 8:3, 1992, pp.8-13.

CHAMBERS, E.J.; OAKHILL, A.; CORNISH, J.M. & CURNICK, S. "Terminal Care at Home for Children with Cancer". *British Medical Journal*; 298, 1989, pp.937-40.

CHARLTON, R.C. "Spiritual needs of the dying and bereavement; views of UK and New Zealand". *Journal of Palliative Care*, 8(4), 1992, pp.38-40.

CLENCH, P. "The development of home care services in the UK", in Spilling, R. (ed) *Terminal care at home*. Oxford, Oxford University Press, 1986.

COATES, A. "Application of quality of life measures in health care delivery". *Journal of Palliative Care*, 8:3, 1992, pp.18-21.

COHEN, S.R. & MOUNT, B.M. "Quality of life in terminal illness: defining and measuring subjective well-being in the dying". *Journal of Palliative Care*, 8:3, 1992, pp.40-5.

COPPERMAN, H. *Dying at Home*. Chichester, John Wiley & Sons, 1988.

DAVIES, B.; REIMER, J.C. & MARTENS, N. "Families in Supportive Care. Part I: The Transition of Fading Away: the nature of the transition". *Journal of Palliative Care*, 6:3, 1990, pp.12-20.

DUNLOP, R.J. & HOCKLEY, J.M. *Terminal Care and Support Teams: the hospital-hospice interface*. Oxford, Oxford University Press, 1990.

GEORGE, R.J.D. "Coping with death anxiety—trying to make sense of it all?" *Aids*, Vol. 6, Nº 9, 1992, pp.1037-38.

GILLEY, J. "Intimacy and terminal care". *Journal of the Royal College of General Practicioners*, 38, 1988, pp.121-22.

GREEN, J. & GREEN, M. *Dealing with death; practices and procedures*. Londres, Chapman & Hall, 1992.

HANCOCK, B.W. "Quality and cost in the palliative care of cancer". *British Journal of Cancer*, 65, 1992, pp.141-42.

HIGGINSON, I. "How do we measure whether we have successfully address the problems identified on admission?" Background paper for Standards of care in palliative medicine joint workshop of the Research Unit of the *Royal College of Physicians and the Association for Palliative Medicine*, junho 1990.

_____ "Advanced cancer: aiming for the best in care". *Quality in HealthCare*, 2, 1993; pp.112-16.

_____ PRIEST, P.; MCCARTHY, M. "Are bereaved family members a validy proxy for a patient's assessment of dying?" *Soc.Sci.Med.*, vol. 38, Nº 4, 1994, pp.553-57.

_____ I. & MCCARTHY, M. "A prospective study of symptom control by a terminal care support team". *1986 International Symposium on Pain Control*; DOYLE, D. (ed.) Royal Society of Medicine Services, 1987, pp.81-5.

_____ & MCCARTHY, M. "Measuring symptoms in terminal cancer: are pain and dyspnoea controlled?" *Journal of the Royal Society of Medicine*, Vol. 8, Maio 1989, pp.264-67.

HINTON, J.M. "The physical and mental distress of the dying". *Quarterly of Medicine*, 32, 1963, pp.1-21.

HOCKLEY, J.; DUNLOP, R.; DAVIES, R.J. "Survey of distressing symptoms in dying patients and their families in hospital and the response to a symptom control team". *Brit. Med. J.*, 296, 1988, p.1715.

INTERNATIONAL ASSOCIATION FOR THE STUDY OF PAIN, Pain, Supplement 3, 1986, S-217.

KEIZER, M.C.; KOZAC, J.-F.; SCOTT, J. "Primary care providers's perceptions of care". *Journal of Palliative Care*, 8:4, 1992, pp.8-12.

LEVY, M.H. "Living with cancer: hospice/ palliative care". *Journal of the National Cancer Institute*, Vol. 85, Nº16, 18 de agosto de 1993.

LUBIN, S. "Palliative care: could your patient have been managed at home?" *Journal of Palliative Care* 8:2,1992, pp.18-22.

O'BRIEN, T. "Symptom control: pain". In: SAUNDERS,C. & SYKES, N. (eds.) *The management of terminal malignant disease.* Londres, Hodder & Stoughton, 1993.

ORGANIZAÇÃO MUNDIAL DA SAÚDE. *Cancer pain relief,* Genebra, 1990.

OLWENY, C.L.M. "Quality of life in developing countries". *Journal of Palliative Care,* 8:3, 1992, pp.25-30.

PARKES, C.M. "Terminal care: evaluation of in-patient service at St. Christopher's Hospice. Part I — Views of the surviving spouse on effects of the service on the patient". *Post Grad. Med.J.* 55: 1979; pp.517-22.

_____ "Terminal care: home, hospital or hospice?" *The Lancet,* 1985, i, pp.155-57.

_____ RELF, M e COULDRICK, A. *Counselling in terminal care and Bereavement.* Leister, BPS, 1996.

PERUSELLI, C.; CAMPORESI, E.; COLOMBO, A.M.; CUCCI, M.; SIRONI, P.G.; BELLODI, M.; CIRILLO, R.; LOVE, E. & MARIANO, R. "Nursing care planning for terminally ill cancer patients receiving home care". *Journal of Palliative Care,* 8:4, 1992, pp.4-7.

SAUNDERS, C. "Hospice Future", in MORGAN, J.D. (ed.) *Personal Care in a Impersonal World: a multidimensional look at bereavement.* Nova York, Baywood, 1993, pp.247-251.

_____ & SYKES, N. (eds.) *The management of terminal malignant disease.* 3ª ed, Londres, Hodder & Stoughton, 1993.

SCHACHTER, S. "Quality of life for families in the management of Home Care Patients with Advanced Cancer". *Journal of Palliative Care* 8:3, 1992, pp.61-6.

SPILLING, R. "Dying at home". In SPILLING, R. (ed.) *Terminal care at home.* Oxford, Oxford University Press, 1986.

STERKENBURG, C.A.; KING, B. e WOODWARD, C.A. "A Reliability and validity Study of the McMaster Quality of Life Scale (MQLS) for a palliative Population", *Journal of Palliative Care,* 12:1, 1996, pp.18-25.

TOWLSON, K. & RUBENS, R. "Quality of life: outcome evaluation". *Journal of Palliative Care,* 8:3,1992, pp.22-4.

WITTHAM, E.H. "Terminal care of the dying child; psychosocial implications of care". *Cancer,* 71: 1993; pp.3450-62.

YANCEY, D.; GREGER, A. & COBURN, P. "Determinants of grief resolution on cancer death". *Journal of Palliative Care,* 6(4): 1992: pp.24-31.

A pesquisa do enfrentamento na prática psico-oncológica

Maria da Glória G. Gimenes

Nos últimos anos, o tema enfrentamento ou *coping*, como é denominado na língua inglesa, vem chamando a atenção de pesquisadores e profissionais de saúde, comprometidos com a adaptação psicossocial do ser humano diante da adversidade.

Toda pessoa, ao longo da vida, se depara com uma série de situações problemáticas que podem abranger desde grandes crises, tais como uma doença grave e suas conseqüências, até pequenas dificuldades encontradas no dia-a-dia de todo ser humano. A natureza e a intensidade do impacto acarretado na vida da pessoa por tais situações dependem da relação entre a situação problemática e o sujeito que a experiencia dentro do contexto sociocultural no qual este se insere.

Uma extensa literatura propondo-se a analisar tal relação tem sido desenvolvida, sobretudo a partir da década de 1970. Embora esta reflita grande diversidade quanto à definição e mensuração do enfrentamento, os resultados têm demonstrado consistentemente que situações problemáticas podem não apenas resultar em grande estresse emocional como também, a longo prazo, apresentar efeitos cumulativos, tanto de natureza física como psicológica. Além disso, eles também têm demonstrado que situações problemáticas e estressantes podem favorecer a adoção de estratégias de enfrentamento que minimizem a experiência desgastante e facilitem a manutenção de níveis razoáveis de bem-estar psicológico por parte da pessoa diante do contexto de estresse (Morris, 1979; Gimenes, 1986), ou seja, sugere-se a concepção de que o estresse pode ser predominante, mas não necessariamente patogênico.

O diagnóstico do câncer, seus tratamentos e sua evolução, à medida que impõem à pessoa altos níveis de estresse, tanto de natureza física quanto emocional, parece apresentar-se como um contexto ideal para o estudo e melhor compreensão da relação entre o estresse, as estratégias de enfrentamento utilizadas e a adaptação psicossocial. Por outro lado, a aplicação do conceito de enfrentamento à pesquisa e à prática psico-oncológica representa uma oportunidade para a utilização de um referencial útil ao desenvolvimento de uma prática profissional bem-sucedida.

A compreensão acerca da origem do enfrentamento, da seleção de suas estratégias e de sua efetividade para lidar com o estresse inerente a cada uma das etapas da doença, parece oferecer condições essenciais para que se possa distinguir os que sobrevivem física e/ou emocionalmente daqueles que sucumbem diante do diagnóstico e tratamento do câncer. Além disso, as estratégias de enfrentamento também vêm sendo associadas à adesão a práticas preventivas em oncologia, como é o caso da prática do auto-exame da mama (Seidl e Gimenes, 1997).

Portanto, o estudo do conceito de enfrentamento pode oferecer subsídios teórico-conceituais que viabilizem o delineamento de procedimentos de intervenção tanto em nível preventivo quanto reabilitacional. Gimenes (1997) apresenta detalhadamente a evolução do conceito, explicitando suas possibilidades de aplicação em psico-oncologia.

ALTERNATIVAS METODOLÓGICAS

Dada a relevância do tema — enfrentamento — vários estudos nacionais e internacionais vêm sendo conduzidos para ampliar a compreensão daquele (Cohen, 1987; Lazarus, 1993; Lazarus e Folkman, 1984; Gimenes, 1986; Gimenes, Fávero e Silva, 1997; Gimenes e Queiroz, 1997). De modo geral, os resultados obtidos evidenciam a importância do papel das estratégias de enfrentamento no bem-estar psicológico, seu impacto no tempo de sobrevida e na qualidade de vida após o tratamento do câncer.

Diferentes abordagens metodológicas e procedimentos de análise foram usados nestes estudos. Entretanto, uma análise global da literatura revela-nos a prioridade de opção pelo método quantitativo.

A experiência acumulada nos últimos anos com o desenvolvimento de pesquisas que abordam questões relativas ao enfrentamento e sua relação com o bem-estar emocional, a qualidade de vida e câncer (Gimenes, 1986; Gimenes, 1988; Gimenes, Queiroz e Shayer, 1992; Gimenes e Spink, 1996; Gimenes e Spink, 1994/1997), têm demonstrado a inadequação da utilização do uso exclusivo de metodologia quantitativa. O estudo de grandes amostras por meio da utilização de escalas e questionários fechados trouxe ainda à tona a necessidade de se testar a efetividade e a adequação de diferentes tipos de abordagens metodológicas que permitam uma melhor identificação das estratégias de enfrentamento e da adaptação psicossocial diante de eventos estressantes, como é o caso de doença grave como o câncer.

Em geral, pesquisas que insistem em adotar com exclusividade métodos de natureza quantitativa não nos informam sobre a forma como os sujeitos constroem a experiência de adoecer e, conseqüentemente, como mobilizam forças para lidar com a doença e suas conseqüências e também como mobilizam forças para a recuperação da saúde. Em síntese, não nos permitem identificar a origem e a escolha particular das estratégias de enfrentamento utilizadas.

Por outro lado, o uso de questionários fechados é extremamente eficiente quando se trata de analisar a distribuição de determinadas representações em uma dada população. Permitem também entender as relações de determinação com um conjunto de variáveis. Este foi o caso de estudo realizado por Gimenes (1997b) com o objetivo de compreender a relação entre as estratégias de enfrentamento empregadas por 120 mulheres mastectomizadas, residentes em São Paulo e Fortaleza, e bem-estar emocional após o diagnóstico e tratamento do câncer.

Os resultados obtidos com estudos desta natureza apontaram para a relevância de se compreender o processo de elaboração das representações de saúde/doença/câncer, para que seja possível identificar e ampliar a compreensão acerca das estratégias de enfrentamento. Sugerem, ainda, a necessidade de parâmetros definidos para a realização de análise de discurso sobre saúde/doença e enfrentamento (Spink e Gimenes, 1994/1997; Spink, 1997; Spink, Gimenes, Gonçalves, Lima e Saleh, 1996).

Considerando mais especificamente o câncer da mama, é possível presumir que dois conjuntos de representações dão sustentação ao significado que é dado à doença: as representações da mama como símbolo de maternidade e feminilidade; e as representações específicas do câncer como doença socialmente significada e como experiência pessoal no âmbito das representações de si como ser saudável.

Pensando o enfrentamento da doença de forma dinâmica, Gimenes e Spink (1994/1997) hipotetizam que o enfrentamento e as representações estão numa relação dialética tal que a reelaboração das representações abre espaço para o desenvolvimento de novas estratégias de enfrentamento e vice-versa. Portanto, recuperar o processo de reelaboração das representações a partir do diagnóstico, passando pela mastectomia e chegando ao momento presente, poderá permitir a adequação relativa das estratégias de enfrentamento adotadas em diferentes fases do processo de reabilitação pós-cirúrgica. Poderá permitir, ainda, definir procedimentos de intervenção centrados na elaboração cognitivo-afetiva, de modo que facilite o processo de ressignificação da doença e o desenvolvimento de estratégias de enfrentamento adequadas à situação.

Partindo do enfoque do enfrentamento e das representações sociais e gerando, portanto, um novo enquadre voltado à produção de sentido, Gimenes e Spink vêm conduzindo, nos últimos quatro anos, a pesquisa *Representação, estratégias de enfrentamento e bem-estar psicológico após câncer da mama.* * Dada a abrangência e a complexidade do estudo, bem como do número significativo de implicações para a intervenção em saúde, optou-se por publicá-lo na íntegra.

Este capítulo apresenta apenas um recorte do estudo citado (Gimenes e Spink, 1994/1997), não demonstrando, portanto, a complexidade deste na sua totalidade.

Aqui a ênfase é dada à proposta de análise e organização dos dados de enfrentamento usando como exemplo os resultados obtidos em entrevista com uma das mulheres quadrantectomizadas. Finalmente, será discutida a implicação dos resultados possíveis de serem obtidos por esta metodologia, para a prática psico-oncológica.

ENFRENTAMENTO E CÂNCER DA MAMA

O enfrentamento foi entendido, neste estudo, como processo, isto é, um conjunto sucessivo de esforços contínuos para lidar com situações estressantes que mudam a cada etapa da doença e são delineados a partir de contextos particulares que exigem adaptação (Gimenes, 1997a).

A forma como conceituamos o enfrentamento pode ser assim sumarizada:

As estratégias de enfrentamento são produtos de um processo contínuo de transação entre o indivíduo e o contexto, avaliado como sobrecarregando seus recursos psicossociais, para garantir seu bem-estar (Lazarus & Folkman, 1984).

As estratégias de enfrentamento são primordialmente contextuais.

A seleção das estratégias de enfrentamento é diretamente influenciada pelas exigências situacionais, limitações, recursos disponíveis e fatores pessoais que interagem para influenciar o significado que o sujeito atribui ao contexto da doença.

---

* Este estudo vem sendo realizado em co-investigação com a professora-doutora Mary Jane Paris Spink e conta com financiamento do CNPq, encontrando-se em fase final de preparação para publicação.

As estratégias de enfrentamento atuam como mediadores potentes de resultados emocionais.

As estratégias podem ser identificadas por meio dos objetivos, da motivação e emoções da mulher diante do contexto de câncer da mama. As estratégias de enfrentamento podem ser classificadas e sua funcionalidade identificada.

A produção de sentido construída pelo sujeito diante do câncer de mama está diretamente relacionada às estratégias de enfrentamento utilizadas.

Metodologia

A forma como o enfrentamento foi conceituado exigiu o delineamento de um roteiro de entrevista que permitisse avaliá-lo de forma abrangente, possibilitando, portanto, a identificação da relação entre estratégias de enfrentamento e a produção de sentido construída pelas mulheres diante do câncer de mama.

Mulheres quadrantectomizadas e mastectomizadas foram individualmente entrevistadas, aproximadamente, por 40 a 50 minutos, no serviço médico onde haviam concluído os tratamentos oncológicos, há pelo menos seis meses.

Entrevista de coleta de dados

O roteiro da entrevista semi-estruturada foi detalhadamente elaborado e exaustivamente pré-testado, durante todo o primeiro ano de desenvolvimento do estudo. Spink e Gimenes (em preparação) descrevem todas as etapas de construção desse roteiro, explicitando os conceitos teóricos subjacentes.

O roteiro final de entrevista para a coleta dos dados abordava:

a) Dados de identificação do sujeito:
Nome, data de nascimento, idade, escolaridade, profissão, estado civil/companheiro fixo, número de filhos, naturalidade, diagnóstico, mastectomia, quadrantectomia;

b) Questões Associativas:
Estas marcaram a primeira parte da dinâmica da entrevista e referiam-se aos quatro blocos:

CORPO:
O que vem à sua cabeça quando eu falo a palavra corpo?
O que isso tem a ver com o seu corpo ?
SEIO:
Fale tudo o que vem à sua cabeça quando eu falo a palavra seio.
E isso tem a ver com o seu seio ?
SER SAUDÁVEL:
Para você o que é ser saudável ?
O que esta definição tem a ver com você, pensando em você como mulher ?
CÂNCER DE MAMA:
Quando você ouve a expressão câncer de mama, o que vem à sua cabeça ?

A partir dessas questões era esperada uma resposta associativa na qual emergiriam repertórios coletivos, permitindo identificar as representações sociais dos temas propostos.

c) Questões narrativas:
Esta segunda parte da dinâmica da entrevista envolve as questões que têm por objetivo investigar, de forma retrospectiva, as experiências particulares de doença(s) e de câncer:

•lembranças de experiências vividas — *Que doença foi mais marcante para você?*
• e como as enfrentou — *Como você lidou com isso? Funcionou para você?*

Essas questões permitiram identificar as experiências com doença grave e câncer especificamente; o impacto da doença na vida dessas mulheres, no seu bem-estar psicossocial, bem como suas estratégias de enfrentamento, vindo, portanto, ao encontro da outra parte dos objetivos da pesquisa.
Ainda na primeira parte da entrevista, buscou-se marcar *temporalidade* por meio das questões:

— *E sempre foi assim ?*
— *Como chegou a essa conclusão?*

Que produziram subnarrativas ou explicações por parte dos sujeitos que permitiram verificar possíveis mudanças associativas definidas em períodos de vida específicos.

Por fim, terminadas as questões, o entrevistador apresentava o objetivo geral da pesquisa e observava os possíveis conteúdos narrativos produzidos pelo entrevistado.

Análise do Enfrentamento

A análise das estratégias de enfrentamento foi realizada pelas seguintes etapas:

* Leitura dos antecedentes e do contexto da entrevista;
* Análise do discurso dos sujeitos correspondendo a cada um dos blocos que constituiu a entrevista: bloco corpo/seio/saúde-doença/câncer/enfrentamento;
* Identificação das estratégias de enfrentamento utilizadas pelas participantes e descritas por estas em cada um dos blocos da entrevista;
* Identificação das avaliações primárias e secundárias realizadas pelos sujeitos ante o bloco corpo/saúde/doença/câncer e enfrentamento que deram origem às estratégias de enfrentamento utilizadas e permitiram a avaliação por parte das participantes, de sua funcionalidade e efetividade, para seu bem-estar psicológico.

As estratégias de enfrentamento foram identificadas em cada bloco e categorizadas segundo a classificação proposta por Cohen e Lazarus (1979) em cinco categorias gerais:

* A busca de informação — refere-se ao conjunto de informações relevantes a resoluções de problemas e/ou regulação de emoção;
* Ação direta — definida como um conjunto de atitudes e comportamentos assumidos pelos sujeitos buscando resolver o problema propriamente dito;
* Inibição de Ação — corresponde à contenção de ações e atitudes impulsivas ou consideradas *perigosas* pelo sujeito;
* Esforços intrapsíquicos — refere-se a esforços que permitem à mulher negar, esquivar-se do problema ou intelectualizá-lo, tendo por objetivo central a regulação de suas emoções diante da ameaça decorrente daquele;

- Voltar-se para os outros — refere-se à utilização de apoio social e reconhecimento da importância deste, para lidar com o problema em questão.

A identificação da Avaliação Primária foi realizada considerando-se três aspectos centrais:

1) *A Relevância do Objetivo*: ou seja, o que está em jogo para o sujeito, como, por exemplo, a preservação emocional, a preservação da identidade feminina e também a preservação física em relação ao envolvimento do ego.

2) *A Congruência*: aqui foram consideradas as formas pelas quais o sujeito avalia a situação em termos do que é ameaçador e prejudicial, se há dano ou benefício futuro, e a partir daí identificou-se se as emoções presentes eram ou não congruentes com aquelas avaliações.

3) *O Conteúdo*: diz respeito ao conteúdo do ego envolvido. Mais do que as emoções como raiva, vergonha e culpa, é o tipo de objetivo do ego para cada emoção envolvida no enfrentamento. A partir daí, os fatos foram sistematizados em quadros por Bloco que destacam o Conteúdo do Enfrentamento (falas do sujeito); o Tipo de Estratégia de Enfrentamento utilizado (classificação) e a Funcionalidade Geral do Bloco (objetivo da estratégia). Por fim, foi elaborado um quadro resumo das Estratégias de Enfrentamento usadas em todos os Blocos, incluindo-se a Classificação das Estratégias (tipos de estratégias); as Especificações das Estratégias (conteúdo da estratégia) e as Emoções (falas do sujeito).

4) *Identificação da Avaliação Secundária*: nessa etapa está prevista *a avaliação em relação a decisões como culpar ou valorizar algo ou alguém*, utilizando para isso uma análise de custo/benefício; *a potencialidade do enfrentamento e as expectativas futuras*. Esta etapa é possível pela análise do Bloco *"Doença mais marcante"* e como fez para lidar com ela (enfrentamento propriamente dito).

5) *Avaliação da Efetividade das Estratégias de Enfrentamento no Bem-Estar Psicológico*: a realização desta etapa foi realizada tendo em vista o conteúdo geral de todos os Blocos, a avaliação do próprio sujeito quanto à sua efetividade, as características emocionais presentes no discurso e observações dos entrevistadores durante as entrevistas.

Apresentação dos Resultados de Enfrentamento

Os resultados das estratégias de enfrentamento estudadas podem ser apresentados por meio de um quadro de registro de Estratégias de Enfrentamento por Bloco, como pode ser visto no exemplo a seguir:

Bloco Corpo

O que vem à sua cabeça quando eu falo a palavra corpo?

Conteúdo	Classificação de Estratégias de Enfrentamento	Funcionalidade Geral do Bloco
"hoje, corpo como um todo (...) uma pessoa com o corpo todo"	Esforço Intrapsíquico (minimiza a perda do seio)	Preservação da Imagem Corporal
"não especifico determinadas partes"		

Bloco Seio

O que vem à sua cabeça quando eu falo a palavra seio?

Conteúdo	Classificação de Estratégias de Enfrentamento	Funcionalidade Geral do Bloco
"antes eu pensava que era uma forma de uma mulher ser mais sensual"	Esforço Intrapsíquico (minimiza a importância do seio como órgão feminino)	Preservação da Identidade Feminina
"hoje eu vejo mais como um incômodo. Um órgão (...) como qualquer órgão, entendeu?"		

Bloco Saúde/Doença

Que doença foi mais marcante para você ?

Conteúdo	Classificação de Estratégias de Enfrentamento	Funcionalidade Geral do Bloco
"De repente você se depara com um negócio um pouco mais sério (...) E trabalhar com isto é complicado."	Esforço Intrapsíquico (não fala a palavra câncer)	Preservação do *status* saudável
"uma doença como outra qualquer e que tem cura"	Esforço Intrapsíquico (minimiza a gravidade da doença)	

Bloco Enfrentamento

Como você lidou com o câncer da mama ?
Funcionou para você ?

Conteúdo	Classificação de Estratégias de Enfrentamento	Funcionalidade Geral do Bloco
"Eu acho que (o que ajudou) *foi muito a família."*	Apoio Social (Família)	
"Então o médico disse vamos operar (...) e explicou que tinha de fazer radioterapia, quimioterapia."	Ação Direta (quadrantectomia, quimioterapia, radioterapia	Preservação do *status* psicológico
"O fato de você ter um filho, você acha que tem de levar a vida pra frente."	Esforço Intrapsíquico (focaliza no positivo — objetivo de vida)	
"De repente você fala, eu tenho um seio maior que o outro, eu não fiz plástica ainda, e eu não sei se vou fazer."	Inibição da ação (evitar fazer plástica)	

241

Um quadro geral de todas as estratégias de enfrentamento que surgiam no discurso dos sujeitos, considerando todos os Blocos da entrevista, pode também ser elaborado. Além disso, as emoções mediante as quais os sujeitos apresentavam estratégias de enfrentamento particulares podem também ser explicitadas.

Portanto, o quadro a seguir sintetiza as estratégias utilizadas com suas respectivas classificações, especificando as emoções do sujeito que lhes deram origem.

Quadro Resumo das Estratégias de Enfrentamento usadas em todos os Blocos

Como você lidou com o câncer da mama ?
Funcionou para você ?

Classificação de Estratégias de Enfrentamento	Especificações das Estratégias	Emoções
Esforços intrapsíquicos		*"Fiquei muito assustada."*
	minimiza a importância do seio	
	minimiza a gravidade do câncer	*"Tomei um choque bem grande."*
	evita falar a palavra câncer (negação)	
	faz a distinção nódulo cancerígeno e câncer melhorando o prognóstico	*"Eu tinha síndrome do medo."*
	minimiza o fato de não ser a única com câncer	*"Eu chegava no consultório transfigurada, era um medo muito grande."*
	lembra de criar o filho	
Ação direta	faz quimioterapia, radioterapia e cirurgia	*"Até então* (tratamentos) *eu não sabia o que estava acontecendo comigo."*
Inibição da ação	evitou fazer a cirurgia plástica	*"Foi Deus que mandou, vamos deixar a coisa acontecer."*
Apoio Social	família	*"Eu acho que quando você guarda alguma coisa é difícil, é mais angustiante."*

242

A partir de dados organizados como os anteriormente apresentados, é possível proceder ao levantamento das estratégias de enfrentamento utilizadas por todas as participantes para lidar com o câncer da mama e seus tratamentos.

Finalmente, a efetividade das estratégias de enfrentamento e bem-estar psicológico poderá ser avaliada por meio da análise do contexto da entrevista, do conteúdo emocional relatado, bem como de observações feitas pelos entrevistadores durante a coleta de dados.

Nesta etapa da análise, a leitura do resumo da entrevista tem sido de grande ajuda.

Para demonstrar a síntese obtida com o tipo de análise proposto e a possibilidade de implicação desses resultados para a prática psico-oncológica, apresenta-se a seguir o resumo da entrevista cuja análise de enfrentamento foi descrita anteriormente.

Síntese da Entrevista

O sujeito inicia a entrevista falando que sua primeira associação com corpo, atualmente, refere-se a corpo como um todo sem especificar as partes. Justifica-se afirmando: *"Depois que a gente passa por experiências meio dolorosas (...), a primeira imagem que você tem é de um corpo perfeito (...) você percebe que não existe mais, por isso que eu estou falando atualmente (corpo como um todo)"*. Referindo-se a seio, esta mulher o definiu como uma parte do corpo relacionado a inúmeros problemas, enquanto, anteriormente, esta parte do corpo era associada com amamentação e sexualidade.

Considerou a doença mais marcante o câncer, cuja identificação a deixou muito assustada, muito nervosa por ter-lhe causado um choque muito grande. Entretanto, seguiu toda a rotina de tratamentos: cirurgia, radioterapia e quimioterapia quando começou a "ter consciência" do que realmente estava acontecendo com ela.

Em termos de estratégias de enfrentamento, a mulher afirma que o que realmente a ajudou a enfrentar a doença foram o apoio social e o focalizar no positivo. Considerando esta última estratégia, o sujeito destaca a importância de ter sempre em mente objetivos de vida como, no caso, acreditar que tem de levar a vida para frente porque tem um filho para criar.

Além dessas duas estratégias, esta mulher utilizou diversos esforços intrapsíquicos para enfrentar o medo do câncer. Estes lhe permitiram encarar a doença como outra qualquer e com possibilidades de cura.

Lembrar ainda que outras mulheres também passaram por esta mesma experiência e sobreviveram também a ajudou.

Esta mulher usou prioritariamente estratégias de enfrentamento de natureza intrapsíquica para minimizar a gravidade da doença e lidar com o medo dos tratamentos. Esta constatação é explicada pelo fato de a representação de câncer emitida por esta mulher referir-se a algo terrível cujo nome não podia ser nem pronunciado, nem ouvido, por deixá-la deprimida.

Finalmente, considerando a efetividade das estratégias de enfrentamento, os dados sugerem que estas foram insuficientes para garantir o bem-estar emocional desta mulher. Uma vez que a funcionalidade dessas estratégias foi basicamente voltada para minimizar as reações emocionais do sujeito diante de uma doença fatal, cujo prognóstico é incerto, elas não foram efetivas para lidar com o medo da recidiva e conseqüente medo da morte. Tal afirmação é feita com base não só no relato verbal, mas também na observação do choro do sujeito, durante a entrevista, do forte conteúdo emocional no relato e, principalmente, pelo interesse do sujeito em procurar atendimento psicológico.

Todos esses dados complementares foram incluídos na descrição do entrevistador acerca dos antecedentes e do contexto no qual a entrevista transcorreu.

CONCLUSÃO

O modelo de coleta e análise relatado permite a identificação das estratégias de enfrentamento usadas por mulheres para lidar com o câncer de mama. A efetividade dessas estratégias para o bem-estar emocional pode ser identificada a partir da descrição da funcionalidade das estratégias de enfrentamento utilizadas e do contexto emocional que as desencadeou.

Com dados como estes em mãos e sabendo-se que as estratégias de enfrentamento são passíveis de mudança (Gimenes, 1986; Gimenes, 1997a e 1997b), torna-se viável o delineamento de procedimentos de intervenção que facilitem a adoção de estratégias efetivas para lidar com o câncer de mama. Considerando, por exemplo, o conteúdo da síntese da entrevista, é cabível deduzir que a mulher entrevistada se beneficiaria de procedimentos de intervenção psicológica que lhe permitissem reavaliar suas crenças e valores em relação ao câncer, como também em relação ao corpo e à identidade feminina. Desta forma, ela poderia ser ajudada a optar por uma cirurgia reparadora, o que provavelmente a levaria a lidar mais confortavelmente com sua nova imagem corporal. Portanto, a utilização desta entrevista de coleta de dados, num serviço de psico-oncologia, além de representar uma estratégia de pesquisa, pode simultaneamente ser utilizada como estratégia de avaliação do cliente, permitindo assim a identificação dos alvos de intervenção psicossocial.

Levando ainda em consideração a natureza da entrevista clínica realizada, o momento da coleta de dados da pesquisa ofereceu oportunidade para a elaboração e expressão de conteúdos emocionais significativos, vivenciados pelas mulheres ao longo da vida. Desta forma, a coleta de dados já representou por si só a primeira fase de intervenção.

Finalmente, a partir do desenvolvimento de estudos desta natureza, fica evidenciada a possibilidade de realizações de pesquisas na prática psico-oncológica no Brasil.

REFERÊNCIAS BIBLIOGRÁFICAS

COHEN, F. *"Measurement of coping"*. In COOPER C.L., KASL S. V. (orgs.), *Stress and Health: Issues in research methodology*. Chichester, Wiley, 1987, pp. 283-305.

_____ & LAZARUS, R. S. *"Coping with the stress of illness"*. In STONE G. C, COHEN F. & ADLER N. E. (eds.). *Health Psychology: a handbook*. San Francisco, Jossey-Bass, 1979.

GIMENES, M.G.G. *"Breast cancer in Brazil: Predictive factors of psychosocial adjustment after mastectomy"*. Dissertação de Doutorado, Illinois Institute of Technology, Chicago, 1986.

_____ *"A influência de fatores psicossociais na sobrevida em câncer da mama"*. Projeto CNPq, n° 405502/88, 1988.

_____ *"A teoria do enfrentamento e suas implicações para sucessos e insucessos em psico-oncologia"*, in GIMENES M. G. e FÁVERO M. H. (orgs.), *A mulher e o câncer*. Campinas, Editorial Psy, 1997a, pp. 111-48.

_____ *"A mulher após a mastectomia: alternativas para a intervenção psicológica"*, in GIMENES M. e FÁVERO M. H. (orgs.), *A mulher e o câncer*. Campinas, Editorial Psy, 1997b, pp. 49-72.

_____ QUEIROZ, E.; SHAYER, B.P. Mp. *"Reações emocionais diante do câncer: sugestões para a intervenção"*. *Arquivos Brasileiros de Medicina*, 66, 1992, pp. 353-56.

_____ e SPINK, M. J. "O papel do enfrentamento na qualidade de vida de pacientes em quimioterapia". *Temas em Psico-oncologia.* —

3º Encontro e 1º Congresso Brasileiro de Psico-oncologia. Publicações, 1996, pp. 131-36.

_____ e QUEIROZ, E. "As diferentes fases de enfrentamento durante o primeiro ano após a mastectomia", in GIMENES, M. G. e FÁVERO, M.H.(orgs.) *A mulher e o câncer*. Campinas, Editorial Psy, 1997, pp. 173-96.

_____ FÁVERO, M. H. e SILVA, E. M. *"Terminalidade e enfrentamento: a relação entre emoção, cognição e qualidade de vida de mulheres mastectomizadas em fase terminal"*, in GIMENES M. G. e FÁVERO M. H. (orgs.) *A mulher e o câncer*. Campinas, Editorial Psy, 1997, pp. 225-58.

_____ e SPINK, M. J. *"Representações, estratégias de enfrentamento e bem-estar psicológico após câncer da mama"*. Projeto CNPq, nº 521205/93-0, 1994-1997.

LAZARUS, R.S. *"From psychological stress to the emotions : A history of changing outlooks"*, Annual Review of Psychology, 44, 1993, pp.1-21.

_____ & FOLKMAN, S. *"Stress, appraisal, and coping"*. Nova York, Springer Publishing Co., 1984.

MORRIS, T. *"Psychological adjustment to mastectomy"*. Cancer Treatment Review , 6, 1979, pp. 41-46.

ROWLAND J.H. *"Intrapersonal Resources: Coping"*, in Holland J. C. & ROWLAND J. H. (orgs.). *Handbook of psychology ; psychological care of the patient with cancer*. Nova York, Oxford University Press, 1990, pp. 44-54.

SEIDL, E. ; GIMENES, M.G. "A prática do auto-exame na prevenção do câncer da mama", in GIMENES M. G. e FÁVERO M. H. (orgs.), *A mulher e o câncer*. Campinas, Editorial Psy, 1997, pp. 259-92.

SPINK, M.J.P. *"O sentido da doença : a contribuição dos métodos qualitativos na pesquisa sobre o câncer"*, in GIMENES M. G. G. e FÁVERO M. H. (orgs.), *A mulher e o câncer*. Campinas: Editorial Psy, 1997, pp. 197-224.

_____ e GIMENES. M. G. G. "Práticas discursivas e produção de sentido : apontamentos metodológicos para a análise de discursos sobre a saúde e a doença". *Saúde e Sociedade*, 3 (2): 1994, pp. 149-71.

_____ GIMENES, M.G.G.; GONÇALVES, F.A.S.; LIMA, H.M.M. e SALEH, L. P. *"Desenvolvimento de uma metodologia de análise de discurso para compreender as representações sociais de corpo, seio, saúde, doença e câncer e das estratégias de enfrentamento"*. Pôster. 48ª Reunião Anual da SBPC, São Paulo, 1996, pp. 7-13.

Capítulo IV
Curso de Especialização em Psico-Oncologia: um projeto

Maria Margarida M. J. de Carvalho
Vicente Augusto de Carvalho

BREVE HISTÓRICO

A noção de que fatores psicológicos podem precipitar ou causar doenças vem de longa data. Hipócrates e Galeno, considerados os pais da medicina ocidental, já não separavam o corpo da mente e afirmavam que a saúde era fruto do equilíbrio entre todas as partes do homem, e do homem com o meio ambiente. Galeno chegou mesmo a observar que mulheres deprimidas tinham mais tendência ao câncer.

Mas estes conceitos não tiveram uma continuidade linear. Na própria Grécia surgiram as primeiras idéias de que o corpo e a mente eram entidades separadas e a doença estava no corpo.

Na Idade Média as concepções religiosas influenciaram as idéias sobre as enfermidades, as quais eram vistas como punição divina e o corpo e a mente como partes distintas e separadas. Entretanto, no século XIII, São Tomás de Aquino propôs a inter-relação mente—corpo e o homem como unidade indivisível.

A sistematização de duas partes distintas, proposta por Descartes — *res cogitans* e *res extensa,* – ou parte abstrata e parte concreta — deu início ao desenvolvimento científico no mundo ocidental. Cada parte passou a ser estudada separadamente e a doença vista como mal do corpo.

Esta visão deu origem ao modelo biomédico, o qual propõe que as doenças podem ser explicadas por distúrbios em processos fisiológicos, que surgem a partir de desequilíbrios bioquímicos, infecções bacterianas, viróticas ou outras, e independem de processos psíquicos.

É interessante notar que o único sistema médico que estabeleceu essa dicotomia foi o ocidental, enquanto os sistemas médicos orientais sempre viram o homem como uma unidade indivisível.

No final do século passado Freud veio abalar o posicionamento cartesiano da medicina, com os seus *Estudos sobre a histeria*, mostrando que acontecimentos psíquicos podiam ter conseqüências orgânicas. Numerosas pesquisas, a partir de então, têm retomado a idéia da integração e das influências mente—corpo e corpo—mente. E a busca das inter-relações entre os aspectos biológicos, fisiológicos, psicológicos e sociais deu origem ao modelo biopsicossocial.

A possibilidade do surgimento de sintomas físicos sem causa orgânica originou a medicina psicossomática. Freud deu o grande impulso inicial e posteriormente outras teorias vieram contribuir para o seu desenvolvimento. Jung, Pavlov, a psicologia gestáltica nas contribuições de Köehler, Koffka e Wertheimer e mais recentes, os estudos de Selye sobre estresse e Reich sobre memória corporal trouxeram novas visões da interação mente—corpo.

O trabalho de Pavlov mostrando a possibilidade de utilização de condicionamentos na modificação de comportamentos e estas modificações podendo ser usadas como forma de tratamento deram origem à psicologia comportamental e à medicina comportamental, que integram as pesquisas das ciências sociais e biomédicas e suas aplicações nos tratamentos médicos.

A psicologia da saúde surgiu no final da década de 1970, com a criação da Divisão de Psicologia da Saúde da Associação Americana de Psicologia. Esta área começa a focalizar a saúde e a doença, envolvendo a prevenção, os sistemas políticos de saúde, as implicações psicossociais nas etiologias, nos diagnósticos e nos tratamentos.

A medicina psicossomática, a comportamental e a psicologia da saúde deram subsídios para o surgimento da psico-oncologia, há aproximadamente vinte e cinco anos.

PSICO-ONCOLOGIA

Até a metade do século xx, segundo Holland (1990), o diagnóstico de câncer era uma sentença de morte e levava o doente à estigmatização e à desesperança. Nesse momento, a introdução da anestesia abriu caminho para as primeiras cirurgias de remoção de tumores, permitindo algumas curas. O desenvolvimento de outras modalidades terapêuticas, como a radioterapia, a quimioterapia e outras, começou a modificar a visão negativa da doença. Por outro lado, o progresso da psiquiatria e da psicologia na compreensão e no auxílio aos aspectos psicossociais envolvidos na problemática do câncer tem mudado significativamente o panorama desta enfermidade.

Atualmente, a palavra câncer é empregada para descrever um grupo de doenças que se caracterizam pela anormalidade das células e pela sua divisão excessiva. Sabe-se que existe uma grande variedade de tipos de câncer, provavelmente com uma etiologia multifatorial. Para que a doença se desenvolva, parece ser necessária uma operação conjunta de vários fatores, tais como a predisposição genética, a exposição a fatores ambientais de risco, determinados vírus, algumas substâncias alimentícias e outros fatores. Acredita-se também na possibilidade de contribuições psicológicas no crescimento do câncer. Numerosos pesquisadores vêm estudando possíveis efeitos de estados emocionais na modificação hormonal e na alteração do sistema imunológico (Bovbjerg, 1990). E sabe-se da importância do sistema imunológico na detenção dos processos cancerígenos.

A psiconeuroimunologia, área nova da medicina, tem congregado a pesquisa científica que visa conhecer a base da conexão mente—corpo e os mecanismos pelos quais os sistemas psicológico e fisiológico se comunicam (Ader, 1981).

O corpo teórico e prático da psico-oncologia se constituiu a partir do momento que começou a ficar clara a importância do modelo biopsicossocial para a compreensão da etiologia do câncer, dos processos cancerígenos e das suas conseqüências físicas e psíquicas.

CAMPO DE ATUAÇÃO

A psico-oncologia tem-se desenvolvido em nosso meio como área de interface entre a psicologia e a medicina (Gimenes, 1994, p.47) e atua abrangendo o seguinte:

1. A assistência ao paciente oncológico, sua família e aos profissionais de saúde envolvidos com a prevenção, o tratamento, a reabilitação e a fase terminal da doença;

2. A pesquisa e o estudo de variáveis psicológicas e sociais relevantes para a compreensão da incidência, da recuperação e do tempo de sobrevida após o diagnóstico do câncer;

3. A organização de serviços oncológicos que visem ao atendimento integral do paciente enfatizando de modo especial a formação e o aprimoramento dos profissionais de saúde envolvidos nas diferentes áreas de tratamento.

A formação do profissional da psico-oncologia encontra-se ainda incipiente não só no Brasil, como também nos outros países onde esta atuação já ocorre. Os congressos internacionais de psicossomática, onde o tema da psico-oncologia tem recebido uma grande atenção, e os congressos específicos de psico-oncologia têm revelado a carência de uma formação sistematizada.

Os profissionais em exercício têm vindo da psicologia clínica, da psicologia hospitalar, da psiquiatria e de outras áreas afins, encontrando subsídios para a sua atuação em livros, na prática hospitalar ou de consultório. Muitas vezes, a motivação inicial foi o câncer na família ou no próprio profissional, levando ao interesse para o trabalho na área.

Nossa proposta de organização de um curso de especialização em psico-oncologia teve origem na nossa prática clínica de mais de quinze anos com pacientes de câncer e no curso de extensão para profissionais de nível universitário na área da saúde, por nós oferecido no Instituto Sedes Sapientiae, em São Paulo.

CURSOS DE PSICO-ONCOLOGIA

Os cursos de psico-oncologia existentes no Brasil são muito recentes e são oferecidos como matérias dentro de cursos de especialização ou pós-graduação em psicologia hospitalar ou clínica. Ou são oferecidos por profissionais da área de saúde em instituições particulares não vinculadas a universidades. São ainda esforços isolados e em muito pequena quantidade, ocorrendo em apenas alguns estados.

O Curso de Psico-Oncologia do Instituto Sedes Sapientiae foi realizado pela primeira vez em 1993. Nessa época foi coordenado pela prof. Maria Margarida M.J. de Carvalho e teve a duração de um semestre. Foi esse curso pioneiro – o primeiro do Brasil realizado em nível universitário — que lançou as bases para o primeiro livro sobre o assunto lançado em nosso país. Este livro, *Introdução à psiconcologia* (1994), foi coordenado pela referida professora e teve a colaboração de vários profissionais que atuam nessa área no estado de São Paulo, os quais relataram suas experiências de trabalho.

Esse primeiro curso também lançou as bases para o atual Curso de Psico-Oncologia nesse Instituto, que vem sendo realizado desde então. O prof. Vicente A. de Carvalho passou a fazer parte da coordenação e o curso vem sendo desenvolvido em dois semestres. Mantivemos o formato do curso de extensão cultural com assuntos que se complementam, de forma que o perfil é de um curso de dois módulos, cada um com a duração de um semestre.

Embora tenhamos aumentado a sua duração para um ano, ainda assim o tempo é bastante exíguo para que se possam abranger todos os assuntos que se impõem para a formação e o treinamento dos profissionais que venham a atuar satisfatoriamente na área da psico-oncologia. Tem-se delineado também a necessidade de atender a pacientes, o que poderia ser feito na Clínica do Instituto, sob a forma de um estágio prático, beneficiando a população, bem como criando um campo de aprendizado e treinamento destes profissionais.

Aliando os fatos anteriormente expostos à grande procura que o curso tem tido nestes anos de existência, ficamos encorajados a apresentar um projeto para um curso de especialização, que contemplasse o atendimento à população e o treinamento dos alunos. E possibilitasse, além da informação teórica e prática, o desenvolvimento de pesquisas, tão necessárias para a consolidação e o progresso desta área emergente.

Assim sendo, elaboramos um projeto que atende: 1) às necessidades descritas; 2) está em consonância com o espírito que norteia a Clínica Psicológica do Instituto Sedes Sapientiae, que é o de considerar que toda atividade, sobretudo aquela do campo da saúde tem, além de uma dimensão científica, uma dimensão política; 3) que o enfoque deva ser multidisciplinar, o que a rigor, no campo da psico-oncologia, é um valor fundamental; 4) que segue, nas suas linhas gerais, as orientações contidas na Resolução 12/83 do Conselho Federal de Psicologia.

Propomos que o atendimento seja destinado preferencialmente à população de baixa renda, uma vez que somos parte integrante de um país com numerosos problemas sociais que passam por políticas que resultam em má distribuição de renda e pouca atenção ao social. Isso não implica privilegiar alguns indivíduos em detrimento de outros segundo seu extrato social, já que a ênfase será colocada no sujeito que demandará os nossos serviços.

Embora este curso se tenha iniciado na modalidade de um curso de extensão cultural, sempre tivemos em mente a formação de profissionais de qualidade, com vista a que estes profissionais pudessem prestar bons serviços em seu campo de atuação. Assim sendo pretendemos, neste curso de especialização, articular a formação teórica com a pesquisa e o atendimento aos pacientes, complementando o que já vinha sendo feito e expandindo e organizando o conteúdo temático para um ensino globalizante e eficiente.

PROJETO

1 — Objetivo

De acordo com o Ministério da Educação e do Desporto – MEC e a Fundação Coordenação de Aperfeiçoamento de Pessoal de Nível Superior — CAPES, nas orientações básicas do programa de Apoio a Cursos de Pós-Graduação *Lato Sensu* – LS (1995) nossos objetivos são:
— proporcionar condições para uma real adaptação de profissionais não-docentes às múltiplas exigências de um mercado de trabalho em dinâmica evolução;
— promover a qualificação e/ou aperfeiçoamento de docentes, com a perspectiva de estimular a melhoria da qualidade dos cursos nos quais atuam;
— atender às instruções acima no preparo de profissionais para a atuação específica no campo da psico-oncologia.

2 — Justificativa

As necessidades da população por um lado e do desenvolvimento e treinamento de profissionais por outro nos levaram a elaborar o projeto deste curso de especialização.

Como a nosso ver a teoria, a prática e a pesquisa se entrelaçam, dando sustentação, significado e complementação mútua, nossa intenção é que o curso seja estruturado a partir desse desenvolvimento circular. Em nenhum momento os alunos deverão perder de vista esses três aspectos que compõem a unidade da nossa proposta da formação do profissional especializado em psico-oncologia.

Acrescentamos como nossa preocupação o cuidado ético no trabalho com o paciente de câncer, sua família e o profissional de saúde que o atende.

252

Acreditamos estar assim podendo oferecer uma formação científica competente e responsável para o aluno que nos procure.

3 — Conteúdo

3a. Núcleos de estudo do primeiro ano

1 — Oncologia
2 — Psico-oncologia
3 — Teorias psicológicas
4 — Pesquisa
5 — Visualização
6 — Teorias e técnicas de grupo
7 — Dor
   a — Aspectos médicos
   b — Aspectos psicológicos
8 — Trabalho corporal
9 — Criança com câncer
   a — Aspectos médicos
   b — Aspectos psicológicos
10 — Adolescente e câncer
11 — Qualidade de vida
12 — Teorias de enfrentamento
13 — Psicologia hospitalar
14 — Terapias breves
15 — Equipe de saúde
16 — Relação médico-paciente
17 — Aspectos psiquiátricos
18 — Depressão e câncer
19 — Família
20 — Viver e morrer com dignidade
21 — Cuidados paliativos
22 — Câncer como ponto de mutação

3b. Núcleos de estudo do segundo ano

1 — Pesquisa avançada
2 — Questões éticas
3 — Assistência psicológica ao diagnóstico
4 — Interconsulta

5 — Imunidade, estresse e câncer
6 — Personalidade e câncer
7 — Qualidade de vida do profissional
8 — Localização do câncer e conseqüências psicológicas
   a — Câncer de mama
   b — Câncer de próstata e pênis
   c — Cabeça e pescoço
   d — Amputações
9 — Sexualidade e câncer
10 — Auxílio aos tratamentos médicos
   a — Quimioterapia
   b — Radioterapia
11 — Câncer na 3ª idade
12 — Reabilitação
13 — Espiritualidade e câncer
14 — Luto
15 — Prevenção
16 — Organização de um serviço de atendimento em psico-oncologia

4 — Metologia

O Curso de Especialização em Psico-Oncologia terá dois anos de duração e será estruturado a partir de três atividades básicas:
— Formação de profissionais
— Pesquisa
— Atendimento à população
Segundo a organização interna do Instituto Sedes Sapientiae este curso deverá se constituir em um Núcleo de Referência. É nossa proposta que haja uma integração com os outros Núcleos de Referência desse Instituto, de forma que se possa contar, na medida do possível, com recursos humanos já existentes no Instituto.

A quem se destina: profissionais da área de saúde, com curso completo de graduação.

Seleção de alunos:

— Entrevista

— Projeto piloto de pesquisa. Este servirá como avaliação do interesse e capacitação do candidato e como base para a elaboração de um plano de pesquisa a ser desenvolvido ao longo do curso.

Formato do curso: a duração do curso será de dois anos, com quatro aulas semanais e supervisão do trabalho de pesquisa e do atendimento clínico, perfazendo um total de 360 horas.

Primeiro ano: curso teórico e início da pesquisa, com supervisão do trabalho de campo sob a forma de reflexão.

Segundo ano: curso teórico e prático, com atendimento clínico supervisionado e término da pesquisa.

No curso teórico do primeiro ano e no contato com o paciente por meio do levantamento de dados para a pesquisa, os alunos serão preparados para o trabalho prático do segundo ano, quando estará sendo oferecido um atendimento clínico à população, na área da psico-oncologia.

Neste primeiro ano, a supervisão do trabalho de pesquisa levará em conta não apenas o planejamento e a adequação das tarefas, mas também as reações emocionais dos alunos ao paciente de câncer, aos familiares, à equipe de saúde, ao ambiente hospitalar etc.

Conhecemos a experiência dos psicólogos estagiários em hospitais que, não atendidos em suas dificuldades emocionais, muitas vezes adoecem, gerando um quadro psicossomático, ou chegam mesmo a abandonar o serviço.

Acreditamos que esta modalidade de primeiro contato supervisionado, apenas para a coleta de dados e sem o compromisso do atendimento clínico, em muito facilitará a adaptação do aluno. E no 2º ano do Curso, quando o atendimento clínico se iniciar, após o preparo teórico-prático e emocional do 1º ano, acreditamos que o aluno estará melhor preparado para as suas novas funções.

Acrescentamos uma proposta que se refere ao desenvolvimento de pesquisas diretamente relacionadas às modalidades de atendimento psico-oncológico a serem implantadas. Nesse sentido, poderão ser realizadas pesquisas que nos permitam avaliar a qualidade dos serviços prestados, como também pesquisas que venham a gerar dados que nos permitam delinear estratégias de intervenção apropriadas a nossa clientela.

5 — Avaliação do curso

Avaliação de cada núcleo de estudo, por meio de leituras, discussões de grupo ou apresentação de seminários;

— Prova escrita semestral;
— Trabalho de conclusão do curso, que será a apresentação do trabalho de pesquisa desenvolvido ao longo do curso.

REFERÊNCIAS BIBLIOGRÁFICAS

ADER, R. *Psychoneuroimunology*. Orlando, Academic Press, 1981.
BOVBJERG, D. Psychoneuroimunology and cancer. In HOLLAND, J. e ROWLAND, J. *Handbook of Psychooncology*. Nova York, Oxford University Press, 1990.
CARVALHO, M.M. *Introdução à psiconcologia*. Campinas. Editorial Psy, 1994.
GIMENES, G. "O que é psiconcologia". In CARVALHO, M.M. (coord.) *Introdução à psiconcologia*. Campinas, Editoral Psy, 1994.
HOLLAND, J. "Historical overview". In HOLLAND, J. e ROWLAND, J. (coord.) *Handbook of Psychooncology*. Nova York, Oxford University Press, 1990.
PROGRAMA DE APOIO A CURSOS DE PÓS-GRADUAÇÃO. *Lato Sensu*-LS. Orientações Básicas. Ministério da Educação e do Desporto-MEC e Fundação Coordenação de Aperfeiçoamento de Pessoal de Nível Superior — CAPES. Brasília, 1995.

LEIA TAMBÉM

BRIGANDO PELA VIDA
Aspectos emocionais do câncer
Lawrence LeShan
Após duas décadas de pesquisas e trabalho psicoterapêutico com pacientes de câncer, o autor apresenta novas evidências e *insights* surpreendentes sobre as razões que levam algumas pessoas a adquirir o câncer e outras não, e por que algumas são capazes de ter sucesso na luta por sua vida enquanto outras sucumbem rapidamente à doença. Ele demonstra que pelo autoconhecimento é possível evitar a doença ou enfrentá-la com mais determinação. REF. 10449.

O CÂNCER COMO PONTO DE MUTAÇÃO
Um manual para pessoas com câncer, seus familiares e profissionais de saúde
Lawrence LeShan
Que estilo de vida faria você se levantar feliz ao acordar e ir para a cama contente à noite? Perguntas como esta são feitas pelo autor a seus pacientes de câncer, com o objetivo de ajudá-los a perceber os possíveis "pontos de mutação" que podem transformar sua vida e a resposta aos seus tratamentos. Agradável de ler, com sugestões objetivas para doentes e profissionais da área. REF. 10393.

CARTAS DE UM SOBREVIVENTE
O caminho da cura através da transformação interior
O. Carl Simonton e Reid M. Henson com Brenda Hampton
Versão atualizada da abordagem do Centro Simonton que envolve os processos físicos, mentais e espirituais do paciente com câncer, colaborando de forma poderosa para o seu tratamento. Contém cartas-depoimento de uma pessoa que passou pelo programa. REF. 10416.

COM A VIDA DE NOVO
Uma abordagem de auto-ajuda para pacientes com câncer
O. Carl Simonton, Stephanie Matthews-Simonton e James L. Creighton
Técnicas de auto-ajuda para complementar os tratamentos usuais do câncer. Verdadeira mobilização para uma luta emocional, este método tem obtido excelentes resultados controlando os fatores psicológicos que contribuem para desencadear e desenvolver a doença, e que muitas vezes são esquecidos pelos médicos. REF. 10306.

CONVERSANDO COM A DOENÇA
Um diálogo de corpo e alma
Albert Kreinheder
Este é um livro diferente, leve e original. Agradável de ler, baseia-se na experiência pessoal do autor, terapeuta junguiano, enfrentando doenças graves ao longo da vida – tuberculose, artrite e câncer – e diversos casos de pacientes. Sua abordagem, com interpretações simbólicas e imaginação ativa, é de fácil compreensão. Recomendado a terapeutas, profissionais que trabalham com pessoas doentes e aos próprios doentes. REF. 10434.

A FAMÍLIA E A CURA
O método Simonton para famílias que enfrentam uma doença
Stephanie Matthews-Simonton

Uma *expert* no campo das causas psicológicas e tratamentos do câncer, a autora apresenta uma abordagem positiva de como as famílias podem trabalhar juntas para criar um ambiente terapêutico quando um de seus membros é atingido por uma doença grave. Aplicação do método Simonton já utilizado com sucesso em *Com a vida de novo*. REF. 10067.

A IMAGINAÇÃO NA CURA
Xamanismo e medicina moderna
Jeanne Achterberg

A autora faz comparação entre as práticas dos antigos curadores e procedimentos da medicina moderna. Associando cuidados científicos e sensibilidade, mostra como o uso de imagens pode auxiliar pacientes durante o parto, tratamento de queimaduras ou até mesmo exercendo influência positiva no tratamento do câncer. REF. 10489.

O PACIENTE COMO SER HUMANO
Rachel Naomi Remen

Onde está o lado positivo do paciente? Um apelo aos médicos e doentes para que tomem consciência de suas forças interiores e de suas capacidades: a coragem, a sabedoria, o humor, a criatividade e, acima de tudo, a imaginação. Estas forças servirão de apoio para a recuperação do bem-estar físico e mental, e médicos e pacientes nelas encontrarão fontes de auto-alimentação, motivação renovada e uma forma de combate ao estresse emocional. REF. 10418.

PAZ, AMOR E CURA
Um estudo sobre a relação corpo-mente e a autocura
Bernie Siegel

O autor inspira-se em histórias de pacientes que conseguiram a cura ou o retrocesso de gravíssimas enfermidades. Especialista em atendimento de pacientes terminais, dedicado à melhoria da qualidade de vida desses pacientes, ele confirma a importância da meditação, visualização e do relaxamento na cura de doenças, bem como os benefícios do amor, da alegria e paz de espírito. REF. 10558.

VIVER BEM APESAR DE TUDO
Desfrutando a vida durante o tratamento
Bernie Siegel

Médico, especialista em doenças terminais, o autor procura abordar os temas que afligem médico e paciente nos períodos entre as consultas formais. Como médico e paciente podem viver seu dia-a-dia conhecendo a gravidade do caso? Como lidar com inseguranças, angústias, fraquezas? O livro é resultado de um trabalho de pesquisa e prática realizado em conjunto com os próprios pacientes. E essas perguntas e respostas nos são apresentadas de forma sensível e comovente. REF. 10586.

------- dobre aqui -------

ISR 40-2146/83
UP AC CENTRAL
DR/São Paulo

CARTA RESPOSTA
NÃO É NECESSÁRIO SELAR

O selo será pago por

05999-999 São Paulo-SP

------- dobre aqui -------

summus editorial

CADASTRO PARA MALA-DIRETA

Recorte ou reproduza esta ficha de cadastro, envie completamente preenchida por correio ou fax,
e receba informações atualizadas sobre nossos livros.

Nome:_____ Empresa:_____

Endereço: ☐ Res. ☐ Coml. _____ Bairro:_____

CEP: _____-_____ Cidade: _____ Estado: _____ Tel.: ( ) _____

Fax: ( ) _____ E-mail: _____ Data de nascimento: _____

Profissão:_____ Professor? ☐ Sim ☐ Não Disciplina: _____

1. Você compra livros:

☐ Livrarias   ☐ Feiras
☐ Telefone   ☐ Correios
☐ Internet   ☐ Outros. Especificar:_____

2. Onde você comprou este livro?

_____

3. Você busca informações para adquirir livros:

☐ Jornais   ☐ Amigos
☐ Revistas   ☐ Internet
☐ Professores ☐ Outros. Especificar:_____

4. Áreas de interesse:

☐ Educação   ☐ Administração, RH
☐ Psicologia   ☐ Comunicação
☐ Corpo, Movimento, Saúde ☐ Literatura, Poesia, Ensaios
☐ Comportamento   ☐ Viagens, *Hobby*, Lazer
☐ PNL (Programação Neurolingüística)

5. Nestas áreas, alguma sugestão para novos títulos?

_____

6. Gostaria de receber o catálogo da editora?   ☐ Sim ☐ Não

7. Gostaria de receber o Informativo Summus? ☐ Sim ☐ Não

Indique um amigo que gostaria de receber a nossa mala-direta

Nome:_____ Empresa:_____

Endereço: ☐ Res. ☐ Coml. _____ Bairro:_____

CEP: _____-_____ Cidade: _____ Estado: _____ Tel.: ( ) _____

Fax: ( ) _____ E-mail: _____ Data de nascimento: _____

Profissão:_____ Professor? ☐ Sim ☐ Não Disciplina: _____

summus editorial
Rua Itapicuru, 613 – 7º andar   05006-000   São Paulo - SP   Brasil   Tel.: (11) 3872 3322   Fax: (11) 3872 7476
Internet: http://www.summus.com.br   e-mail: summus@summus.com.br

cole aqui